TRAVAUX DU CENTRE D'ÉTUDES SUPÉRIEURES
DE LA RENAISSANCE
sous la direction de Laurent Gerbier, Chiara Lastraioli
et Paul-Alexis Mellet
4

Femmes, mysticisme et prophétisme en Europe du Moyen Âge à l'époque moderne

Actes de la journée d'études « Les femmes prophètes en Europe à la Renaissance » et du colloque « Les femmes prophètes et mystiques : entre sainteté et hérésie du XIIIe au XVIIe siècle », organisés le 3 octobre 2014 et les 18-19 juin 2015 au CESR

Femmes, mysticisme et prophétisme en Europe

du Moyen Âge à l'époque moderne

Sous la direction d'Hélène Michon, Élise Boillet et Denise Ardesi

PARIS
CLASSIQUES GARNIER
2021

Hélène Michon, maître de conférences à l'université de Tours, est membre du Centre d'études supérieures de la Renaissance. Auteur de *L'Ordre du cœur*, de *Saint François de Sales. Une Nouvelle Mystique*, et de *François de Sales*, elle travaille sur l'articulation entre littérature et spiritualité au Grand Siècle.

Élise Boillet est chercheuse CNRS au Centre d'études supérieures de la Renaissance de Tours. Elle a procuré l'édition critique des œuvres bibliques de l'Arétin et coédité plusieurs ouvrages sur la culture biblique, dont *Les femmes et la Bible de la fin du Moyen Âge à l'époque moderne*, *Gli Italiani e la Bibbia. Leggere, interpretare, riscrivere* et *Lay Readings of The Bible in Early Modern Europe.*

Denise Ardesi, docteur de l'Université de Tours en Lettres Modernes, est membre du Centre d'études supérieures de la Renaissance. Ses recherches portent sur le dialogue entre la mystique juive et catholique à la Renaissance, notamment sur les kabbalistes chrétiens français et italiens, ainsi que sur le féminisme religieux.

ISBN 978-2-406-10084-3 (livre broché)
ISBN 978-2-406-10085-0 (livre relié)
ISSN 2497-4021

INTRODUCTION

Le présent volume s'est construit à partir de deux rencontres organisées au Centre d'études supérieures de la Renaissance de l'Université de Tours, une journée d'études consacrée aux femmes prophètes[1], suivie d'un colloque sur les femmes prophètes et mystiques en Europe à l'époque moderne[2]. Le colloque est né de la nécessité d'approfondir le lien entre prophétie et mysticisme discuté lors de la journée d'étude, le discours prophétique trouvant le plus souvent son origine et sa légitimité dans l'expérience mystique, et donc d'élargir l'horizon de l'enquête sur les charismes féminins. Les femmes, de fait, occupent une place importante dans l'histoire de la mystique comme de la prophétie – réunies par la notion d'inspiration – celle-ci étant jalonnée de figures féminines singulières autant que tissée de liens communautaires relevant d'une filiation spirituelle ou d'un mouvement collectif.

Rappelons, avant d'aborder la question de la mystique féminine, les enjeux de l'écriture mystique elle-même, laquelle englobe celle de la possibilité d'un discours sur Dieu, sans que soit alors discernée la mystique de la théologie. En effet, de façon quasi immédiate l'inadéquation du langage à son objet apparaît, sans que l'on sache vraiment si cette inadéquation provient de l'objet : peut-on parler de Dieu ? ou de l'ineffabilité de l'expérience : puis-je parler de mon expérience de Dieu ? Cette question est affrontée par les Pères, et donc par les cinq premiers siècles de l'histoire de la théologie. Trois causes peuvent venir limiter le discours sur Dieu : une disproportion d'avec son objet ; que l'influence du néo-platonisme comme celle des gnostiques vont accentuer pour donner naissance à la théologie dite apophatique : le langage bute contre un objet qui le dépasse et l'on crée des termes négatifs qui affirment tout en dépassant. Basilide, gnostique paléochrétien qui enseignait à

1 « Les Femmes prophètes en Europe à la Renaissance », CESR, 3 octobre 2014, organisée par Denise Ardesi et Élise Boillet.

2 « Les femmes prophètes et mystiques : entre sainteté et hérésie du XIIIe au XVIIe siècle », CESR, du 18-19 juin 2015, organisée par Denise Ardesi, Élise Boillet et Hélène Michon.

Alexandrie au début du IIe siècle en est un exemple frappant. La solution bien souvent consiste alors à rappeler que la théologie est prière pour les premiers Pères : « Quand la grâce de Dieu me donne de parler de Dieu afin qu'à partir de ce discours sur Dieu, je puisse comprendre Dieu, elle me donne un psaume [...][3] ». C'est aussi Origène qui, le premier, parle d'un « style divin » à propos des Écritures (*Traité des Principes*, IV, 1).

La seconde cause relève de la dimension ineffable de l'expérience ; on rejoint alors la mystique définie depuis Denys par le « pâtir des choses divines ». Cela dit, le fait qu'ils écrivent leur(s) expérience(s) prouve une certaine volonté de théoriser une expérience singulière, et donc de lui fournir un cadre notionnel pouvant être repris par d'autres. C'est bien le cas de Thérèse d'Avila qui fonde en quelque sorte la mystique des degrés d'oraison ou de François de Sales que l'on a nommé quelquefois le père de la spiritualité[4].

Ou encore, le discours mystique est balbutiant parce que l'Esprit Saint lui-même est source de balbutiements : « L'Esprit du Seigneur vient au secours de notre faiblesse, dit saint Paul, il habite en nous et demande pour nous des gémissements inénarrables ce que nous ne pouvons ni concevoir ni comprendre assez bien pour le manifester » (Rom., VIII, 26), argument d'autorité de l'Écriture, qu'utilise Jean de la Croix dans le prologue du *Cantique spirituel.* Que l'on doit sans doute compléter avec son commentaire de l'*Épître aux Hébreux*, He 1, 1-2 :

> Dès lors qu'il nous a donné son Fils, qui est sa Parole, il n'a pas d'autre parole à nous donner. Il nous a tout dit à la fois et d'un seul coup en cette seule Parole ; il n'a donc plus à nous parler [...] L'Apôtre nous donne à entendre par là que Dieu s'est fait comme muet ; il n'a plus rien à dire ; car ce qu'il disait par parties aux prophètes, il l'a dit tout entier dans son Fils, en nous donnant ce tout qu'est son Fils[5].

---

3 Origène, 1re *Homélie sur le psaume 80*, commentaire du verset 3, in *Œuvres complètes*, Paris, Cerf, 1980, tome III, p. 257 : « Il se fait trouver à ceux qui après avoir fait tout ce qui dépend d'eux, confessent qu'ils ont besoin de leur aide ». Toute connaissance est révélation. L'on peut bien évoquer le fragment 334 des *Pensées*, Ph. Sellier, Paris, Bordas, « Classiques Garnier », 1991 : « Dieu parle bien de Dieu ».

4 « Fondateur propre de la *Spiritualité*, il lui a assuré une place communément reconnue parmi les sciences religieuses », in « Théologie et sainteté », *Dieu Vivant*, 12, 1948, p. 21. « Recevoir de Dieu une faveur, disait-elle, est une première grâce, savoir en quoi elle consiste en est une seconde ; enfin, c'en est une troisième de pouvoir en rendre compte et en donner l'explication. », *Vie*, c. XVII, t. I, p. 213.

5 Jean de la Croix, *Montée du Carmel*, livre II, ch. XX, in *Œuvres spirituelles*, trad. Père Grégoire de saint Joseph, Paris, Seuil, 1947, p. 232-233. Et encore : « Voilà pourquoi

Cette question, co-extensive à toute la mystique et qui connaît un regain de faveur au XXe siècle, peut être considérée selon trois perspectives ou voies.

La première voie est celle du style mystique, abordée explicitement par Louis Massignon qui, dans une conférence célèbre *L'Expérience mystique et les modes de stylisation littéraire*, prononcée à l'université de Louvain en 1927, posa la question d'une langue mystique propre[6]. À ses yeux, les langues sémitiques sont des langues de la séparation en quelque sorte : de celle qui sépare le profane du sacré, ou plus précisément qui sépare la révélation religieuse de l'inspiration poétique, la prière de la poésie ou encore la mystique de la littérature.

Le second axe est celui que trace Jean Baruzi qui publie, au début des années trente, un article intitulé *Introduction à des recherches sur le langage mystique*, qui conclut que l'essence du langage mystique consiste « moins [dans] des vocables nouveaux que [dans] des transmutations opérées à l'intérieur de vocables empruntés au langage normal[7] ». Il s'agit là d'une nouvelle utilisation du langage. C'est dans cette ligne que s'inscrivent les travaux de Michel de Certeau ou, plus récemment de Dominique Salin sur l'expérience spirituelle et son langage[8].

Enfin, une troisième optique est celle que développe Urs von Balthasar dans un texte intitulé *Théologie et sainteté*, daté de 1948, dans lequel il déplore la dissociation entre mystique et dogmatique et affirme :

---

celui qui voudrait maintenant l'interroger, ou désirerait une vision ou une révélation, non seulement ferait une folie, mais ferait injure à Dieu, en ne jetant pas les yeux uniquement sur le Christ, sans chercher autre chose ou quelque nouveauté », *ibid.*

6 « Passant de l'hébreu à l'arabe, pour étudier le Qor'ân, je fus surpris de voir avec quelle netteté croissante les langues sémitiques, l'arabe surtout, tendaient à différencier l'une de l'autre, dans leur mode de présentation verbale, la révélation religieuse de l'inspiration poétique, la prière de la poésie, la mystique de la littérature. Cette différenciation, si faible dans nos langues aryennes, langues d'idolâtres, simples substitués aux héritiers de la promesse révélée, atteignait là sa plus forte acuité. Elle repérait, je le compris plus tard, la disjonction, non pas seulement de la réalité et de la fiction dans l'esprit qui doute, ou de l'âme et du corps dans la conscience qui agonise, mais celle de la nature et de la grâce dans la créature qui a péché. [...] Je pressentis qu'ici se trouvait, dans la spécificité de ces textes qu'on me dit être "mystiques", la clef, non pas tant des origines, mais des fins dernières du langage, qui n'est pas un simple outil commercial, un jouet esthétique, ou un moulin à idées, mais qui peut faire accéder au Réel, car il recèle un sens "anagogique", un harpon destiné à tirer l'âme à Dieu : pour sa liesse ou son dam », Louis Massignon, *L'Expérience mystique et les modes de stylisation littéraire*, Paris, Plon, « Le Roseau d'Or : Œuvres et Chroniques », 1927, p. 9.

7 Jean Baruzi, « Introduction à des recherches sur le langage mystique », dans *Recherches philosophiques*, Paris, Boivin, 1931-1932, t. I, p. 75.

8 Dominique Salin, *L'Expérience spirituelle et son langage. Leçons sur la tradition mystique chrétienne*, Paris, Éditions Facultés Jésuites de Paris, 2015, 154 p.

> Chez les Anciens, l'expérience personnelle tout entière se laisse aussitôt revêtir par le dogme : tout devient objectif : états, expériences, émotions, efforts subjectifs intérieurs ne sont là que pour saisir de manière plus profonde et plus pleine le contenu objectif de la Révélation, pour l'orchestrer. Toute spiritualité, et même toute mystique, reste « servante » : elle est d'abord comme toute la sainteté, une fonction dans l'Église [...]. *Mais dans le cas de Thérèse d'Avila, Jean de la Croix ou François de Sales*, le fond de leur mystique ne réside pas dans l'objectivité du service de l'Église, mais dans la subjectivité des expériences et des états intérieurs[9].

Pour ce dernier, une scission s'opère donc, pas seulement entre la théologie et la mystique ou entre le dogme et l'expérience, comme d'autres l'ont souligné en leur temps mais aussi entre une mystique objective, c'est-à-dire en fait nourrie de dogmatique et qui se pense au service de la Révélation et une mystique subjective dont la vérité ne s'enracine pas dans le contenu de la foi – même si certes elle n'y est pas contraire ! – mais dans l'authenticité de l'expérience propre. La spécificité de la langue mystique tiendrait alors non pas à une accointance avec le silence : une langue du balbutiement, mais à son détachement de l'objectivité et du dogme et du cadre ecclésial. La langue mystique se définirait alors comme une langue de la subjectivité[10].

Or, au début de l'époque moderne, l'effervescence religieuse, les conflits confessionnels et les bouleversements socio-politiques ont favorisé un renouveau de la parole prophétique. Parallèlement, le statut et le rôle de la femme, sa « nature » et sa « vocation », ont été l'objet de nouvelles discussions. Nous devons à Georges Duby la perception d'une féminisation du sentiment religieux à partir du XIIe siècle, notamment avec l'influence de l'abbaye de Fontevraud, qui contribue à l'affirmation des femmes réelles dans le champ religieux, donc dans le corps social[11]. Or, si la *via mystica* gravie par Bernard de Clairvaux, Guillaume de Saint-Thierry ou Bonaventure était une des voies logiques de la connaissance de Dieu, les méditations des femmes (Angèle de Foligno, Marguerite Porete, ou Katrei à Strasbourg, qui prétendent bien émettre un discours

---

9 Hans Urs von Balthasar, « Théologie et sainteté », *Dieu vivant*, n° 12, 1948, p. 16-31 : 23-24.

10 On en trouve un écho dans l'ouvrage plus récent *De l'Écriture mystique au féminin*, éd. G. James, Sainte-Foy-Paris, Presses universitaires de Laval-L'Harmattan, « Religions, cultures et sociétés », 2005.

11 Comme le souligne sa trilogie : Georges Duby, *Dames du XIIe siècle*, trois volumes, Paris, Gallimard, 1995-1996. T. I Héloïse, Aliénor, Iseut et quelques autres. T. II Le souvenir des aïeules. T. III Ève et les prêtres.

articulé et faire de la théologie) sont rejetées du côté du langage du corps et de la “mystique” et passent pour folie mystique, extases, transes, ravissements, sur le fil entre orthodoxie et hérésie, inspiration et hystérie. Le franciscain, frère Arnauld, qui recueille et transcrit en latin les paroles d'Angèle de Foligno, clôt pourtant ainsi son épilogue :

> Il n'est pas contraire à l'ordre de la Providence, pour l'opprobre des hommes, de faire docteur une femme à qui à ma connaissance, il n'est pas de semblable sur la terre. Car le bienheureux Jérôme dit également de la prophétesse Hulda, à laquelle accourraient les gens, que pour la confusion des hommes et des docteurs de la loi, qui étaient transgresseurs du mandat divin, la prophétie a été transférée au sexe féminin[12] ?

Les Écritures, pourtant, n'avaient pas été si méfiantes envers la femme, proposant constamment les deux figures féminines antagonistes : la tentatrice et la réparatrice, deux Ève qui, dans le tableau de Berthold Furtmayr *L'Arbre de vie et de mort* de 1481, esquissent le même geste de distribution, l'une d'une hostie à partir de l'arbre de vie, l'autre d'une pomme à partir de l'arbre de mort, pour des résultats bien différents. La Vierge, bien sûr, joue le rôle de la restauratrice du lien brisé par la chute, mais en outre, notamment à cause de la figure de Hulda qui interprète les Écritures pour le roi Josias au second livre des Rois (2R, 22, 14), elle se voit qualifiée par saint Jérôme non de prêtresse mais de prophétesse[13].

Le fondement mystique de la parole prophétique féminine et cette parole elle-même deviennent alors à la fin du Moyen Âge l'objet d'une attention accrue : ces femmes étaient-elles des saintes, ou n'étaient-elles pas plutôt des folles ou des hérétiques ? Et l'époque moderne vit ainsi le processus de discernement se complexifier. Pour enquêter sur la variété des figures et des configurations mystiques et prophétiques féminines à l'époque moderne, la prise en compte d'une plus longue durée et l'adoption d'une approche pluridisciplinaire ont paru importante : un cheminement depuis les racines antiques jusqu'à la pleine modernité a permis de mieux cerner les cristallisations de l'Âge dit des Réformes ; la prise en compte des documents historiques et des sources théologiques, philosophiques, littéraires et artistiques a permis de cerner les divers enjeux des phénomènes décrits.

---

12 *Le Livre d'Angèle de Foligno*, traduit du latin par J.-F. Godet, éd. Jérôme Million, P. Lachance et Th. Matura, Grenoble, Editions Jérôme Million, 1995, p. 302.

13 Nous renvoyons à *Ni Ève ni Marie, luttes et incertitudes des héritières de la Bible*, éd. F. Lautman, Genève, Labor et Fides, 1998.

La première partie de l'ouvrage réfléchit ainsi à la spécificité féminine de l'expérience mystique et de la parole prophétique en fonction du statut particulier accordé à la femme au cours de l'histoire depuis les fondements antiques au Moyen Âge et à l'époque moderne[14]. Elle observe comment le curseur de la parole prophétique a pu se déplacer du masculin au féminin ou du féminin au masculin selon les contextes historiques, en fonction de conceptions de l'humain, du divin et de leur relation, de l'hybridation entre traditions juive et chrétienne et de la portée mystique ou théologique du discours.

La deuxième partie est centrée sur des figures singulières permettant d'observer comment du Moyen Âge à l'époque moderne s'est construite ou a été déconstruite l'autorité des femmes que distinguait un charisme particulier et comment dans leur parcours, leur action ou leur production se sont articulés mysticisme, prophétie, prédication et fondation.

La troisième partie propose alors de contribuer à la reconstitution de la géographie et de l'histoire du mysticisme et du prophétisme féminin en Europe à l'époque moderne. Elle revient sur des pages connues de cette histoire pour les réviser, comme la fin du mouvement prophétique au tournant des années 1530 ou la vague mystique du siècle suivant, et des pages au contraire passées sous silence, comme le rôle majeur du prophétisme au désert du XVIIe siècle. Elle montre l'adaptation du prophétisme féminin au triomphe de la Contre-Réforme en milieux catholiques et protestants et révèle son impact fondamental et sa fonction structurante aux plans social et politique dans l'Europe moderne et le Nouveau Monde.

Hélène MICHON
Centre d'études supérieures
de la Renaissance,
Université de Tours

---

14 Pour une thématique semblable mais pour un parcours historique plus large, voir Audrey Fella, *Les Femmes mystiques*, Paris, Robert Laffont, « Bouquins », 2013 ; pour le Moyen Âge, *Voix de femmes au Moyen Âge. Savoir, mystique, poésie, amour, sorcellerie XIIe-XVe siècle*, éd. D. Régnier-Bohler, Paris, Robert Laffont, « Bouquins », 2006.

PREMIÈRE PARTIE

PROPHÉTIE, MYSTICISME ET GENRE

DIRE DIEU ?

Parole masculine, parole féminine

Dire Dieu : parole masculine, parole féminine… Comment pourrait-on opposer une écriture masculine et une écriture féminine dans les premiers temps du christianisme, alors qu'aucun écrit féminin ne nous a été conservé ? Notre propos tend plutôt à tenter de caractériser la première théologie, celle d'une perpétuelle hésitation entre deux manières de concevoir Dieu : l'une héritée du judaïsme, pour lequel Dieu a, ou peut avoir, un corps (il lutte avec Jacob : Gn 33, 22-32), et très certainement un corps masculin (la lutte étant le propre des hommes dans l'Antiquité), même si les deux récits de création de la Genèse hésitent entre un protoctiste uniquement masculin, Adam, d'où naîtra son complément féminin, Ève (c'est le récit dit yahviste de Gn 2, 4b-25), et un protoctiste bisexué (« homme et femme il les créa », selon le rédacteur dit sacerdotal de Gn 1, 27), et l'autre héritée de la philosophie grecque, qui situe la divinité dans le domaine intellectuel (νοητικός) ou « logique » (λογικός). Pour l'une, Dieu est à la fois caché et révélé ; pour l'autre, il se situe au-delà de toute connaissance sensorielle, même s'il peut éventuellement être contemplé par l'intellect (νοῦς) ou la raison (λόγος).

Ce sont ces deux manières d'appréhender la « théologie » au sens strict, c'est-à-dire le discours sur Dieu, qui ont fait l'objet du colloque organisé à Tours sur le thème *Dire Dieu en patristique*[1]. Il serait impossible de résumer ici l'ensemble des communications qui ont été délivrées sur ce thème, depuis les Apologistes jusqu'au Pseudo-Denys. Notre présentation sera donc très libre, et correspondra plus à notre propre perception qu'à une synthèse des échanges qui ont eu lieu à cette occasion.

Nous naviguerons donc entre deux pôles, l'un plus proche de la vision biblique d'un Dieu personnel, à la limite de l'anthropomorphisme,

---

1 *Dire Dieu : Principes méthodologiques de l'écriture sur Dieu en patristique. Actes du colloque de Tours, 17-18 avril 2015*, B. Pouderon et A. Usacheva, « Théologique Historique », 124, Paris, Éditions Beauchesne, 2017.

physique ou psychologique, l'autre plus proche de la philosophie et de son Dieu transcendant. Et nous procéderons selon trois problématiques : avoir ou ne pas avoir un corps ; être caché ou être révélé ; être dicible ou indicible, en nous en tenant à une partie seulement du corpus étudié lors de ce récent colloque : les écrits des IIe et IIIe siècles, plus spécialement ceux des Apologistes grecs, le sulfureux Roman pseudo-clémentin ainsi que les traditions hérésiologiques sur les hérésiarques Marcion et Basilide.

AVOIR OU NE PAS AVOIR UN CORPS

L'écrit « patristique » le plus proche du judaïsme est sans conteste le Roman pseudo-clémentin. Cet ouvrage didactique, faussement attribué à Clément de Rome, présente sous une forme narrative (l'histoire de Clément, de son initiateur Pierre et de leur adversaire commun Simon dit le Magicien) quelques-unes des doctrines les plus audacieuses du courant dit ébionite – des judéo-chrétiens restés fidèles à la Loi, reconnaissant en Jésus le Messie, ou plutôt le vrai Prophète, être éternel et céleste tout autant que terrestre, mais auquel ne peut en aucun cas être attribuée une nature proprement divine. Dieu y est présenté comme possédant un corps, ou plutôt une forme corporelle : car il n'y a rien d'anthropomorphique dans la forme de Dieu telle qu'elle est présentée dans le Roman, il serait plus exact de dire que Dieu occupe un espace et qu'il s'étend à travers le monde, je cite, « en hauteur, en profondeur, en largeur » (*Hom. clem.* 17, 9, 1), tel un corps ou un objet, puisque la propriété d'un corps est précisément d'occuper un espace et de s'étendre sur trois dimensions. Le rédacteur clémentin ose ainsi se livrer à une véritable description de ce Dieu corporel, en des termes obscurs qui lui permettent de concilier immanence et transcendance, corporéité et spiritualité.

Parmi les Pères les plus proches du judaïsme, Théophile, évêque d'Antioche sous les règnes de Marc Aurèle et de Commode, s'oppose cependant violemment à la représentation biblique d'un Dieu corporel : s'il conserve l'image de la main créatrice (*Aut.* I, 5, 4), il n'en affirme pas moins que « Dieu ne se promène pas dans le paradis, qu'il ne se trouve pas dans un lieu » (*Aut.* II, 22, 2), puisque c'est lui le lieu de toutes choses (*Aut.* II, 3, 7). Mais alors, comment expliquer les interventions physiques de Dieu telles qu'elles sont présentées dans la Bible ? Théophile, comme avant lui Justin, recourt à ce qu'il faut bien appeler un dédoublement de la puissance divine : si Dieu se situe intégralement dans la transcendance, mais que son action et même sa présence sont directement observables dans le monde d'ici-bas, c'est qu'il agit et se manifeste physiquement par l'intermédiaire de son Verbe. Écoutons d'abord Théophile :

> Dieu, le Père de toutes choses, est ἀχώρητος [c'est-à-dire "sans espace" limité] et ne se trouve pas dans un lieu, car il n'y a pas de lieu [τόπος] où il cesse d'être, mais son Verbe, par lequel il a créé toutes choses, s'est revêtu de la figure [πρόσωπον] du Père et Seigneur de l'univers, c'est lui qui venait dans le paradis sous la figure de Dieu et qui s'entretenait avec Adam. (*Aut.* II, 22, 2[2])

puis Justin, à propos de l'apparition des « trois » de Membré (Gn 18-19) :

> Il était Dieu, celui qui s'est fait voir à Abraham [...] ; l'autre, qui demeure éternellement dans les régions supra-célestes, ne s'est jamais fait voir ni n'a jamais parlé à personne. (*Dial.* 56, 1)

C'est l'argument des théophanies – dans toute sa force non seulement rhétorique, mais surtout théologique : le Dieu de la Bible s'est effectivement montré aux hommes, leur a réellement parlé, a véritablement mangé avec eux (tel le mystérieux personnage de Membré, que le rédacteur biblique identifie bel et bien comme étant Yahvé, ὁ θεός dans la LXX), mais non pas en tant que Père, car il a délégué pour ce faire cette puissance issue de lui qu'on appelle le Logos, qui est aussi son Fils.

Ainsi se trouvent conciliés les anthropomorphismes bibliques avec la transcendance platonicienne – mais cela, jusqu'à un certain point seulement ! Car le Dieu de Théophile possède du moins des hommes certains traits de caractère, telle la colère (*Aut.* I, 3, 3 ; II, 29, 6), tandis que sa bonté se situe du côté de la transcendance, parmi d'autres attributs comme l'intelligence, la justice et la puissance (*Aut.* I, 3, 2). Mais cette forme minorée d'anthropomorphisme n'agrée pas à tous les Apologistes : ainsi, l'athénien Athénagore (*Leg.* 8, 3) et le platonisant Justin (*Apol.* I,

2 Nous n'insisterons pas sur le sens donné à πρόσωπον, originellement la « face » ou le « visage », puis le « masque », le « personnage » ou la « personne », et enfin la « personne » de la Trinité, car c'est sujet de profonds débats.

25, 2) déclarent-ils Dieu ἀπαθής, c'est-à-dire inaccessible aux passions, tandis que cet autre Athénien qu'est Aristide précise qu'« il n'y a en lui ni emportement ni colère » (*Apol.* 1, 2), s'éloignant ainsi délibérément de l'image biblique d'un Dieu jaloux et vindicatif.

Il est une autre façon de répondre aux anthropomorphismes bibliques qu'en recourant aux épiphanies du Verbe, c'est celle de Marcion. Marcion pourtant ne s'éloigne pas de la tradition biblique, qu'il prend à la lettre, mais il dégrade son Dieu, réduit au rôle de simple démiurge, juste, c'est-à-dire capable de récompense tout autant que de châtiment, capable d'imposer des lois très dures à son peuple, au profit d'un Dieu situé dans la pure transcendance, dans la pure bonté – le vrai père de Jésus-Christ. Et si un passage le gêne, non pas au sein de l'Ancien testament, qui est la Loi périmée des Juifs, mais au sein des évangiles, par exemple la généalogie du Christ qui figure à la fois, mais de manière divergente, chez Matthieu et chez Luc, eh bien il l'exclut de « son » évangile – ne conservant ainsi, parmi les quatre retenus au sein du canon, que le seul évangile de Luc, qu'il considère néanmoins comme adultéré et dont il exclut les passages qu'il juge non conforme à sa conception propre de Dieu[3].

Ainsi trouve-t-on, à propos du « corps » de Dieu, les trois grandes manières de lire les Écritures : littérale, allégorique et sélective ou exclusive, seules les deux dernières permettant de justifier ce qui, au sein des Écritures, est considéré comme indigne de Dieu.

ÊTRE CACHÉ OU RÉVÉLÉ

La seconde alternative qui parcourt la littérature patristique est celle du Dieu caché. Par définition, un Dieu du Livre ne peut être qu'un Dieu révélé : révélé à travers l'histoire du peuple hébreu tel qu'elle est transcrite dans la Bible, à travers les paroles des prophètes, à travers le ministère de Jésus. Mais la révélation suppose au préalable l'inconnu ou le secret. Car le Dieu révélé de l'Ancien testament est aussi un Dieu

3 Voir A. von Harnack, *Marcion. L'évangile du Dieu étranger* (trad. fr.), Paris, Cerf, 2003, ici p. 63 ; E. Norelli, « Marcion et Apellès », ici p. 711, dans *Histoire de la littérature grecque chrétienne*, dir. B. Pouderon et E. Norelli, tome II, Paris, Les Belles Lettres, 2016.

caché. Aristide le rappelle ainsi, dans le prologue de son *Apologie* : « celui qui meut (ce monde et tout ce qu'il contient) est caché en eux et leur est celé » (*Apol.* 1, 1 Sy), en s'inspirant d'un célèbre passage d'Isaïe (Is 45, 15), en mot-à-mot de l'hébreu : « toi, Dieu d'Israël, Dieu te cachant », ce que la LXX traduit trop librement par εἶ θεὸς καὶ οὐκ ᾔδειμεν, « tu es Dieu et nous ne te connaissions pas », et Jérôme plus fidèlement « *tu es deus vere absconditus* », « toi, tu es un Dieu véritablement caché ».

Cette révélation est évidemment le fait des prophètes, puis du Christ lui-même, mais elle ne se fait pas par une communication simple et directe : Dieu parle par énigmes ou en paraboles, comme l'exprime Justin :

> Tout ce qu'ils ont dit ou fait, les prophètes l'ont révélé en types ou paraboles (παραβολαῖς καὶ τύποις) [...] ; la plus grande partie n'est pas facile à comprendre, car ils cachent la vérité qui s'y trouve, en sorte que se donnent de la peine ceux qui cherchent à trouver et à s'instruire. (Justin, *Dial.* 90, 2)

Cette manière d'exprimer ce que les Apologistes appellent la vérité, en usant de « paraboles », c'est-à-dire d'un langage métaphorique, devait être alors considérée comme propre au Kérygme chrétien, puisque l'illustre médecin Galien en adresse le reproche aux disciples de Christ, en opposant une démonstration ou un exposé rationnels à une argumentation par la seule analogie :

> La plupart des gens sont incapables de suivre de manière régulière une quelconque démonstration rationnelle ; aussi ont-ils besoin de paraboles et en tirent-ils profit [...], tout comme de nos jours nous voyons les gens appelés chrétiens tirer leur foi de paraboles... (Galien, *Abrégé des dialogues platoniciens*, chez Abu'l Fida, *Chronique universelle*[4])

Mais cette approche « pédagogique » devait correspondre à un premier degré de l'initiation. Car les premiers Pères ont très bien su distinguer ce qu'en reprenant une image de l'*Épître aux Hébreux* (He 5, 12), ils qualifiaient de « nourriture solide », celle destinée aux adultes dans la foi, de la nourriture moins consistante destinée à ceux qu'ils comparaient à des enfants. Ainsi s'exprime l'évêque Théophile :

> La science, c'est bien du moment qu'on s'en sert comme il faut. Mais par son âge réel, Adam n'était encore qu'un enfant, et c'est pour cela qu'il ne pouvait

4 Cité par R. Walzer, *Galen on Jews and Christians*, Oxford, Oxford University Press, 1949, p. 15.

> comme il faut recevoir la science. De nos jours, quand naît un enfant, [...] il se nourrit d'abord de lait ; par la suite, selon le développement de son âge, il en vient à une nourriture solide. (*Aut.* II, 25, 2-3)

Mais la révélation, même progressive, n'est pas suffisante en soi pour accéder à la connaissance de Dieu : pour qu'elle devienne connaissance (γνῶσις), s'imposent deux conditions : la grâce et la foi. Justin est celui qui souligne avec le plus de force le rôle de la grâce dans l'accession à la vérité. En voici deux formulations, l'une à l'adresse des Juifs, qui possèdent les Écritures, mais ne les comprennent pas ; la seconde à l'adresse des penseurs du paganisme, qui, par leur seule raison (leur λόγος individuel), n'ont pu avoir qu'un accès partiel à la vérité :

> Une grâce (χάρις) qui vient de Dieu m'a été accordée, qui seule me permet de comprendre (συνιέναι) les Écritures. (*Dial.* 58, 1 ; nombreux parallèles : *Dial.* 32, 5 ; 58, 1 [avec obligation d'en faire usage au bénéfice des autres] ; 78, 10 ; 92, 1 ; 100, 2)

> Tous les écrivains pouvaient, par la semence du Logos implantée en eux, voir la réalité indistinctement (ἀμυδρῶς ὁρᾶν τὰ ὄντα) [...] (mais) la fréquentation (ἡ μετουσία) et l'imitation (μίμησις) du Logos se réalisent en vertu de la grâce (κατὰ χάριν) qui provient de lui. (*Apol.* II, 13, 5-6)

Mais si le didascale possède seule la grâce de comprendre le message, il peut néanmoins en faire bénéficier ses auditeurs, car il est tenu (je cite) « d'appeler tout le monde à y prendre part, gratuitement et libéralement » (*Dial.* 58, 1).

Cette obligation de communiquer le savoir, pour ne pas encourir de châtiment dans l'au-delà s'oppose à l'exclusivisme supposé des pharisiens, pour lesquels la connaissance se transmet uniquement de maître à élève. Le rédacteur clémentin explique ainsi que :

> Dans la chaire de Moïse se sont assis les scribes et les pharisiens ; en tout ce qu'ils disent, écoutez-les. Écoutez-les, a-t-il dit [d'après Mt 23, 3], parce que leur a été confiée la clé du royaume, qui est la connaissance, celle qui seule peut ouvrir la porte de la vie, par où est le seul accès à la vie éternelle. – Oui, dira-t-on, ils détiennent la clé, mais ils ne laissent pas entrer ceux qui le veulent. (*Hom. clem.* III, 18, 2-3)

Il s'agit bien là d'une tradition d'interprétation propre à un groupe religieux, qui s'en approprie le bénéfice, dont il exclut délibérément les autres.

Mais peut-on parler pour autant d'ésotérisme pharisien ? En fait, si ésotérisme il y a, il serait plutôt à imputer au milieu qui a produit le Roman pseudo-clémentin, dont un des écrits liminaires (la *Diamarturia*) contient une mise en garde extrêmement sévère contre ceux qui voudraient divulguer la doctrine secrète de la secte. Quoiqu'il combatte les dualistes gnostiques, le rédacteur clémentin se situe dans la même perspective élective que les sectaires gnostiques : la quintessence du message est voilée au profane, dans un enseignement à double étage, exotérique (ainsi, le Roman pseudo-clémentin chez les uns, la *Lettre à Flora* chez les autres) et ésotérique (on peut penser à certains des ouvrages de Nag Hammadi). Une différence essentielle les sépare néanmoins : le rédacteur clémentin permet le salut à tous ceux qui ont la foi, qu'ils appartiennent au Christ ou à Moïse, tandis que les gnostiques le réservent généralement aux seuls élus, désignés d'avance par leur nature spirituelle.

La seconde condition nécessaire à la réception de la vérité est la foi. Cette exigence est mentionnée par l'auteur anonyme de l'*À Diognète*, qui lie intimement la connaissance au cœur et à la foi, en particulier à travers cette belle formule :

> Dieu s'est manifesté dans la foi qui seule a reçu le privilège de voir Dieu (*Diogn.* 8, 6) ;
>
> Que la science s'identifie à ton cœur. (*Diogn.* 12, 7)

mais elle est aussi présente chez Théophile, qui use de l'image platonicienne des yeux de l'âme et du cœur (οἱ ὀφθαλμοὶ τῆς ψυχῆς καὶ τῆς καρδίας, *Aut.* I, 7, 2), distincts, certes, des yeux charnels, mais aussi distincts de la perception par l'intelligence ou la raison.

Quel type de connaissance peut donc apporter le « cœur » ? Il s'agit sans doute d'une intuition directe de Dieu, dont l'ultime aboutissement serait la θεωρία, la contemplation de Dieu « face-à-face ». En fait, la possibilité d'accéder à la θεωρία est strictement limitée chez les Apologistes qui l'évoquent : si l'auteur anonyme de l'*À Diognète* en admet la possibilité pour tous ceux qui ont la foi et même en donne l'espérance à ceux qu'il veut convertir (*Diogn.* 10, 1. 7), si Justin lui attribue le caractère général de la quête de Dieu qui est propre au chrétien (*Apol.* I, 58, 3 ; II, 7 [8], 3 ; II, 10, 2), en revanche Athénagore réserve cette communication intime avec Dieu aux élus dans l'au-delà, comme ultime récompense d'une vie consacrée à la vertu :

> La fin (τέλος) d'une vie douée de sens et du jugement rationnel, c'est de vivre perpétuellement [...] dans la contemplation (θεωρία) du Donateur... (*De res.* 25, 4).

Que nous sommes présentement loin des femmes mystiques dont il va être question ! Il ne s'agit aucunement d'une ascension spirituelle, simplement d'une grâce qu'accorde la foi, pour les uns dans le présent, pour les autres seulement dans l'au-delà, comme récompense de la vertu.

ÊTRE DICIBLE OU INDICIBLE

Jusqu'à présent, nous avons examiné comment on peut rendre compte de Dieu, c'est-à-dire d'abord le comprendre, puis l'exprimer, selon la célèbre formule de Platon extraite du *Timée*, 28c, et citée à la fois par Justin et par Athénagore :

> Découvrir (εὑρεῖν) l'auteur et le père de cet univers est une rude tâche (ἔργον) [variante de Justin : « pas facile » (οὔτε ῥᾴδιον)] et, une fois qu'on l'a découvert, il est impossible (ἀδύνατον) [variante de Justin : « peu sûr » (οὔτε ἀσφαλές)] de le dire (λέγειν) [variante de Justin : εἰπεῖν] à tous. (*Timée*, 28c, cité par Justin, *Apol.* II, 10, 6 et par Athénagore, *Leg.* 6, 2)

Mais concurremment à cette démarche que je qualifierai de « positive », on constate chez ces écrivains chrétiens du second siècle une autre tendance, toute opposée, qui est de définir Dieu par la négative, en insistant sur son incommunicabilité, pour mieux manifester sa transcendance. Dans cette démarche, Dieu devient parfaitement indicible et indéfinissable, au-delà de toute connaissance sensorielle, l'emploi des épithètes négatives chères au moyen platonisme en étant la plus parfaite illustration. Je n'en dresserai pas la liste, feu l'abbé Wartelle l'ayant déjà fait au moins pour Justin, dans une communication délivrée lors d'un colloque organisé conjointement par l'Institut catholique de Paris et l'Université de Tours[5].

---

5 A. Wartelle, « Quelques remarques sur le vocabulaire philosophique de saint Justin dans le *Dialogue avec Tryphon* », dans B. Pouderon et J. Doré (éd.), *Les apologistes ... grecque*, dir. B. Pouderon et J. Doré, Paris, Beauchesne, 1998, p. 67-80.

L'emploi d'épithètes négatives est une constante de l'apologétique grecque du Haut-Empire ; on les trouve dans le *Kérygme de Pierre* (fr. 2), chez Aristide (en particulier dans le prologue de son *Apologie*), chez Justin (elles ont été listées par A. Wartelle, à commencer par ἀδιήγητος, « indicible » ; voir surtour *Apol.* I, 61, 11 et II, 12, 4), chez Tatien (*Graec.* 4, 2-3), chez Athénagore (*Leg.* 4, 1 ; 8, 3 ; 10, 1) et chez Théophile (*Aut.* I, 3-5 ; II 10, 1). Mais cet usage ne correspond pas à une démarche anagogique, propre à conduire jusqu'à Dieu, à élever l'homme jusqu'à lui en lui donnant comme une représentation de son immensité, ou plutôt de son incommensurabilité ; elle correspond plutôt au désir d'opposer le Dieu chrétien, invisible à des yeux humains, aux idoles païennes, faites de matière, créées par l'habileté de l'artisan, enfermées dans des temples, vouées à la destruction, ou encore de rapprocher le Dieu des chrétiens de celui, « rationnel », des philosophes, dans une démarche strictement apologétique et protreptique.

Cette démarche proprement anagogique, on la trouvera plutôt chez un Marcion, qui situe son Dieu supérieur dans l'absolue transcendance, jusqu'à le déclarer « inconnu », et même « étranger », selon les termes même que lui attribue Tertullien (*Marc.* I, 9, p. 300 CSEL [*novum deum agnitione utique*], et *Marc.* I, p. 301 CSEL [*ignotus*] ; *Marc.* I, 9, p. 300 CSEL [*tam alienus ab initio et fine quam a tempore*], parce que jamais révélé si ce n'est à travers l'évangile (*Marc.* V, 16, 3, p. 630 CSEL [*naturaliter ignotus nec usquam nisi in evangelio revelatus*]) – pour le distinguer du Dieu inférieur, le Démiurge, qui est connaissable à travers la Bible, comprenez la Bible hébraïque. C'est en effet la nature même du Dieu de Marcion que d'être inconnu, selon la formule de Mt 11, 27 (« nul ne connaît le Père si ce n'est le Fils, et celui à qui le Fils veut bien le révéler »), prise à la lettre, et c'est en découvrant son caractère indicible qu'on apprend à le connaître.

Poussant plus loin encore l'expression de la transcendance divine, Basilide – ou plutôt un de ses disciples – va jusqu'à refuser d'employer des épithètes négatives pour définir le Dieu inconnaissable. Ainsi, pour l'écrivain présenté comme Basilide par (le pseudo-)Hippolyte – l'auteur de l'*Elenchos* –, Dieu n'est « pas même indicible » (οὐδὲ ἄρρητος), tant il est au-delà de toute distinction entre la connaissance et l'ignorance, entre l'exprimable et l'inexprimable (*Elench.* VII, 20). Et Dieu, de celui qui est (ὁ ὤν), devient « celui qui n'est pas » (<ὁ> οὐκ ὢν θεός,

Elench. VII, 21)[6]. Mais cette définition de Dieu n'amène nullement à sa connaissance, elle est simplement, dans l'exposé de l'*Elenchos*, à l'origine d'une cosmologie, de ce qui n'est pas surgissant ce qui est…

Ainsi passe-t-on d'une théologie au moins partiellement apophatique à une théologie purement négative. Cependant, s'il fallait absolument distinguer une perception masculine d'une perception féminine dans la pensée ou pratique religieuse, sans doute faudrait-il se tourner vers les récits de martyre (la perception qu'en a Polycarpe opposée à celle qu'en a Perpétue), ou encore vers la glorification de la chasteté, opposant l'idéal d'ἐγκρατεία, de maîtrise de soi et de tempérance au sein du mariage défendue par la plupart des Pères, à l'éloge de la virginité, associée à la mise en évidence des *molestiae* de la vie conjugale et de la maternité dans une certaine littérature apocryphe, tels les *Actes des SS. Nérée et d'Aquilée*, deux des trois saints de glace, qui constituent, sur certains aspects un véritable manifeste féministe avant l'heure, mais c'est bien cette perspective qui guide le présent volume pour les périodes ultérieures.

Bernard POUDERON
Centre d'études supérieures
de la Renaissance,
Université de Tours

6 Voir le bel exposé de Géraldine Hertz, « Un Dieu 'pas même indicible'. Examen de la théologie basilidienne (*Elench.* VII, 20-27) dans son rapport polémique aux théologies contemporaines », dans le volume *Dire Dieu*, *op. cit.* p. 89-112.

FEMMES MYSTIQUES
ET PROPAGANDE ANTIHÉRÉTIQUE

En 1501, le démonologue Henri Institoris (*alias* Heinrich Kramer, 1436-1505) sans doute le chasseur de sorcières le plus célèbre de l'ère pré-moderne, publie un volumineux traité polémique. L'ouvrage, jusqu'à présent largement ignoré par les historiens modernes, contient notamment la description d'une secte de dangereux conspirateurs. Institoris affirme que son récit a pour origine la confession écrite d'un ancien membre de cette secte et appelle à une répression brutale du groupuscule hérétique, dont les membres se réunissent nuitamment pour se vautrer dans la luxure, blasphémer et adorer le diable[1].

Institoris raconte que quiconque souhaite faire partie du groupuscule doit aller à la messe et renoncer à la foi catholique en s'opposant à tout ce que dit ou fait le prêtre, avant de se lever, bouche ouverte, pour attendre le diable, qui se manifeste sous forme d'une mouche qui pénètre dans le corps par la bouche. Une fois la mouche avalée, les apostats semblent obsédés par le démon et se trouvent soudain dotés de connaissances surnaturelles. Afin d'acquérir ce type de savoir diabolique, les membres de la secte invoquent parfois également le malin au domicile de l'un d'entre eux, en priant en direction de l'Est. Debout près d'une fenêtre partiellement ouverte, les yeux fermés, et avant que la mouche ne rentre dans leur bouche, ils entendent les bruits de la mouche qui volète vers leur visage. À ce stade, un signe de croix pourrait empêcher un esprit maléfique de pénétrer la bouche, ce qui indique bien que l'esprit en question est diabolique. De plus, les membres de la secte qui se repentent, se confessent et retournent dans le giron de l'Église catholique, oublient immédiatement le savoir surnaturel que leur avait inculqué leur obsession démoniaque[2].

---

1 Heinrich Institoris, *Sancte Romane ecclesie fidei defensionis clippeum adversus Waldensium seu Pickardorum heresim* (Olomouc : Konrad Baumgarten, 1501), fols. 10ᵛ, 15ᵛ.

2 Pour une analyse exhaustive du récit d'Institoris, voir Tamar Herzig, "Flies, Heretics, and the Gendering of Witchcraft," *Magic, Ritual, and Witchcraft* 5 :1 (Summer 2010), p. 51-80.

Pour qui connaît l'ouvrage le plus célèbre d'Institoris, le *Malleus Maleficarum* (*Le Marteau des sorcières*) de 1486, il est impossible de ne pas se demander si cette description ne correspond pas à celle de la secte diabolique des sorcières. Dans le *Malleus*, Institoris affirme également fonder son étude de la sorcellerie sur des confessions de sorcières elles-mêmes. Il prétend que celles-ci abjurent la foi catholique, profanent les sacrements, idolâtrent le malin, se livrent à des actes sexuels obscènes avec des démons et acquièrent des savoirs diaboliques qui leur permettent de jeter des mauvais sorts. Cependant, ce n'est pas la secte diabolique des sorcières qu'Institoris appelle à persécuter en 1501 dans son dernier écrit polémique : il s'y attaque plutôt au mouvement hétérodoxe *Unitas Fratrum*, connu aujourd'hui sous le nom des Frères de Bohême[3].

De nombreux travaux de recherche relativement récents sont consacrés à l'assimilation qui fut faite entre, d'un côté, des poursuites à l'encontre de groupes soi-disant hérétiques comme les Frères de Bohême, dont l'idéologie était réellement hétérodoxe, et d'un autre la persécution de sectes imaginaires regroupant sorciers et sorcières idolâtres du malin[4]. D'importantes études élucident la diabolisation de l'hérésie et l'hérétisation de la magie dans le Moyen Âge tardif, deux phénomènes concomitants qui préparent et annoncent les premières vagues de panique autour de la sorcellerie au début du quinzième siècle[5]. D'autres chercheurs explorent

3 Henricus Institoris, *Malleus Maleficarum*, éd. Christopher S. Mackay (Cambridge : Cambridge University Press, 2006), vol. 1.l.

4 Sur la diabolisation des « vrais » hérétiques et son impact sur la construction par la suite de la secte imaginaire des sorcières diaboliques dans le discours clérical de la fin du Moyen Âge, voir Kathrin Utz Tremp, *Von der Häresie zur Hexerei : 'Wirkliche' und imaginäre Sekten im Spätmittelalter* (Hanovre : Hahnsche Buchhandlung, 2008).

5 Voir *ibid.*, p. 26-47 ; Bernard Andenmatten and Kathrin Utz Tremp, « De l'hérésie à la sorcellerie : L'inquisiteur Ulric de Torrenté OP (vers 1420-1445) et l'affermissement de l'inquisition en Suisse romande », *Revue d'histoire ecclésiastique suisse* 86 (1992), p. 69-119 ; *L'imaginaire du sabbat : Édition critique des textes les plus anciens (c. 1430-c. 1440)*, éd. Martine Ostorero, Agostino Paravicini Bagliani et Kathrin Utz Tremp en collaboration avec Catherine Chène (Lausanne : Université de Lausanne, 1999), p. 301-314, 327-328 ; Marina Montesano, *'Supra acqua et supra ad vento'. 'Superstizioni', maleficia e incantamenta nei predicatori francescani osservanti (Italia, sec. XV)* (Rome : Istituto Storico Italiano per il Medio Evo, 1999), p. 114-152 ; Gábor Klaniczay, "The Process of Trance, Heavenly and Diabolic Apparitions in Johannes Nider's *Formicarius*," *Collegium Budapest Discussion Paper Series* 65 (June 2003), p. 63-72 ; Gary K. Waite, *Heresy, Magic, and Witchcraft in Early Modern Europe* (Houndmills : Palgrave Macmillan, 2003), p. 11-51 ; Wolfgang Behringer, "Detecting the Ultimate Conspiracy, or How Waldensians Became Witches," in *Conspiracies and Conspiracy Theory in Early Modern Europe : From the Waldensians to*

le lien entre les procès en sorcellerie de la fin du seizième et du début du dix-septième siècle et la diabolisation (ainsi que la répression) de groupuscules rivaux et censément considérés comme « hérétiques » pendant la Réforme[6]. Malgré ces travaux, la relation entre hérésie et sorcellerie pendant la période charnière qui sépare le milieu du quinzième siècle et la publication des 95 thèses de Luther en 1517 reste encore, pour la plus grande part, à défricher. Les écrits d'Institoris constituent à cet égard une source précieuse, en apportant un éclairage indispensable sur la manière dont étaient définies et comprises l'hétérodoxie et la sorcellerie diabolique, ainsi que la relation entre ces deux phénomènes.

Institoris n'était pas seulement le théoricien de la sorcellerie le plus influent de son époque ; c'était également le polémiste antihérétique le plus prolifique de l'avant-Réforme[7]. J'affirme ici que sa manière de présenter sorcières et hérétiques comme des groupes distincts mais participant à la même conspiration diabolique contre la chrétienté constitue un tournant important pour le discours démonologique. En effet, sa perception des rôles analogues des sorcières et des hérétiques est intimement liée à sa vision essentiellement genrée non seulement de l'hérésie et de la sorcellerie, mais également de la sainteté mystique féminine : nous verrons ici en dernière partie la manière dont Institoris instrumentalise les expériences mystiques de trois « saintes vivantes » italiennes, dans sa campagne contre la secte hérétique avant tout masculine des Frères de Bohême. Dans ses traités, Institoris présente la sorcellerie féminine comme un type d'hérésie fondamentalement physique, contrairement

---

the French Revolution, ed. Barry Coward and Julian Swann (Aldershot : Ashgate, 2004), p. 15-34 ; Behringer, "How Waldensians Became Witches : Heretics and Their Journey to the Other World," in *Communicating with the Spirits*, ed. Gábor Klaniczay and Éva Pócs in collaboration with Eszter Csonka-Takács (Budapest : CEU Press, 2005), p. 155-192 ; Martine Ostorero, "The Concept of the Witches' Sabbath in the Alpine Region (1430-1440) : Text and Context," in *Witchcraft Mythologies and Persecutions*, ed. Gábor Klaniczay and Éva Pócs in collaboration with Eszter Csonka-Takács (Budapest : CEU Press, 2008), p. 19-22.

6 Stuart Clark, *Thinking with Demons : The Idea of Witchcraft in Early Modern Europe* (Oxford : Oxford University Press, 1997), esp. p. 532-545 ; William E. Monter, "Heresy Executions in Reformation Europe, 1520-1565," in *Tolerance and Intolerance in the European Reformation*, ed. Ole Peter Grell and Bob Scribner (Cambridge : Cambridge University Press, 2002), p. 48-64 ; Gary K. Waite, *Eradicating the Devil's Minions : Anabaptists and Witches in Reformation Europe, 1525-1600* (Toronto : University of Toronto Press, 2007).

7 Voir Tamar Herzig, *Christ Transformed into a Virgin Woman : Lucia Brocadelli, Heinrich Institoris, and the Defense of the Faith*, (Rome : Edizioni di Storia e Letteratura, 2013).

à l'hérésie doctrinale ; cependant, la sainteté féminine est, pour lui, également essentiellement incarnée, ancrée dans la réalité physique des femmes. Ainsi, il présente les manifestations visibles du mysticisme féminin comme la protection la plus efficace contre la menace que constituent les groupes hérétiques dirigés par des hommes.

Commençons par rappeler quelques éléments essentiels à propos d'Institoris. On se souvient aujourd'hui avant tout de l'inquisiteur dominicain alsacien en sa qualité d'auteur du *Malleus Maleficarum* (on sait désormais que Jacques Sprenger, co-auteur présumé du traité, n'a joué dans sa composition qu'un rôle mineur, tout au plus[8]). Cependant, parmi les sept œuvres publiées d'Institoris, six attaquent non pas les sorcières, mais plutôt des individus ou des groupuscules dont il condamne les vues, qu'il qualifie d'hérétiques[9]. Au tournant du seizième siècle, ces œuvres bénéficient d'un large lectorat et font l'objet de critiques élogieuses de la part de figures ecclésiastiques d'envergure (papes, cardinaux, évêques, théologiens et humanistes catholiques) à travers l'Europe. C'est sans aucun doute son plaidoyer de 1501 contre les Frères de Bohême, *Sancte Romane ecclesie fidei defensionis clippeum adversus Waldensium seu Pikardorum heresim*, qui a le plus fermement assis l'influence d'Institoris[10].

Les Frères de Bohême s'étaient séparés des Hussites utraquistes quelques décennies plus tôt. Bien qu'influencés par les doctrines vaudoises, ils ont conservé une identité religieuse singulière. La plupart des polémistes catholiques du début du seizième siècle considéraient cependant toujours le mouvement comme une branche de la pensée vaudoise. Comme l'indique le titre de l'ouvrage d'Institoris de 1501, son intention était de proposer un « bouclier » pour défendre la foi catholique contre ce groupuscule sectaire « vaudois[11] ».

8 En 1487, Institoris ajouta au livre un avant-propos dans lequel il présente le *Malleus* comme co-écrit par lui-même et son collègue inquisiteur Jacques Sprenger (c. 1436/1438-1492). L'ouvrage a par la suite été attribué aux deux Dominicains, mais ces trente dernières années, il a été définitivement établi qu'Institoris en était, en fait, l'unique auteur. Voir Wolfgang Behringer, "*Malleus Maleficarum*," in *Encyclopedia of Witchcraft : The Western Tradition*, ed. Richard M. Golden (Santa Barbara, CA : ABC-Clio, 2006), vol. 3, p. 717-723.

9 Herzig, *Christ Transformed into a Virgin Woman*, p. 56-57.

10 Tamar Herzig, "Witches, Saints, and Heretics : Heinrich Kramer's Ties with Italian Women Mystics," *Magic, Ritual, and Witchcraft* 1 :1 (Summer 2006), p. 24-55 : 43.

11 Amedeo Molnár, "Autour des polémiques antivaudoises du début du XVIe siècle," in *I Valdesi e l'Europa* (Torre Pellice : Società di Studi Valdesi, 1982), p. 117-135. Voir aussi Romolo Cegna, "I valdesi di Moravia nell'ultimo medioevo," *Rivista di storia e letteratura*

Pendant l'hiver 1499, Institoris se rend à Rome où Alexandre VI le nomme Nonce apostolique et inquisiteur du Royaume de Bohême (royaume qui inclut à l'époque la Bohême, la Moravie et la Silésie). Impressionné par les écrits anti-hérétiques d'Institoris, le pape Alexandre lui commande expressément une réfutation formelle des fondements doctrinaux des Frères de Bohême, et lui assigne la ville morave d'Olomouc. En chemin vers cette dernière depuis Rome, Institoris s'arrête à Ferrare, où il rencontre la célèbre tertiaire dominicaine et stigmatique Lucia Brocadelli da Narni (1476-1544).

Si l'on en croit son propre témoignage, la vue des stigmates de Lucia Brocadelli bouleverse Institoris au point qu'il s'agenouille pour les embrasser[12]. Le 2 mars 1500, il assiste à un examen inquisitorial des plaies de la jeune femme, examen dont il a lui-même fait la requête, et qui confirme l'authenticité des stigmates[13]. Institoris obtient ensuite un certain nombre de documents auprès du duc de Ferrare et des inquisiteurs dominicains locaux. Certains de ces documents affirment la nature miraculeuse des stigmates de Lucia Brocadelli, tandis que d'autres authentifient les phénomènes mystiques qui se sont produits pour d'autres saintes italiennes, notamment l'*inedia* eucharistique de Colomba da Rieti (1467-1501) et les extases de Stefana Quinzani (1457-1530), toutes deux tertiaires dominicaines[14]. Lucia, Colomba et Stefana correspondent à une véritable typologie italienne de la sainteté féminine telle qu'elle fut analysée en premier lieu par Gabriella Zarri dans son étude des « saintes vivantes » (*sante vive*)[15].

---

religiosa 1 (1965), p. 392-395 ; Josef Müller, "Bohemian Brethren," in *The New Schaff-Herzog Encyclopedia of Religious Knowledge* (Grand Rapids : Baker, 1963-1966, reprint), vol. 2, p. 214 ; Gabriel Audisio, *The Waldensian Dissent : Persecution and Survival, c. 1170-1570* (Cambridge : Cambridge University Press, 1999), p. 78-85 ; Euan Cameron, *Waldenses : Rejections of Holy Church in Medieval Europe* (Oxford : Blackwell, 2000), p. 148-150.

12 Institoris, *Sancte Romane ecclesie...*, fol. 79^{v}. Ce passage a été noté au passage par Sigmund Riezler, *Geschichte der Hexenprozesse in Bayern. Im Lichte der allgemeinen Entwickelung dargestellt* (Stuttgart : J. G. Cotta, 1896), 101 ; André Schnyder, *Malleus Maleficarum. Kommentar zur Wiedergabe des Erstdrucks von 1487* (Göppingen : Kümmerle Verlag, 1993), p. 64.

13 Deux exemplaires de cet *instrumentum publicum* sont conservés dans l'Archivio Generale dell'Ordine dei Predicatori, Rome, Sez. XIV, lib. GGG, Pt. I, cc. 332^{r}-332^{v}, 333^{r}-335^{v}.

14 Herzig, *Christ Transformed into a Virgin Woman*, p. 93-98.

15 Gabriella Zarri, "Pietà e profezia alle corti padane : Le pie consigliere dei principi," in *Il Rinascimento nelle corti padane : Società e cultura*, ed. Paolo Rossi (Bari : De Donato, 1977), p. 201-237 ; voir aussi Zarri, "Le sante vive. Per una tipologia della santità femminile nel primo Cinquecento," *Annali dell'Istituto storico italo-germanico in Trento* 6 (1980), p. 371-445.

Institoris ramena tous les documents relatifs aux saintes italiennes à Olomouc, où il arriva quelques mois plus tard pour se lancer immédiatement dans une campagne virulente contre les Frères de Bohême. Son zèle lui valut la réputation de « plus notoire inquisiteur que la Moravie ait jamais connu[16] ». La contribution la plus notable d'Institoris aux efforts de l'époque pour combattre l'hétérodoxie n'est cependant pas à chercher dans sa poursuite des hérétiques, mais surtout dans ses prêches et dans la publication de propagande catholique en Moravie. En avril 1501, il publia la première édition du *Clippeum*. Une seconde édition parut in 1502, et certaines parties du *Clippeum* furent également publiées séparément. L'ouvrage a bénéficié d'une large circulation en Europe centrale et de l'Est, ainsi que dans la péninsule italienne[17].

Véritable résumé de trois décennies d'inquisition et de défense de l'orthodoxie, le *Clippeum* présente, plus clairement que ses écrits précédents, la manière dont Institoris perçoit l'hérésie et la sorcellerie. Comme il l'explique dans son traité anti-hérétique, les « Vaudois » de Bohême sont intimement liés aux sorcières, en ce que les deux groupes participent à la conspiration diabolique visant à persécuter l'Église :

> L'Église est ébranlée par ces afflictions des plus amères... par des dissensions internes relatives à l'expansion des hérésies, en particulier ces deux hérésies que sont les Vaudois et les sorcières... Ces deux hérésies, l'une qui abime les âmes, et l'autre qui abime les corps... [rend] les blessures de la foi catholique encore plus profondes... La base de la vérité est produite avec clarté à partir du livre de l'Apocalypse, au chapitre XII, [qui dit que] le diable, se rendant compte dans une grande fureur, qu'il [ne lui reste que] peu de temps avant la fin du monde, rentrera dans une fureur encore plus grande contre l'Église, sachant qu'après le Jugement dernier il est destiné à brûler pour toujours, comme cela est écrit, dans les flammes de l'Enfer[18]... Quant à savoir pourquoi le diable attaque maintenant l'Église si férocement au moyen de ces deux hérésies récentes, la réponse est claire, puisque ces hérésies surpassent toutes les autres en cruauté avec les sorcières [qui infligent] des blessures sur les hommes, les animaux domestiques et les fruits de la terre, comme expliqué

16 Petr Kreuz, "Moravia," in *Encyclopedia of Witchcraft*, ed. Golden, vol. 3, p. 785.

17 Jarold K. Zeman, *The Hussite Movement and the Reformation in Bohemia, Moravia, and Slovakia (1350-1650) : A Bibliographical Study Guide* (Ann Arbor : Michigan Slavic Publications, 1977), p. 99 ; Jaroslav Vobr, *Catalogus librorum ab a. MDI ad a. MDXX typis impressorum, qui in Scientiarum bibliotheca publica Brunensi asservantur* (Brno : Scientiarum bibliotheca publica Brunensis, 1986), vol. 2, p. 248-252.

18 Apocalypse 12 :12 et Apocalypse 19 :20.

> dans le travail des sermons contre les hérésies des sorcières[19], et l'hérésie des Vaudois surpasse toutes les autres en termes de doctrines démoniaques, comme déjà mentionné et comme il sera prouvé par la suite en réfutation de leurs erreurs, en conséquence… il [le diable] persécute l'Église à travers eux[20].

Ce passage montre bien qu'Institoris s'inquiétait tout autant de la montée de la sorcellerie diabolique que de la persistance de groupes défiant l'orthodoxie religieuse. La notion selon laquelle sorcières et hérétiques forment des catégories distinctes qui jouent des rôles analogues au sein d'une même conspiration diabolique visant à nuire à la chrétienté a d'abord été exprimée dans les écrits d'Institoris à l'encontre du Conciliarisme au début des années 1480[21]. Il a ensuite développé cette idée dans son *Tractatus varii contra errores adversus eucharistie sacramentum exortos*, publié en 1496. Dans cet ouvrage, Institoris assure ses lecteurs que les confessions de nombreux hérétiques qu'il a poursuivis attestent de la prolifération de son vivant de sectes hétérodoxes, toutes censément associées aux Vaudois. Institoris affirme que chacun de ces groupes hérétiques a été fondé par un intellectuel qui s'est rebellé contre l'Église et s'en est exclu lui-même pour fonder sa propre secte en promouvant des idées hérétiques. Institoris attaque les « hérésiarques » et leurs disciples, qu'il accuse d'être schismatiques, et affirme qu'ils accomplissent le plan du diable (affaiblir l'Église) en professant et en répandant des doctrines « démoniques[22] ».

---

19 Il s'agit sans doute d'une allusion au *Malleus* (Schnyder, *Malleus Maleficarum. Kommentar*, p. 70, n. 184).

20 Institoris, *Sancte Romane ecclesie…*, fols. 88r-89v : « ecclesia his amarissimis concutitur afflictionibus… per intestinas dissensiones quo ad multiplicacionem heresum, et precipue duarum, scilicet Waldensium et maleficarum… [H]e due hereses una super fidei catholice nocumenta quo ad animas et altera quo ad corporalia… damna invalescunt…. Nam fundamentum veritatis clare elicitur ex Apocalipsi. XII, erit eius ira magna sciens quia modicum tempus habet id est ante finem mundi, maiori seviet diabolus ira adversus ecclesiam. Sciens quia post iudicium generale in stagnum ut ibi dicitur ignis et sulphuris in eternum arsurus detrudetur… [C]ur per has hereses duas iam novissimas sic atrociter diabolus ecclesiam infestat, patet responsio, quia enim cunctas alias hereses excedunt et in crudelitate quo ad maleficos hominibus, iumentis et terre frugibus supra modum nocentes, ut in opere sermonum contra heresim maleficarum deducitur, et heresis Waldensium excedit in pessimis demoniorum doctrinis, ut tactum est et successive in reprobacione eorum Errorum deducetur. Ideo… per eas ecclesiam persequitur. »

21 Henricus Institoris, *Epistola contra quendam conciliistam archiepiscopem videlicet Crainensem et adversus citationem et libellum infamie ipsius quem contra sanctissimum dominum nostrum dominum Sixtum papam IIII modernum summum pontificem edidit* (n.p. [Strasbourg], n.d. [1482]).

22 Henricus Institoris, *Sermones de corpore Christi…*, in *Tractatus varii cum sermonibus plurimis contra quattuor errores novissime exortos adversus divinissimum eucharistie sacramentum*

La seule secte qui préoccupe Institoris mais qui ne correspond pas à la typologie indiquée ci-dessus est celle de « l'hérésie moderne » des sorcières (*maleficae*). Bien qu'Institoris condamne les sorcières en tant qu'hérétiques qui ont renoncé à la foi chrétienne, il présente leur rôle dans la conspiration maléfique comme radicalement différent de celui de tous les autres groupes hérétiques, regroupés sous l'appellation collective de « Vaudois ». Ainsi, contrairement à ces hérétiques « vaudois », l'hérésie des sorcières se manifeste non pas par la propagation de doctrines hérétiques mais avant tout à travers leur action, c'est à dire des rapports sexuels avec les démons et l'infliction de blessures physiques. Comme il le répète dans le *Malleus*, le *Tractatus varii* et le *Clippeum*, l'hérésie de la sorcellerie consiste en des pertes infligées sous forme de mauvais sorts quotidiens, résultats de la collaboration entre sorcières et démons, à l'encontre des êtres humains, des animaux domestiques et des fruits de la terre[23].

Institoris met l'accent sur le tort social causé par la sorcellerie, par contraste avec les efforts des théologiens qui s'intéressaient jusque-là surtout à son aspect spirituel. On sait que depuis le début du quatorzième siècle, les autorités ecclésiastiques en sont arrivées progressivement à considérer la pratique de la magie ordinaire comme le résultat de l'invocation tacite ou explicite de démons. Bien que les théoriciens de la sorcellerie aient reconnu la réalité de la magie destructrice des sorcières, ils s'inquiétaient davantage du diabolisme supposé de ces dernières que des dégâts physiques qu'elles causaient[24].

Ainsi, en insistant sur les implications sociales de la sorcellerie, Institoris rompt avec la position ecclésiastique précédente, selon laquelle tous les cas sérieux de sorcellerie relevaient de la compétence de l'Inquisition. Institoris semble disposé à laisser les tribunaux séculaires poursuivre ce type d'affaires. Cette position allait bientôt prévaloir dans certaines régions d'Europe centrale, et les compte-rendus de procès qui n'ont pas été détruits indiquent que les chefs d'accusation de *maleficium*

(Nuremberg : Anton Koberger, 1496), pars 1, sermo 1 ; *ibid.*, pars 2, sermo 13 ; *ibid.*, pars 2, sermo 17. Voir également idem, *Tractatus erroneus*, in *Tractatus varii*.

23 Institoris, *Malleus Maleficarum*, ed. Mackay, vol. 1, p. 207 ; Institoris, *De duratione sacramenti*, in *Tractatus varii* ; Institoris, *Sancte Romane ecclesie*…, fols. 88^{r}-89^{v}.

24 Alain Boureau, « Satan hérétique : l'institution judiciaire de la démonologie sous Jean XXII," *Médiévales* 44 (Spring 2003), p. 17-46 ; Andenmatten and Utz Tremp, "De l'hérésie à la sorcellerie," p. 92-104.

proliférèrent dans les premières décennies du seizième siècle, à mesure que la sorcellerie en vint à être considérée comme un crime essentiellement séculaire[25] .

De la même manière, la distinction que propose Institoris entre sorcières diaboliques et hérétiques « vaudois » marque un tournant dans le discours démonologique pré-moderne. Un siècle plus tôt en Savoie, des inquisiteurs faisaient confesser de force la pratique de magie illicite à des Vaudois. Le terme « Vaudois » en vint ensuite à qualifier non pas seulement un dissident suivant les enseignements de Pierre Valdo de Lyon, ni même un hérétique en général, mais également un sorcier. Vers la moitié du quinzième siècle, juristes et théologiens en étaient arrivés à considérer la sorcellerie comme une forme moderne de la tradition bien connue de l'hérésie vaudoise[26].

Cette confusion entre sorcellerie et hérésie vaudoise caractérise la plupart des textes démonologiques du quinzième siècle écrits avant la publication en 1486 du *Malleus maleficarum* d'Institoris. Cependant, dans les dernières années du quinzième siècle, certains théologiens et inquisiteurs commencèrent à douter du bien fondé de la fusion de ces deux catégories. Parmi eux figure bien sûr Institoris, qui présente le rôle des sorcières dans la conspiration des hérétiques comme différent de celui des Vaudois. Le fait qu'Institoris évite d'employer le terme « vaudois » dans le *Malleus* facilita la séparation qui finit par s'opérer entre les deux catégories : de fait, après la publication du traité, qui fit autorité, les démonologistes cessèrent également d'employer le terme pour faire allusion à des sorciers ou des sorcières[27]. On peut cependant se demander pourquoi cette distinction était si importante aux yeux de l'Alsacien. Une lecture comparée du *Malleus* et des écrits anti-hérétiques

25 *Cf.* Pierre-Han Choffat, *La Sorcellerie comme exutoire. Tensions et conflits locaux : Dommartin 1524-1528* (Lausanne : Université de Lausanne, 1989), p. 27-33, 36-40 ; Eva Maier, *Trente ans avec le diable : Une nouvelle chasse aux sorciers sur la Riviera lémanique (1477-1484)* (Lausanne : Université de Lausanne, 1996), p. 162 ; Rainer Decker, *Witchcraft and the Papacy : An Account Drawing on the Formerly Secret Records of the Roman Inquisition*, trad. H. C. Erik Midelfort (Charlottesville : University of Virginia Press, 2008), p. 59-60.

26 William E. Monter, *Witchcraft in France and Switzerland : The Borderlands during the Reformation* (Ithaca : Cornell University Press, 1976), p. 22-24 ; Andenmatten and Utz Tremp, "De l'hérésie à la sorcellerie," p. 82-92 ; Audisio, *Waldensian Dissent*, p. 73-76 ; *L'imaginaire du sabbat*, p. 11, 301-312, 507-513 ; Waite, *Heresy, Magic, and Witchcraft*, p. 34-37 ; Utz Tremp, "Heresy," in *Encyclopedia of Witchcraft*, vol. 2, p. 485-488.

27 Wolfgang Behringer, "Vaudois (Waldensians)", in *Encyclopedia of Witchcraft*, vol. 4, p. 1160-1162.

d'Institoris fait vite apparaître que la réponse à cette question tient à sa vision profondément genrée à la fois de la sorcellerie et de l'hérésie.

Deux des œuvres d'Institoris prennent pour cible spécifique des « hérétiques » mâles, en l'occurrence l'archevêque albanais Andrea de Craina et le juriste italien Antonio de' Roselli[28]. Les erreurs doctrinales qu'Institoris cherche à réfuter dans *Tractatus varii* et dans le *Clippeum* étaient également attribuées aux disciples de Jan Hus et à d'autres hommes « hérésiarques ». Même si Institoris savait sans doute qu'il existait bien des femmes qu'attiraient certaines sectes hérétiques contemporaines, il a dans ses écrits minimisé la présence féminine dans les groupes religieux dissidents[29]. Ainsi, pour Institoris, l'hérésie doctrinale (qui nécessite enseignements, apprentissages, prêches ou écrits) est avant tout une affaire d'hommes, et c'est en cela qu'elle est radicalement différente de la sorcellerie, qu'il perçoit avant tout comme une hérésie du corps, et donc essentiellement féminine.

Comme le fait remarquer Hans Peter Broedel, les hommes qui pratiquent la sorcellerie dans le *Malleus* sont « tout à fait minimisés » : critiqués avant tout pour leur superstition, les *magi* et *negromantici* masculins sont traités séparément des membres hérétiques de la secte diabolique des femmes sorcières (*maleficae*[30]). De la même manière, les hommes qui pratiquent la magie sont exclus du discours d'Institoris sur la sorcellerie dans le *Clippeum*[31]. La distinction rigoureuse que propose Institoris entre les hérétiques « vaudois » (essentiellement des hommes) et les femmes qui pratiquent la magie diabolique marque un moment important dans la féminisation de la sorcellerie, glissement qui avait débuté au début du quinzième siècle et qui allait durer à peu près un siècle.

La confusion entre sorcellerie et hérésie vaudoise dans les régions suisses où eurent lieu les premières persécutions de sorcières à grande échelle se retrouve dans le ratio hommes-femmes des premiers procès. Les sorciers, accusés à la fois de pratiquer la magie maléfique et d'adhérer

---

28 Henricus Institoris, *Opusculum in errores Monarchie* (Venise : Jacobus de Leucho, 1499), et voir ci-dessus.

29 Herzig, *Christ Transformed into a Virgin Woman*, p. 15-16.

30 Hans Peter Broedel, "To Preserve the Manly Form from so Vile a Crime : Ecclesiastical Anti-Sodomitic Rhetoric and the Gendering of Witchcraft in the *Malleus Maleficarum*," *Essays in Medieval Studies* 19 (2002), p. 136-148 : 136.

31 Institoris, *Sancte Romane ecclesie...*, fols. 78^v, 80.

à des doctrines hérétiques, y étaient en majorité des hommes[32]. Tout au long du quinzième siècle, les démonologistes ont continué de penser que c'étaient les hommes qui dirigeaient les sectes de sorciers, tout en mettant l'accent dans leurs écrits sur l'inclinaison pour la sorcellerie inhérente aux femmes[33].

Institoris n'est en aucun cas le premier théoricien de la sorcellerie à mettre en avant l'appétence des femmes pour la sorcellerie. En effet, la proportion de femmes accusées de sorcellerie en Europe avait déjà augmenté tout au long du quinzième siècle, à mesure que les autorités ecclésiastiques commencèrent à se préoccuper davantage de la sorcellerie que de la nécromancie et que la magie fut de plus en plus considérée comme un domaine féminin aux yeux des savants[34]. Cependant, certains auteurs cléricaux associant précédemment la sorcellerie au sexe féminin, à l'instar de Johannes Nider (1380-1438), trouvaient encore tout à fait incongrue l'idée selon laquelle certaines femmes passaient délibérément un pacte avec le diable. Ainsi, bien que Nider eût consacré une partie de son *Formicarius* (c. 1438) à expliquer pourquoi la sorcellerie est pratiquée plus souvent par les femmes que par les hommes, il s'attacha exclusivement à décrire des sorciers hommes.

Le discours de Nider sur la propension plus grande à la sorcellerie chez les femmes que chez les hommes est en grande partie à l'origine du célèbre chapitre (*Quaestio* VI) de la première partie du *Malleus*, dans lequel Institoris cherche à établir un lien direct entre la sorcellerie diabolique et les femmes. À la suite de Nider, Institoris met en avant la dépravation des femmes comme cause de leur appétence plus grande pour la sorcellerie[35]. Mais tout en rappelant certains éléments-clés du

32 Monter, *Witchcraft in France and Switzerland* p. 23-24, 120-121 ; Andenmatten and Utz Tremp, "De l'hérésie à la sorcellerie," p. 104.

33 Broedel, "To Preserve the Manly Form," p. 135-136 ; Robert Muchembled, *A History of the Devil from the Middle Ages to the Present*, trans. Jean Birrell (Cambridge : Polity, 2003), p. 42-44. Sur la balance hommes-femmes dans les sectes de sorciers et sorcières telles que les présentent les principaux textes démonologiques du quinzième siècle, voir *L'imaginaire du sabbat*, p. 251-256, 263-265, 485-494, 510, 519-522.

34 *Cf.* Catherine Chène et Martine Ostorero, "Démonologie et misogynie : L'émergence d'un discours spécifique sur la femme dans l'élaboration doctrinale du sabbat au XVe siècle," in *Les femmes dans la société européenne. 8e congrès des Historiennes suisses*, ed. Anne-Lisa Head-König and Liliane Mottu-Weber (Genève : Droz, 2000), p. 175-192.

35 Institoris, *Malleus Maleficarum*, ed. Mackay, vol. 1, p. 282-294, et voir Michael D. Bailey, "The Feminization of Magic and the Emerging Idea of the Female Witch in the Late Middle Ages," *Essays in Medieval Studies* 19 (2002), p. 120-134 : 120-121.

Formicarius, Institoris impute également aux sorcières les crimes de *maleficium* que Nider attribuait à certains hommes spécifiques[36]. Ainsi, là où le *Formicarius* de Nider témoigne encore de l'embarras du clergé à associer franchement les femmes sorcières au diabolisme, qui supposait l'intervention tant de la volonté que de l'intellect, les écrit d'Institoris révèlent sa tentative de minimiser la dimension spirituelle de la sorcellerie et de mettre l'accent sur sa dimension physique, renforçant ainsi son identification en tant qu'hérésie féminine par excellence.

Cependant pour Institoris, ce n'est pas seulement la sorcellerie qui est genrée ; les hérésies « vaudoises » le sont aussi. Comme il l'affirme dans le *Clippeum*, le diable utilise des (femmes) sorcières pour accomplir des actes démoniaques, mais s'appuie sur des (hommes) hérétiques « vaudois » pour propager des doctrines démoniaques. Institoris affirme ainsi que les « Vaudois » de Bohême apprennent les « doctrines démoniaques » qu'ils propagent ensuite (notamment le déni de la réalité de l'Eucharistie et le rejet de la suprématie papale) en avalant le diable sous forme de mouche. En avalant une mouche, l'hérétique conclut un pacte avec le diable. Contrairement à celui que passent les sorcières avec le malin, le pacte des hérétiques n'est pas scellé par un rapport sexuel. En effet, Institoris insiste sur le fait que les Frères de Bohême se livrent à des actes obscènes entre eux, mais, contrairement aux sorcières décrites dans le *Malleus*, pas avec les démons. Cette différence majeure entre hérétiques (hommes) et sorcières (femmes) témoigne de la répugnance d'Institoris à admettre la possibilité de la participation des hommes à des actes sexuels avec le démon. Il reconnaît cependant que le pacte des Frères de Bohême avec le diable, à l'instar de celui que passent les sorcières, leur octroie des pouvoirs surnaturels. Une fois le démon avalé, des hérétiques illettrés deviennent érudits sur le coup, et se montrent capables de lire et d'écrire le latin.

Les dirigeants des Frères de Bohême affirmaient, quant à eux, tenir les fondements de leur doctrine de leur lecture indépendante des Écritures, et l'on pensait qu'ils faisaient l'acquisition de leur savoir surnaturel au cours de leurs expériences spirituelles. Malgré cette insistance sur l'inspiration divine à l'origine de ces expériences, Institoris affirme que c'est le diable et non l'Esprit saint, qui est à l'origine de leur doctrine hérétique, et donc responsable de ce qui semble être un nombre

---

36 Chène et Ostorero, "Démonologie et misogynie," p. 193-194.

remarquablement élevé d'individus sachant lire et écrire dans les rangs des Frères de Bohême[37].

Dans son récit de la pratique des hérétiques qui consistait à avaler des mouches, Institoris sous-entend que ce faisant, ils idolâtraient Belzébuth, le Seigneur des Mouches. Dans la tradition chrétienne, Belzébuth a toujours été associé à la possession par le diable en raison des accusations portées contre Jésus par les Pharisiens. Institoris fait précisément allusion à cet épisode du Nouveau Testament dans le *Clippeum*, en réfutant l'absence de foi des Frères de Bohême dans les pouvoirs miraculeux des saintes catholiques de l'époque, en l'occurrence Lucia Brocadelli, Stefana Quinzani et Colomba da Rieti[38]. Comme nous l'avons vu plus haut, Institoris avait obtenu plusieurs documents décrivant et certifiant les pouvoirs divins des trois femmes pendant sa visite à Ferrare en mars 1500. Il consacra ensuite plus de douze pages de son *Clippeum* à une description détaillée des stigmates de Lucia Brocadelli, des extases de Stefana Quinzani et de la subsistance miraculeuse de Colomba da Rieti sur la base de l'Eucharistie seule. Institoris compare les pouvoirs miraculeux de ces saintes italiennes avec ce qu'il nomme « *mira dyaboli opera* », en particulier l'obsession diabolique des Frères de Bohême, par laquelle ils acquièrent un savoir surnaturel en avalant une mouche[39]. Tout ceci m'amène à la dernière partie du présent article, consacrée à l'utilisation par Institoris de la spiritualité somatique des mystiques italiennes dans sa campagne contre les hérétiques de Moravie.

C'est au début de 1501, peu après son arrivée à Olomouc, qu'Institoris mentionne pour la première fois les phénomènes miraculeux qui ont touché les mystiques italiennes dans une controverse publique avec les dirigeants des Frères de Bohême. L'un des représentants des Frères de Bohême lors de la controverse rappellera plus tard qu'Institoris avait chanté les louanges des Italiennes, comme si leurs expériences mystiques étaient plus puissantes qu'aucun des miracles jamais accomplis par les saints, y compris les prophètes bibliques Jean Baptiste, Saint François d'Assise ou même la Vierge Marie. Selon cet adversaire, Institoris affirma que Dieu manifestait ses pouvoirs par le biais des « actions miraculeuses »

---

37 Herzig, "Flies, Heretics, and the Gendering of Witchcraft," p. 51-80.

38 Institoris, *Sancte Romane ecclesie…*, fol. 78^r.

39 *Ibid.*, fols. 10^v, 18-22^v, 50^r, 78^r-79^v.

des tertiaires dominicaines, prouvant ainsi qu'Il continuait à n'élire que l'Église catholique[40].

Institoris publia ensuite, en collaboration avec des frères dominicains de Moravie, un pamphlet en honneur des trois « saintes vivantes », particulièrement élogieux pour la stigmatisation de Lucia Brocadelli. Ce pamphlet en latin, intitulé *Stigmifere virginis Lucie de Narnia aliarumque spiritualium personarum feminei sexus facta admiracione digna*, fut publié pour la première fois le 16 septembre 1501[41]. Une première traduction allemande parut quelques jours plus tard, et une seconde édition allemande abrégée fut publiée à Strasbourg en 1502, ornée d'une gravure sur bois tout à fait singulière attribuée à l'artiste et imprimeur strasbourgeois Bartholomaüs Kistler (d. 1525)[42].

Les lecteurs qui connaissaient le contenu du pamphlet reconnurent certainement sur l'ornement de couverture Stefana Quinzani en plein combat avec la tentation démoniaque. Les assauts démoniaques constituaient un thème courant dans les légendes hagiographiques des « saintes vivantes » italiennes, et l'on retrouve un récit détaillé des tentations diaboliques auxquelles fut confrontée Quinzani tant dans le *Clippeum* que dans les diverses éditions du *Stigmifere*, y compris celle de Strasbourg de 1502. À partir de descriptions de l'extase de la Passion qui étreint Stefana Quinzani dans le texte du pamphlet, la gravure décrit trois scènes de sa réincarnation très théâtrale de la souffrance du Christ. On y voit un démon qui tente de cingler une femme qui, en pleine extase, étend les bras comme en crucifixion. Un deuxième démon agresse une femme demi-nue, mains jointes comme en prière. Deux autres démons parodient le geste d'offrir une couronne d'épines à une femme qui semble plongée dans une profonde contemplation[43].

Dans la gravure de Kistler, c'est la crucifixion de Quinzani qui constitue la scène centrale. Il s'agirait d'une des rares représentations, voire la première jamais produite, d'une sainte en *alter Christus*. La seule

40 Comme mentionné dans un compte-rendu plus tardif de la dispute : Joachim Camerarius, *De ecclesiis fratrum in Bohemia et Moravia narratio historica*, in *Historica narratio de fratrum orthodoxorum ecclesiis in Bohemia, Moravia et Polonia*, ed. Ludwig Camerarius (Heidelberg : Typis Voegelinianis, 1605), p. 96.

41 Sur la publication et la propagation de ce pamphlet, voir Herzig, *Christ Transformed into a Virgin Woman*, p. 157-271 ; pour une édition critique, voir *ibid.*, p. 293-320.

42 *Wunderbarlithe [sic] geschichten, die do geschehen synt von geystlichen wybs personen in disen Joren* (n.p., n.d. [Strasbourg : Bartholomaüs Kistler, 1502 ?]).

43 Herzig, *Christ Transformed into a Virgin Woman*, p. 239-241 (l'image est reproduite p. 287).

autre image pré-tridentine connue d'une femme mystique en position de crucifixion date de 1506 et apparaît dans un manuscrit non publié décrivant les extases de la visionnaire dominicaine italienne Domenica da Paradiso (1473-1553). Contrairement à la gravure de Kistler, qui ornait la couverture d'un pamphlet qui fut bel et bien publié, le dessin de Sœur Domenica crucifiée comme le Christ ne circula qu'à titre privé[44]. Qu'Institoris fût ou non partie prenante de la décision de mettre cette image en couverture de l'édition de Strasbourg de son pamphlet, la gravure de Kistler est sans aucun doute dans la lignée du point de vue de l'inquisiteur alsacien sur les saintes, considérées comme un miroir des sorcières diaboliques : si ces dernières concluent de leur plein gré un pacte avec le diable, les saintes résistent avec héroïsme aux assauts diaboliques et terrassent le Malin grâce à la force inébranlable de leur foi.

Institoris affirme que ce sont les mêmes qualités qui rendent les femmes plus vulnérables aux machinations du diable qui en font également des véhicules parfaits pour les révélations divines. Dans son discours sur l'appétence des femmes pour la sorcellerie dans le *Malleus*, Institoris affirme que l'esprit féminin est par nature plus impressionnable que l'esprit masculin, ce qui rend les femmes plus promptes que les hommes à subir l'influence d'un esprit désincarné. Ce postulat est fondé sur le présupposé que, en raison des caractéristiques inhérentes à la nature biologique des femmes, ces dernières sont plus sensibles aux impressions qu'elles reçoivent et moins capables d'en faire une évaluation critique que les hommes[45]. Institoris reconnaît que toutes les impressions qui atteignent les femmes ne sont pas d'origine diabolique. Dans le *Malleus*, il affirme que, quand les femmes utilisent bien le caractère le plus impressionnable de leur nature, elles sont très bonnes mais quand elles l'utilisent à mauvais escient, elles sont très mauvaises[46].

44 Sur ce dessin ainsi que sur les similitudes entre les expériences mystiques de Domenica da Paradiso et Stefana Quinzani, voir Meghan Callahan, "Suor Domenica da Paradiso as *alter Christus* : Portraits of a Renaissance Mystic," *Sixteenth Century Journal* 43 :2 (2012), p. 323-350.

45 *Cf.* Ian Maclean, *The Renaissance Notion of Woman : A Study in the Fortunes of Scholasticism and Medical Science in European Intellectual Life* (Cambridge : Cambridge University Press, 1980), p. 42 ; Daniel Bornstein, "Spiritual Kinship and Domestic Devotions," in *Gender and Society in Renaissance Italy*, ed. Judith C. Brown and Robert C. Davis (Essex : Longman, 1998), p. 173-191 : 176.

46 Institoris, *Malleus Maleficarum*, ed. Mackay, vol. 1, p. 285 : "quia a natura propter fluxibilitatem complexionis facilioris sunt impressionis ad revelationes capiendas per

C'est cette même idée qui sous-tend l'eulogie de la spiritualité féminine dans les textes publiés par Institoris à Olomouc en 1501. Comme il l'affirme dans le *Clippeum*, l'impact des hosties consacrées était si fort pour Colomba da Rieti qu'on la trouvait toujours en extase après la communion. Quant à Lucia Brocadelli, penser à la Passion du Christ pendant la prière avait une telle force sur son esprit que son propre corps recevait les plaies sanglantes de Ses stigmates. De la même manière, Stefana Quinzani, qui contemplait un crucifix tous les vendredis, entrait dans un tel état d'extase qu'elle faisait physiquement l'expérience de la souffrance de la Passion du Christ[47]. Pour Institoris, seules les femmes, dont le sexe les privait de la capacité d'évaluation critique des images qui influencent leur esprit, pouvaient atteindre une telle perfection dans l'*Imitatio Christi*.

En propageant la renommée de Lucia Brocadelli, de Stefana Quinzani et de Colomba da Rieti, Institoris réactualisait une ancienne tradition dominicaine de promotion des femmes renommées pour leur sainteté physique visible au service de la défense de l'orthodoxie catholique. Ce phénomène était courant chez les inquisiteurs et polémistes dominicains pendant la lutte contre l'hérésie aux treizième et quatorzième siècles, mais fut largement abandonné au début du quinzième siècle. En effet, Johannes Nider, dont les écrits sur la sorcellerie influencèrent si profondément Institoris et qui était également un virulent polémiste anti-hussite, se méfiait des femmes connues pour leur spiritualité somatique[48]. Bien qu'Institoris partageât les présomptions de Nider sur l'infériorité physique et intellectuelle des femmes, il affirme que ce sont précisément ces traits qui peuvent en faire non seulement des sorcières, mais également des incarnations du divin. La sainteté des femmes se manifeste dans leur corps, tout comme la sorcellerie, hérésie féminine *per se*, se manifeste elle aussi physiquement.

Dans le *Clippeum* tout comme dans *Stigmifere*, Institoris réaffirme que la sainteté physiquement manifeste des trois Italiennes suffit à prouver la

---

impressionem separatorum spirituum, qua complexione etiam cum bene utuntur, multum bone sunt, cum male, peiores sunt."

47 Institoris, *Sancte Romane ecclesie...*, fols. 18^{r}-22^{v}, 50^{r}, 78^{r}-79^{v}.

48 *Cf.* Dyan Elliott, "The Physiology of Rapture and Female Spirituality," in *Medieval Theology and the Natural Body*, ed. P. Biller et A. J. Minnis (Woodbridge : York Medieval Press, 1997), p. 141-173 : 167-173 ; Nancy Caciola, *Discerning Spirits : Divine and Demonic Possession in the Middle Ages* (Ithaca : Cornell University Press, 2003), p. 274-317.

vérité de la foi de l'Église sainte de Rome (« sufficiant in approbationem veritatis fidei sancte Romane ecclesie[49] »). La répétition de l'expression indique bien qu'Institoris considérait de telles « preuves » du bien fondé du Catholicisme comme le « bouclier » le plus efficace contre l'hérésie, c'est à dire comme la meilleure manière de réfuter les affirmations hétérodoxes des Frères de Bohême.

Institoris fait figurer au sein du *Clippeum* les documents notariés qu'il reçût de ses confrères italiens pendant son séjour à Ferrare et qui attestent de l'examen inquisitorial en 1497 de Brocadelli et de Quinzani. Ces documents, qui avaient circulé sous forme manuscrite dans la péninsule italienne à la toute fin du quinzième siècle, apparaissent en version imprimée pour la première fois dans le *Clippeum*. L'ouvrage d'Institoris inclut également le premier récit jamais publié de la vie de Colomba da Rieti, le seul à paraître du vivant de la sainte[50].

Le récit de la rencontre de Colomba avec Alexandre VI en 1496 fournit un merveilleux exemple de la manière dont Institoris cherche à se servir des pouvoirs mystiques des saintes dominicaines pour réfuter des doctrines hérétiques :

> Il y a en Lombardie de très nombreuses vierges dévouées au Christ et connues pour la grande sainteté de leur vie. Et si l'on soustrait [les vierges qui appartiennent aux] autres ordres religieux, dont beaucoup brillent par leurs miracles, c'est exactement le cas dans un ordre religieux, appelé l'Ordre de la Pénitence de Saint Dominique. Et parmi ces vierges, trois font preuve de la sainteté la plus excellente. L'une d'entre elles s'appelle Colomba, elle est âgée d'à peu près vingt-quatre ans et vit dans la ville italienne de Pérouse ; depuis déjà huit ans, elle s'obstine à ne consommer aucune nourriture à part le sacrement de l'Eucharistie, et subsiste en recevant la communion tous les jours [et en portant] une chemise de bure ceinte sur sa chair par une ceinture de fer ; elle vit avec ses nombreuses compagnes vierges une vie admirable, et quand le pape actuel Alexandre VI[51] a rendu visite [à Pérouse], il a souhaité prouver la véracité de cette sainteté. Et quand il pénétra dans la chapelle de l'église des Frères prêcheurs, il découvrit [Colomba], qui venait de recevoir le corps du Christ par la Communion, ravie par l'extase, à genoux, les yeux grands ouverts mais ne voyant rien, et il toucha doucement son visage et sa tête,

49 Institoris, *Sancte Romane ecclesie…*, fol. 22v.

50 Herzig, *Christ Transformed into a Virgin Woman*, p. 93-98.

51 Ici le pape est appelé « Alexander Octavus », ce qui constitue une erreur, qui sera corrigée dans la seconde édition du *Clippeum* (Olomouc : Konrad Baumgarten, 1502), fol. 18r, où il est désigné par le titre correct d'Alexandre VI.

> [et] s'en alla en lui donnant sa bénédiction et en interrogeant ses compagnes sur ces extases si merveilleuses qu'elle ne se souciait pas des mouches qui entraient dans ses yeux ouverts. La réponse était qu'elle vivait ces extases tous les jours, après avoir reçu la Sainte Communion, et qu'elle reçoit souvent des consolations divines et des douceurs merveilleuses en vertu du sacrement[52].

Dans le *Clippeum*, les extases publiques et visibles de Colomba servaient à confirmer la doctrine catholique de la transsubstantiation, doctrine rejetée par les groupes hussites, dont les Frères de Bohême. Selon Institoris, le pape Alexandre voyait l'impassibilité de Colomba dans son extase lorsque des mouches lui volaient dans les yeux comme une indication de la nature miraculeuse de cette extase. On note, et c'est fort troublant, qu'aucun autre récit moderne de la rencontre de Colomba et du pape ne fait mention de mouches, détail propre à la version d'Institoris[53].

La description des extases de Colomba dans le *Clippeum* n'apparaît que quelques pages après le passage dans lequel Institoris mentionne l'habitude des Frères de Bohême d'avaler le diable sous forme de mouche[54]. Bien qu'il n'identifie pas explicitement les mouches qui volent dans les yeux de Colomba comme diaboliques, ses lecteurs les associent sans aucun doute au diable. L'indifférence de Colomba face à l'attaque des mouches sert ainsi à mettre en avant le contraste entre son extase d'inspiration divine et l'obsession démoniaque des Frères, entre les authentiques miracles que Dieu seul peut produire au sein de l'Église catholique et les exploits

52 Institoris, *Sancte Romane ecclesie* (édition de1501), fol. 19ᵛ : « Sunt nempe per Lombardiam, inter quamplures virgines devotas Christi in magna vite sanctimonia cognite, et hoc dumtaxat in una religione que de penitentia sancti Dominici nuncupantur, demptis aliis religionibus, in quibus plures clarent miraculis. Et inter illas habentur tres excellentissime sanctitatis, quarum una nomine Columba, etatis circiter viginti annorum quattuor in civitate habetur Perusina Ytalie, iam usque in annum octavum non sumpsisse aliquem cibum corporalem, tantummodo Eucharistie sacramento, et eius cottidiana sumpcione sustentata, cilicio ad carnem cum ferrea cathena circumcincta, secum habens quamplurimas virgines consodales celebrem vitam ducentes, quam et Romanus pontifex modernus Alexander [sextus] visitando dum rei veritatem experiri voluit. Et capellam in eccclesia fratrum predicatorum intrasset, ipsa iam communicata christi corpore, eam in extasim raptam apertisque oculis nihil videntem flexis genibus invenit, faciem et caput dulciter pertractans, eam benedicens abcessit, et consodales interrogans de tam mirabili extasi, ita quod muscas oculos apertos intrantes non perpenderet. Responsum fuit talem extasi ei post sacram communionem esse cottidianam et divinas semper recipere consolationes et dulcedines mirabiles ex virtute sacramenti ».

53 Herzig, *Christ Transformed into a Virgin Woman*, p. 128-136.

54 Institoris, *Sancte Romane ecclesie* (1501 edition), fols. 10, 15ᵛ.

trompeurs que le diable produit chez les hérétiques. Là où les Frères (des hommes, donc) attendent d'avaler sciemment une mouche pour acquérir un savoir diabolique, l'humble (femme) mystique ne se rend même pas compte que des mouches cherchent à perturber son extase divine, et les avale d'autant moins. C'est le corps même de Colomba da Rieti, et celui de Lucia Brocadelli et de Stefana Quinzani, intellectuellement et psychologiquement inférieures aux hommes hérétiques qui enseignent et propagent des doctrines hérétiques, qui réfute ces préceptes.

Les efforts d'Institoris pour employer la souffrance physique visible des femmes mystiques en défense de l'orthodoxie catholique n'ont pas convaincu les Frères de Bohême de la « vérité de la foi [Catholique] » et n'ont pas, non plus, déclenché leur conversion en masse au catholicisme. En revanche, la diabolisation des membres de la secte par le chasseur de sorcières dominicain dans le *Clippeum* fut bien accueillie par les lecteurs laïques et religieux influents. En effet, la description que fait Institoris des réunions diaboliques des Frères de Bohême fut bientôt reprise par d'autres polémistes anti-hérétiques, ce qui contribua largement à décider le roi Ladislas II de Bohême à se tourner contre les Frères en 1507[55]. S'appuyant sur la description d'Institoris, Augustinus Moravus d'Olomouc prévint le roi Ladislas que les Frères de Bohême idolâtraient le Seigneur des Mouches dans leurs assemblées secrètes. Les Frères eux-mêmes furent profondément offensés par l'accusation au point de nier fermement obtenir leurs doctrines diaboliques en avalant des mouches, dans une défense apologétique rédigée en 1508[56].

Enfin, la classification, à laquelle procède Institoris des hérétiques « vaudois » avaleurs de mouches et des sorcières diaboliques comme deux groupes distincts mais tout aussi maléfiques, témoigne de l'insatisfaction croissante, au tournant du seizième siècle, vis-à-vis de la confusion précédente entre ces deux catégories. L'insistance de l'inquisiteur sur le fait que les sorcières ne sauraient être confondues avec les hérétiques devint

---

55 Müller, "Bohemian Brethren," p. 215 ; Molnár, "Autour des polémiques antivaudoises," p. 127-136.

56 *Excusatio fratrum valdensium contra binas litteras doctoris Augustini datas ad regem*, in Jacobus Ziegler, *In hoc volumine haec continentur : Duplex Confessio Valdensium ad Regem Ungarie missa... Excusatio Valdensium contra binas litteras Doctoris Augustini. Iacobi Zigler ex Landau Bavarie Contra heresim Valdensium libri quinque* (Leipzig : Melchior Loterus, 1512), sig. D 3^{v}, et voir la lettre d'Augustinus Moravus au roi Ladislas en date de 14 novembre 1506, in *ibid.*, sig. D^{v}.

un fait généralement accepté dans la période post-luthérienne. Bien que les autorités catholiques et protestantes aient persécuté tout autant les sorcières présumées aussi bien que les dissidents religieux, elles n'en ont pas moins opéré une distinction claire entre les deux groupes[57].

Paradoxalement, étant donné que la chasse aux sorcières prit des proportions bien plus grandes que la persécution des hérétiques pendant la période des conflits religieux, il semblerait que les sorcières aient été considérées comme bien plus dangereuses que les minorités confessionnelles[58]. Cependant la vision profondément genrée de la sorcellerie et de l'hérésie que met en avant Institoris dans ses écrits semble avoir été généralement acceptée : bien que certaines femmes fussent poursuivies pour hérésie et certains hommes pour sorcellerie, la plupart des exécutions pour cause d'hérésie concernaient des hommes, tandis que les femmes constituaient la très grande majorité des victimes des chasses aux sorcières[59]. À cet égard, les appels répétés d'Institoris pour éliminer tant les « Vaudois » masculins que les femmes sorcières préfigurent de manière troublante la persécution des dissidents religieux en même temps que des sorcières présumées pendant la Réforme.

Tamar HERZIG
Université de Tel Aviv

57 Waite, *Eradicating the Devil's Minions*. See also Behringer, *Witches and Witch-Hunts : A Global History* (Cambridge : Polity Press, 2004), p. 81-82.

58 *Cf.* Monter, "Heresy Executions," p. 62-64.

59 Michael D. Bailey, *Magic and Superstition in Europe : A Concise History from Antiquity to the Present* (Lanham : Rowman and Littlefield, 2007), p. 147-149 ; William E. Monter, *Judging the French Reformation : Heresy Trials by Sixteenth-Century Parlements* (Cambridge, Mass. : Harvard University Press, 1999), p. 190-192 ; Brad S. Gregory, *Salvation at Stake : Christian Martyrdom in Early Modern Europe* (Cambridge, Mass. : Harvard University Press, 1999), p. 94-96.

LA SHEKHINA
ET LES FEMMES PROPHÈTES
CHEZ LES KABBALISTES CHRÉTIENS

La notion de Shekhina a contribué à l'apparition des femmes prophètes chez les kabbalistes chrétiens français de la Renaissance. Il convient d'abord de définir la notion de Shekhina avant de montrer comment ce concept se fait porteur de la dimension féminine de Dieu. Ensuite, nous éclairerons les causes de la féminisation du concept de Shekhina, ce qui nous amènera à évoquer le parallèle établi entre la tradition juive et chrétienne, surtout dans l'interprétation du *Cantique des Cantiques*. Enfin, nous verrons comment la Shekhina a joué un rôle fondamental dans l'apparition de la figure des femmes prophètes chez les kabbalistes chrétiens français et particulièrement chez Guillaume Postel.

SHEKHINA ET LA DIMENSION FÉMININE DE DIEU

Le mot Shekhina שכינה provient de la racine hébraïque composée des trois lettres shin ש, khaf כ et noun נ qui signifie « être présent, résider, être voisin ». Shekhina est souvent traduit par *présence divine*. Ce concept permet de résoudre la tension qu'il y a entre l'idée d'un Dieu transcendant et celle d'un Dieu terrestre, qui intervient dans la vie des êtres humains, créatures issues de son œuvre. Le terme n'apparait pas dans la Bible, mais à l'époque Talmudique (IIe-Ve siècles) dans le *Targoum Onkelos*, c'est-à-dire dans la traduction araméenne du texte biblique, faite entre le Ier et le IVe siècle de notre ère. Lorsque le texte biblique décrit des actions ou des sentiments de Dieu prenant forme humaine, comme « Dieu descend » ou « Dieu regrette », il les évoque sous le terme de « Shekhina ». Ainsi, Exode 25 :8 : « Et ils Me construiront un sanctuaire, pour que Je réside au milieu d'eux » est traduit dans le *Targoum Onkelos* : « Ils construiront devant Moi un sanctuaire afin que Je puisse laisser ma Shekhina résider au milieu d'eux ». La Shekhina est donc la traduction de l'immanence de Dieu. C'est l'être-avec-Dieu, comme l'exprime Rabbi Hananiah ben Teriadon : « Si deux sont assis ensemble et occupés à des paroles de la Torah, la Shekhina demeure au milieu d'eux[1] ». Mais encore, il est dit : « Il n'est nul endroit au monde qui soit vide de la Shekhina[2] ».

Le mot Shekhina est féminin en hébreu, mais ce n'est qu'avec l'apparition de la kabbale au XIIe-XIIIe siècles que l'on considère la Shekhina comme l'aspect féminin de Dieu. Le mot kabbale dérive du verbe *lekabel*, recevoir, cela signifie plus précisément recevoir la « Loi orale et secrète » donnée par Dieu à Moïse sur le Mont Sinaï, en même temps que la « Loi écrite et publique », c'est-à-dire la Torah. Le kabbaliste, à travers l'analyse méticuleuse de la Torah, met en lumière les secrets et les relations qui existent entre le Dieu éternel, mystérieux et infini (*Ein Sof*), et l'univers mortel et fini de la création. La kabbale constitue le fondement de l'interprétation religieuse mystique. Elle offre des méthodes pouvant contribuer à résoudre les questions ontologiques pour atteindre la connaissance divine. Pour le kabbaliste, Dieu contient à la fois les aspects féminins et masculins, sans être ni homme ni femme, la Shekhina constituant la part féminine de Dieu.

Même si la tradition juive interdit la représentation anthropomorphe de Dieu en image, le vocabulaire et les métaphores employés pour parler de Dieu reflètent une corporéité. On trouve plusieurs métaphores associées à Dieu dans la littérature biblique, parmi lesquelles : Dieu est un guerrier (Exode 15 :3), un berger (Psaumes 23 :1), un roi (1Samuel 12 :12), un père (Jérémie 3 :19). Ces images représentent l'autorité, la force, la victoire et la domination : autant de caractéristiques associées au masculin. Ces rôles masculins sont des rôles actifs, tandis qu'au féminin est associé un rôle plus passif, souvent d'intermédiaire. Cependant, dans Isaïe 66 :13, Dieu est présenté en tant que mère : « Comme un homme que sa mère console, Ainsi je vous consolerai ; Vous serez consolés dans Jérusalem ».

1 Avoth 3 :2.
2 PdRK, *Vayehi beyom kaloth moshe*, p. 4.

La préférence biblique pour les attributs masculins de Dieu proviendrait de la volonté de différenciation de la culture hébraïque des cultes polythéistes environnants. En revanche, dans la kabbale, la dimension féminine de la divinité retrouve sa place. La Shekhina revêt une dimension féminine à côté de la dimension masculine de Dieu. Elle est ainsi princesse, fille, reine, matrone, mère, confiance, sagesse, communauté d'Israël. Elle montre une volonté qui lui est propre, agissant parfois de manière indépendante.

Les kabbalistes ont donc ressenti le besoin de féminiser la Shekhina. Gershom Scholem y voit une résurgence de l'antiquité : « Nous percevons obscurément derrière les lignes mystiques les dieux mâles et femelles de l'Antiquité, anathèmes pour le pieux kabbaliste[3] ». Selon lui, l'innovation que présentait la féminisation de la Shekhina répondait à un besoin populaire. La Shekhina fut ainsi perçue comme la mère de chacun des enfants d'Israël, elle représente la relation de la communauté avec Dieu :

> Ceci [la Shekhina] peut être comparé à un roi qui avait une matrone dans son palais. Tous ses hôtes l'appréciaient. Elle avait des enfants, et ses enfants venaient voir le roi chaque jour et le saluer. Ils lui disaient : « Où est notre mère ? » Et il répondait : « Vous ne pouvez pas la voir maintenant ». À cela ils répondaient : « Qu'elle soit bénie, quel que soit l'endroit où elle se trouve[4] ».

Ici, la Shekhina est la matrone, la mère soucieuse de ses enfants ; les fidèles cherchent à la voir parce qu'ils l'apprécient, mais elle fuit leur regard par modestie et discrétion, trait que la tradition attribue aux femmes. Le *Sepher haBahir – Livre de la Clarté* poursuit en comparant la Shekhina à une princesse qui par ses actes illumine le monde.

Le *Sepher haZohar – Livre de la Splendeur*, traité fondamental de la kabbale juive imagine la relation d'amour entre Dieu et le peuple d'Israël comme celle qui unit Jacob et Rachel (2 :146b). La Shekhina, en tant que représentante du peuple d'Israël serait donc l'épouse de Dieu, tout comme Rachel est l'épouse de Jacob.

Le *Sha'arey Orah – Portes de la Lumière* de Joseph Gikatilla, kabbaliste du XIIe siècle, décrit la Shekhina comme se personnifiant dans les matriarches : « Au temps d'Abraham notre père, de mémoire bénie,

---

3 Gershom Scholem, *Les Grands Courants de la mystique juive*, Paris, Payot, 2004, p. 243.

4 Il s'agit du commentaire du verset d'Ézéchiel 3 :12 contenu dans le *Sepher haBahir*, Jerusalem, Margoliouth, 1951, p. 131-132.

la Shekhina était appelée Rebecca. Au temps de Jacob notre père, elle était appelée Rachel[5]…. ».

Arthur Green, affirme que cette utilisation des images féminines pour représenter Israël dans sa relation à Dieu est nécessaire pour exprimer « le degré d'amour, de passion, et de chaleur que suscite en eux [chez les hommes] la vie spirituelle[6] » , mais aussi pour montrer la dépendance de l'épouse dans la relation maritale vécue traditionnellement. La Shekhina, en tant qu'épouse cette fois-ci, est subordonnée et est dépendante de Dieu.

La Shekhina est également strictement liée à la dimension féminine car : « [La Shekhina], toutes les femmes du monde se tiennent sous sa protection » (*Zohar* I, 228b). La notion de féminin au Moyen Âge et à la Renaissance est associée au monde sublunaire, terrestre, et à la proximité. C'est pourquoi le mystique voit dans la Shekhina la première étape pour accéder à la connaissance du divin. Puisque le monde terrestre est le reflet du monde céleste, ce qui se passe dans le monde d'ici-bas a des conséquences directes sur la sphère divine. Ainsi, l'union d'un homme et d'une femme est « une réalisation symbolique de l'union de Dieu et de la Shekhina[7] ». La connaissance sexuelle est considérée comme un mystère de l'ordre du sacré. Cela est souligné dans *Iggeret ha-qodesh – Lettre sur la Sainteté* :

> Quand l'homme s'unit à sa femme en sainteté, la Shekhina demeure parmi eux et dans le secret de homme (ISH – איש) et femme (ISHAH – אישה) il y a YAH – יה, en revanche s'ils se réchauffent la Shekhina disparaît et parmi eux il ne reste rien d'autre que le feu (ESH – אש).

Nous avons vu que sous le mot Shekhina se nichent plusieurs concepts et que, à partir de l'éclosion de la kabbale aux XIIe-XIIIe siècles, la notion de Shekhina se réfère à la dimension féminine de Dieu. Cette féminisation de la Shekhina dans la kabbale ne pourrait-elle pas être interprétée comme une réponse au renouveau du culte marial qui se diffuse simultanément et durant la même période en Europe Occidentale ? Il est intéressant pour notre étude de comparer ces deux phénomènes, l'un juif – la féminisation du concept de la Shekhina – et l'autre chrétien – la reprise du culte de la Vierge.

5 Joseph Gikatilla, *Sha'arey Orah*, Jerusalem, Ben Schlomo, 1996, chap. 5, p. 230.

6 Arthur Green, « Bride, Spouse, Daughter, Images of the feminine in classical jewish sources », dans Susanna Hershel, *On being a Jewish Feminist reader*, New York, Schocken Books, 1983 p. 248-249.

7 Gershom Scholem, *Les Grands Courants de la mystique juive*, *op. cit.*, p. 251.

FÉMINISATION DE LA SHEKHINA ET REPRISE DU CULTE MARIAL

L'interprétation qui fut faite du *Cantique des Cantiques* aux XIIe-XIIIe siècles offre un début de réponse à notre question.

Le *Cantique des Cantiques*, un chant d'amour énigmatique de la Bible, fascine le Moyen Âge. L'évolution de son iconographie dans les manuscrits médiévaux offre un éclairage particulièrement intéressant sur sa réception. Traditionnellement, chez les chrétiens, les époux sont représentés par le couple du Christ et de l'Église, ou du Christ et de l'Âme. Toutefois, au XIIe siècle, le personnage féminin prend les traits de la Vierge. Rupert de Deutz (1075-1129) et Alain de Lille (1120-1203) nous livrent une interprétation mariologique du *Cantique des Cantiques.*

Selon Rupert de Deutz, le Cantique traite de l'amour entre la Vierge mère et son fils, le Christ. Marie contemple la vie de Jésus souffrant lors de sa mort et elle est présente pendant son ascension au ciel. La relation qui unit Marie et le Christ est avant tout une relation mère-fils, même si ici elle se dessine sous les traits d'une relation d'époux à épouse. C'est le Christ, plus que le Dieu-Père, qui joue le rôle d'époux pour Marie. Chez Rupert, on voit apparaître la thématique de l'amour entre Marie et le Christ. Ici, l'amour est perçu au sens de l'amour conjugal (l'époux et sa femme). Marie devient ainsi la femme pure et vierge du Christ après son ascension. La Vierge est représentée comme mère, mais aussi comme l'épouse du Fils, de son propre fils. Ce double rôle de Marie en tant que mère et épouse est clairement expliqué par William de Newburgh dans son *Explanatio sacri epithalamii in matrem sponsi*. Dans son ouvrage, l'auteur imagine un dialogue entre le Christ et Marie. Jésus y affirme que le rôle de Marie en tant que mère du fils de Dieu est terminé avec la mort du Christ. Dès lors, elle aimera le Christ comme une femme aime son époux. C'est ainsi que la nature de cet amour se transforme lorsque la corporalité du Christ n'y est plus.

Nous retrouvons la même notion d'amour marital dans la tradition juive où le *Cantique des Cantiques* est interprété comme l'amour entre Dieu et le peuple d'Israël (Knesset Israël). En effet, le lecteur juif du

Cantique des Cantiques s'identifie dans sa relation d'amour à la collectivité Knesset Israël : peuple juif qui aime Dieu et qui veut revenir à Lui.

Toutefois, au XIIe siècle, les juifs commencent à mettre l'accent sur la vie pieuse et la quête d'une spiritualité individuelle, puisqu'ils sont influencés par l'environnement majoritairement chrétien dans lequel ils vivent. Ainsi l'idée de la vie religieuse comme quête personnelle se répand et elle conduit à l'union avec Dieu.

Or, la lecture traditionnelle du *Cantique des Cantiques* comme représentation de l'amour de Dieu pour le peuple d'Israël, ne répond pas au nouveau tournant d'individualisation de la piété. Comment procéder dans ce nouveau contexte ? Les kabbalistes juifs songent à une figure féminine qui s'interpose entre Dieu mâle et le dévot de sexe masculin : la Shekhina. C'est effectivement pour répondre à ce besoin spirituel individualisé, que l'on assiste à l'émergence de la Shekhina comme hypostase féminine positionnée entre Dieu et Israël, en tant qu'épouse de Dieu et en tant que mère de l'âme.

Les kabbalistes juifs innovent en créant une nouvelle interprétation de l'amour dans le *Cantique des Cantiques*, une interprétation qui consacre l'union entre le Dieu masculin et sa partie féminine : la Shekhina.

La kabbale juive a ainsi été influencée par le christianisme environnant. Les chrétiens de la Renaissance, de leur côté, s'intéresseront de près à la kabbale juive et pousseront à l'extrême cette influence chrétienne en appliquant une vision christocentrique aux textes kabbalistes juifs. De ce syncrétisme naîtra la kabbale chrétienne.

LES KABBALISTES CHRÉTIENS ET LA SHEKHINA

La kabbale chrétienne fait sa véritable apparition en Italie avec Pic de la Mirandole et sa publication des *900 thèses*, puisque Pic de la Mirandole est le premier kabbaliste de confession catholique et sans racines juives. Bien qu'Abraham Aboulafia fût le premier kabbaliste à tisser un lien entre le Judaïsme et le Christianisme au début du XIVe siècle. Aboulafia voulait par ce biais convertir les Chrétiens au Judaïsme, mais ce qui se produisit fut tout le contraire. En effet, les kabbalistes chrétiens de la Renaissance pensaient que la Vérité de la religion Chrétienne était contenue dans les textes kabbalistes juifs.

En Italie, un groupe de kabbalistes chrétiens voit le jour à la cour des Médicis et pareillement, en France, à la cour de François Ier. Les relations entre les kabbalistes chrétiens italiens et français sont très intenses et très riches. Guillaume Postel est une des figures emblématiques qui témoigne de cet échange intense d'idées, de notions théologiques et de livres.

Guillaume Postel (1510-1581) est un orientaliste, philologue et théosophe français de confession catholique, qui a beaucoup voyagé en Occident et en Orient à la recherche de manuscrits en langues orientales. Mais c'est à Venise dans les années 1547-1553 qu'il fit une rencontre spéciale : celle de la Mère Jeanne. Cette religieuse d'une cinquantaine d'année, vierge et illettrée habitait à l'hôpital Saint-Jean et Saint-Paul à Venise où elle était chargée de la garde-robe. Comme il est dit dans les archives d'État de Venise : « Le infrascritte robbe furono date in nota da Suor Zuanna per esser sue, iuxta l'ordine de tutti quelli, ch'intrano nel'hospedal[8] ». Cette figure féminine permit à Guillaume Postel d'élaborer un système théologique kabbaliste chrétien singulier, qui appelle à la nécessité d'un messie féminin pour le Salut de l'humanité.

Tout en ne sachant pas lire, la Mère Jeanne expliqua à Postel le sens caché des trois plus importants livres kabbalistes tels que le *Sepher haBahir – Livre de la Clarté*, le *Sepher haZohar – Livre de la splendeur* et le *Sepher Yetzirah – Livre de la Création*. Analphabète, elle ne pouvait qu'ignorer les commentaires des kabbalistes juifs au sujet de ces livres, ce à quoi Postel ne voyait qu'une seule explication : le divin parlait à travers elle. Intimement unie à Dieu, elle recevait Sa science : « L'esprit de Jésus, mon père, en icelle parloit. Elle disoit aussi : *Il signore dice cosi*[9]. » La Mère Jeanne se faisait ainsi médiatrice et réceptacle de la parole divine, tout comme la Vierge Marie.

L'autre particularité qui rapprochait Jeanne de Marie était non seulement sa virginité, mais aussi la maternité virginale. Postel écrit :

> Oultre qu'elle me revela innumerables secretz des escriptures, elle me predist aussi choses principalement touchant la destruction du règne de Satan et de

8 Archivio di Stato Venezia, busta 910.

9 Guillaume Postel, *Les très merveilleuses victoires des femmes du nouveau monde*, Paris, Jehan Ruelle, 1553, p. 17.

> la restitution de celuy du Christ, qui doibvent advenir, et entre les autres, que, je devois estre son filz aisné[10].

La Mère Jeanne éclaircit les passages bibliques obscurs et se fait femme prophète en recevant des prédictions divines concernant le renouveau du monde. Dans cette vision apocalyptique, Guillaume Postel serait le premier né du nouveau monde et la Mère Jeanne en serait la mère. Pour mieux comprendre ce concept de « renouveau du monde », il faut interroger la conception de l'homme chez Postel.

Selon la kabbale lourianique juive (d'Isaac Louria), très répandue parmi les kabbalistes chrétiens, l'être humain possède deux essences : une féminine et une masculine, indépendamment qu'il soit homme ou femme. L'essence masculine est liée à la spiritualité donc au monde supérieur, au contraire l'essence féminine est liée à la corporalité et au monde sublunaire. Selon la tradition chrétienne, Jésus a racheté les hommes du péché et rédimé le monde. Guillaume Postel, dont à la base de son système théologique on trouve la notion kabbaliste juive de la double essence de l'être humain, voit différemment la rédemption opérée par Jésus. L'essence masculine, puisque liée à la spiritualité, a été rachetée par le Christ ; au contraire, l'essence féminine, puisque liée à la corporalité, est demeurée dans le péché. C'est pourquoi elle doit être rachetée. Seule une femme pourrait, selon Postel, ramener le salut à l'essence féminine de l'être humain, car elle est par nature liée au monde sublunaire et à la corporalité. Le Christ aurait ainsi effectué une Rédemption par moitié, en s'occupant seulement du Salut de l'âme spirituelle, donc seulement de la partie masculine. Pour une Rédemption complète de l'être humain, il faut réunir les deux essences (masculine et féminine) dans le Salut, et cela ne peut se faire que par le biais d'un messie féminin, que Guillaume Postel identifie à la Mère Jeanne.

On voit ici la résurgence de la notion kabbaliste juive de Shekhina en tant qu'essence féminine de Dieu. D'un point de vue chrétien, il ne peut y avoir de Salut sans le Messie en chair et en os ; pour cela on assiste à une anthropomorphisation de la Shekhina sous forme de messie féminin. Ainsi, Postel conditionne le Salut de l'homme à l'apparition de ce messie féminin qui est aussi la mère du monde.

---

10 *Idem*, p. 16.

Pour appuyer son raisonnement théologique, Guillaume Postel cite le *Sepher haBahir – Livre de la Clarté* qu'il traduit en 1547-1549 :

> J'ai déjà dit que dans les lettres étaient contenus de grands mystères : elles sont l'ordonnancement du monde selon l'ordre inférieur et l'ordre supérieur. D'où le verbe SHOUB שוב (nouveau, à nouveau) qui est écrit avec la seconde lettre de l'alphabet en commençant par le début et par la fin et qui signifie la conversion, note que Dieu se tourne vers nous dans un second mouvement et semblablement la créature vers Dieu. En effet, par le premier avènement du Christ, ce n'est que l'âme, mais dans le second par lequel il agit en nous par la Mère du Monde, le corps sera lui-même converti à Dieu[11].

En s'appuyant sur l'analyse du verbe hébraïque *Shoub*, Postel décrit ici sa conception de la Rédemption. Pour les kabbalistes, le monde fut créé avec les lettres, comme il est décrit dans le *Sepher Yetzirah* – Le livre de la Création. Une attention particulière est donc prêtée aux mots et à leur structure. Le verbe *Shoub* (qui signifie « à nouveau, encore une fois ») présente la particularité d'être formé avec l'avant dernière lettre et la seconde de l'alphabet hébraïque. Le Shin et le Beth. La lettre Shin est traditionnellement liée à Dieu, donc au monde supérieur, et la lettre Beth, symbole de la maison, est liée au monde inférieur. Donc graphiquement dans *Shoub* il y a une relation spéculaire entre Shin-Dieu et Beth-monde inférieur. Shin et Beth sont aussi liée par le nombre deux, à cause de leur position dans l'alphabet hébraïque. De cette analyse du verbe *Shoub*, Postel déduit que Dieu se tourne une deuxième fois vers l'homme pour lui apporter une nouvelle Rédemption.

La rédemption postéllienne advient en deux temps. Dans un premier temps, le Christ a apporté la Rédemption à la partie spirituelle de l'homme, tandis que dans un deuxième temps il est nécessaire que la partie corporelle de l'être humain soit sauvée. Nous avons vu précédemment que, la partie corporelle de l'être humain étant liée à son essence féminine, le Salut devra passer par une femme, qui engendrera à nouveau les hommes. Ce messie féminin, mère du monde, est la Mère Jeanne. Elle est en contact direct avec Dieu qui lui permet de transmettre à Postel le savoir kabbaliste et grâce à sa virginité elle pourra engendrer un fils en toute pureté. Par la suite, Guillaume Postel sera son premier disciple. Il sera ainsi le fils de ce messie féminin, donc le

11 Guillaume Postel, *Sepher ha-bahir Livre de la clarté*, f° 43r.

premier nouveau-né. Sur le modèle biblique du Nouveau Testament Postel sera donc un vrai prophète.

Cette nécessité du messie féminin, qu'il nomme Mère du Monde, Postel la justifie par deux arguments : le premier d'ordre prophétique, le second d'ordre ecclésiologique. Le premier argument, prophétique, convoque la nécessité pour Adam de s'entourer d'une compagne. Il doit en être de même pour le nouvel Adam, c'est-à-dire Jésus. Le deuxième argument est d'ordre ecclésiologique : Postel note l'échec de l'Église de Rome qu'il accuse d'avoir corrompu le message du Christ. Elle aurait perdu de vue sa mission sur Terre et se serait totalement livrée au pouvoir de Satan. En figurant l'Église comme l'Épouse du Christ, Postel dit qu'elle aurait abandonné son époux qui s'est alors retrouvé seul. Au troisième âge, poursuit Postel, celui de la foi, le Christ s'est manifesté seulement dans son esprit de masculinité. Il a offert le Salut spirituel aux hommes. Mais, il leur manque encore celui de la Mère du Monde (le messie féminin) pour que l'homme puisse se racheter entièrement et rejoindre de nouveau Dieu. Jeanne est la Mère du Monde : la femme de Dieu qui contient en elle les graines de toutes les créatures vivantes. Une explication objective, bien sûr, existe : il se pourrait que La Mère Jeanne soit une marrane (juive convertie). Le fait qu'elle connaisse toutes ces références kabbalistes s'explique aussi parce qu'elle a eu comme professeur François Georges de Venise, auteur du *De Harmonia Mundi*, œuvre fondatrice de la kabbale chrétienne et qui explique les sources juives kabbalistes pour un auditoire chrétien.

Guillaume Postel fut déclaré « amens » par ses contemporains. Toutefois il s'agit d'une figure intéressante de la kabbale chrétienne qui mérite d'être réévaluée en tant que pionnier d'une théologie 'féminine-féministe'.

Dans la figure de la Mère Jeanne se superposent deux notions : tout d'abord la conception virginale et maternelle de la Vierge Marie, et ensuite la notion de Shekhina en tant qu'essence féminine de Dieu, présente chez les kabbalistes juifs. La vision chrétienne impose une anthropomorphisation du Divin. C'est pour cette raison que nous assistons à la naissance d'une femme prophète qui devient messie féminin et qui pourra assurer le Salut complet des êtres humains.

Pour conclure, il est important de réaffirmer le rôle de la Shekhina dans l'éclosion des femmes prophètes chez les kabbalistes chrétiens. Nous avons tenté de montrer comment la dimension féminine de la Shekhina a été accentuée avec l'apparition de la kabbale juive au XIIe siècle et sous quelle forme cette thématique a été reprise et adaptée par les kabbalistes chrétiens à la Renaissance. L'analyse du système théologique de Guillaume Postel nous a permis de voir comment la Shekhina, perçue en tant qu'essence féminine de Dieu par les juifs, a pu s'intégrer dans un univers catholique en donnant naissance à une femme prophète. La Mère Jeanne en tant que messie féminin devient nécessaire au Salut du monde. Guillaume Postel doit sa conception particulière du salut à l'affirmation de la figure de la Shekhina chez les kabbalistes juifs.

Denise ARDESI
Centre d'études supérieures
de la Renaissance,
Université de Tours

LA DÉVOTION AU SACRÉ-CŒUR,

du féminin au masculin, de la mystique à la théologie

Un thème qui parcourt plusieurs siècles se présente comme exemplaire à l'heure d'étudier les rapports entre prophétie et mystique, théologie et mystique : il s'agit de la dévotion au Sacré-Cœur de Jésus, qui comporte trois hérauts (deux femmes et un homme) auxquels correspondent en quelque sorte trois dimensions, une dimension liturgique qui renvoie à ses sources monastiques à Helfta et aux apparitions de sainte Gertrude au XIIIe siècle, une dimension théologique développée par saint Jean Eudes dans la première moitié du siècle, qui conduit à la reconnaissance officielle du culte rendu au Cœur de Jésus, enfin une dimension mystique plus individuelle, la plus connue sans doute, celle des apparitions de Marguerite-Marie Alacoque.

On a souvent présenté cette dévotion comme la réponse adéquate au courant spirituel issu de Port-Royal, plus sec et désincarné ; pourtant si certains jansénistes se moquèrent d'un culte rendu à un muscle (notamment au XVIIIe siècle avec Scipion de Ricci[1]), la première génération de Port-Royal s'y référait avec force, comme le souligne l'un de leurs plus célèbres historiens :

> Ô sacré Cœur de Jésus ! ô source de grâces ! ô brasier d'amour ! souffrez que j'entre dans cette fournaise ardente et que je m'y consume par le feu de la charité. Oui, je m'y cacherai comme l'épouse dans les trous de cette pierre ; je me reposerai sur votre Cœur, j'y établirai ma demeure et je ne craindrai rien quand le monde et l'enfer s'élèveraient contre moi. Ô Jésus, ô le Dieu de mon cœur, souffrez que je me colle à votre sacré côté ; souffrez que je m'enivre à cette source vive et que je ne cherche jamais ailleurs de consolation[2].

---

1 Ce dernier (1741-1810), religieux et évêque de Pistoia, se fit connaître par son opposition au culte du Sacré-Cœur et par ses revendications en vue de l'autonomie des églises locales.

2 *Élévations de cœur et prières à N.-S. J.-C. sur les mystères de sa passion, propres pour chaque jour de la semaine*, Paris, Babuty, 1727, attribué à Mère Angélique Arnauld. C'est dans

Quelles sont les origines de cette mystique du cœur ? On sait que dans la Bible, le cœur désigne l'intérieur de l'homme, et plus particulièrement le siège de la sagesse. En effet, dans la tradition sémitique, « on tend à assigner à l'intelligence un lieu qui lui soit propre et ce lieu est le cœur, les émotions et les sentiments étant alors localisés dans le ventre et les autres viscères[3] », en partie en réaction contre la tendance platonicienne plus intellectualiste et qui place le centre des facultés intellectuelles de l'homme dans la tête. Se développe ainsi une spiritualité du cœur, dont Cassien et Augustin sont les plus illustres représentants.

Au Moyen Âge, Bernard opère une distinction féconde en discernant deux types de contemplation et d'extase dans ses *Sermons sur le Cantique des Cantiques* : l'une par l'intelligence, l'autre par le sentiment : la première se fait dans la lumière et la connaissance, la seconde dans la ferveur et dans l'amour[4]. La seconde contemplation inaugure la voie d'une piété plus affective, largement étayée et reprise par les franciscains puis capucins. Ainsi pour saint Bonaventure, l'extase se fait dans l'abandon des opérations intellectuelles. La contemplation se fait par les yeux du cœur et le chemin en est la considération de la plaie du côté. Ainsi s'exprime le disciple de Bernard, Guillaume de Saint-Thierry dans son traité *De la Contemplation de Dieu* :

> Mais quand je brûle d'accéder à lui [...] quand je tente d'accéder à la très sainte blessure de son côté, [...] pour que non pas seulement j'y mette le doigt ou toute la main mais que j'entre tout entier dans le cœur même de Jésus, dans le Saint des Saints, dans l'arche du testament, dans l'urne d'or, dans cette âme de notre nature humaine, qui contient en elle la manne de la divinité : hélas, je m'entends dire : *Ne me touche pas* (Jn, XX, 17)[5].

---

un article paru dans la *Revue politique et littéraire* (appelée *Revue bleue*) en août 1908, t. X, p. 199-202, intitulé « Le Sacré-Cœur à Port-Royal en 1627 », qu'A. Gazier relève quelques écrits jansénistes dans lesquels on peut trouver trace du symbolisme du Cœur.

3 Nous renvoyons à l'article d'A. Guillaumont, « Les sens du mot *cœur* dans l'Antiquité », dans *Le Cœur, Études carmélitaines*, Paris, Desclée de Brouwer, 1950, p. 45.

4 « Il y a deux espèces de ravissement dans la contemplation bienheureuse : l'un par l'intelligence, l'autre par le sentiment. Le premier se fait dans la lumière et la connaissance ; le second dans la ferveur et dans l'amour. Or, le sentiment d'un cœur tout brûlant d'amour, la grâce infuse d'une dévotion absolue, et de même l'âme toute remplie d'un zèle violent, ne peuvent provenir que du cellier au vin », Saint Bernard, *Sermon XLIX*, dans *Sermons sur le Cantique des Cantiques*, dans *Œuvres mystiques*, trad. A. Béguin, Paris, Seuil, 1953, p. 525.

5 Guillaume de Saint-Thierry, *Deux traités de l'Amour de Dieu. De la contemplation de Dieu. De la nature et de la dignité de l'amour*, trad. de M. M. Davy, Paris, Vrin, 1953, ch. 1, n° 3,

Il s'agit alors d'une forme de "théologie" au sens d'une appréhension de Dieu par l'homme qui voit dans le cœur de Jésus, autrement dit dans la médiation de la deuxième personne de la Trinité, la manière de parvenir à l'essence divine. De même dans la *Vigne mystique*, longtemps attribué à saint Bonaventure, on trouve les propos suivants :

> Qui n'aimerait ce Cœur déchiré d'une telle blessure ? Qui n'aimerait ce Cœur si aimant ? Qui n'embrasserait ce Cœur si pur ? Nous donc, qui vivons encore dans la chair, répondons autant que nous le pouvons à l'amour de celui qui nous a aimés, embrassons-le, lui qui fut blessé pour nous, lui dont les mains et les pieds, le côté et le Cœur furent percés pour nous. Et prions-le d'enchaîner d'un lien d'amour notre cœur jusqu'ici dur et impénitent, et de le blesser d'un trait de son amour[6].

Le lien est fait ici entre le cœur et les plaies du Christ, à travers la représentation d'un cœur transpercé[7].

SAINTE GERTRUDE (1256-1301) ET LE MONASTÈRE D'HELFTA

C'est dans un tel contexte de mystique affective et de dévotion au cœur blessé du Christ douloureux, que s'établit le rayonnement spirituel du monastère d'Helfta, haut lieu de la dévotion au Cœur de Jésus, dans cette Allemagne monastique du XIIIe siècle. En effet, la grande figure de la mystique sainte Gertrude, annonciatrice de celle de Paray-le-Monial, naît dans l'humus bénédictin, école spirituelle dans laquelle, comme l'ont souligné ses historiens, l'Esprit-Saint agit si librement que des femmes y prophétisèrent comme les hommes[8]. Même si Gertrude est

---

p. 35-37. Ouvrage écrit en 1121.

6 *La Vigne Mystique ou Traité de la passion du Seigneur sur ces paroles : Je suis la véritable vigne*, dans *Œuvres complètes de saint Bernard*, trad. l'Abbé Charpentier, Paris, Louis Vivès, 1866, tome VI, chap. III, § 11.

7 Ce lien a donné lieu à une iconographie particulière, dont Hilaire de Barenton dans son ouvrage *La Dévotion Au Sacré-Cœur. Ce qu'elle est et comment les Saints la pratiquèrent. Doctrine – Iconographie – Histoire*, Paris, Bureaux de l'Action franciscaine, s. d. (1914), a retracé les principales étapes.

8 Hildegarde de Bingen (XIIe siècle) ou Julienne de Norwich (1re moitié du XVe).

une des figures les plus autorisées de ce courant, elle n'est pas la seule, pas même dans sa propre abbaye de Helfta, où nous devons discerner quatre femmes : Mathilde de Magdebourg, née probablement en 1207, qui devient béguine puis entre à la fin de sa vie dans le monastère cistercien d'Helfta où elle meurt en 1283 – elle est de 50 ans plus âgée que Maître Eckhart –; Gertrude de Hackeborn (1232-1291), moniale cistercienne, devenue à 19 ans abbesse de l'abbaye; sainte Mechtilde de Hackeborn (1241-1298), sa plus jeune sœur, qui vient la rejoindre et s'impose comme une grande figure de la mystique rhénane; enfin, sainte Gertrude d'Helfta, encore appelée Gertrude la Grande, née le 6 janvier 1256 et morte le 17 novembre 1301 ou 1302, qui fera rayonner le monastère dans toute l'Europe.

Au cours de l'Avent 1280, elle a une première vision qui ouvre ce qu'elle appelle sa conversion : la vision d'un jeune homme la guide pour démêler le nœud d'épines qui opprimait son âme, en la prenant par la main. Dans cette main, Gertrude découvre « les joyaux brillants de ces cicatrices par lesquelles toutes dettes ont été annulées[9] » et reconnaît le crucifié, Jésus. À partir de ce moment, elle se voit dotée de différentes grâces mystiques toujours en lien avec les temps liturgiques les plus significatifs – l'Avent et Noël, Carême et Pâques, la fête de l'Assomption. Sa biographe indique deux directions de ce que nous pourrions définir sa "conversion" particulière : "dans les études", avec le passage radical des études humanistes profanes à celles théologiques, et dans l'"observance monastique", avec le passage de la vie qu'elle qualifie de "négligente" à la vie de prière intense, mystique, avec une exceptionnelle ardeur missionnaire.

> D'où, dès lors, passée de la rhétorique à la théologie, remâchant d'une manière toujours savoureuse tous les livres divinement inspirés [...] elle remplissait son âme jusqu'au bord des plus pertinentes et douces paroles de la sainte Écriture sans cesse accumulées, de sorte que, en toutes circonstances, lui venait promptement la citation sacrée opportune[10].

9 Gertrude d'Helfta, *Le Héraut de l'Amour divin*, liv. II, chap. 1, dans id., *Œuvres spirituelles*, Paris, Éditions du Cerf, « Sources chrétiennes », traduction de *Insinuationes divinae pietatis* par P. Doyère, p. 231. Les livres I et II se trouve dans le volume 139 des « Sources chrétiennes » et date de 1968, le livre III dans le volume 143 (1968), le livre IV dans le volume 155 (1978) et le livre V dans le volume 331 (1986). Toutes nos références seront faites à cette édition, dont nous désignerons les volumes par l'abréviation *SC*.

10 *Ibid.*, liv. I, chap. 1, p. 121.

Gertrude composa de nombreux écrits[11] : les plus célèbres sont les *Insinuationes divinae pietatis* ainsi que les *Exercitia spirituales*[12]. Elle meurt en 1302 ; Gertrude n'a pas été canonisée officiellement, mais sa fête, concédée à l'Ordre Bénédictin en 1674, a été prescrite à l'Église universelle par Clément XII le 20 juin 1738. Elle est souvent représentée avec un cœur enflammé dans la main, signifiant ainsi qu'elle habitait mystiquement dans le Sacré-Cœur de Jésus.

Le premier texte, édité en 1536, par les Chartreux de Cologne connaît une grande diffusion : il est traduit en français pour la première fois par Jacques Ferraige[13] en 1623. C'est en 1289 que, le Jeudi Saint, sur ordre de Dieu lui-même, elle commence à écrire le récit de ses révélations, lequel connaîtra différents titres : *Le Livre des Révélations*, *Les Insinuations de la Divine Piété (Insinuationes divinae pietatis)* et *Le Héraut de l'Amour divin* (*Legatus amoris divini*). Seul le livre II a été écrit par Gertrude : les livres III à V le furent sous sa dictée et le Livre I (qui est sa biographie) fut rédigé peu après sa mort.

MYSTIQUE LITURGIQUE ET ECCLÉSIALE

Gertrude conçoit la dévotion au Sacré-Cœur de Jésus moins comme une dévotion spéciale que comme une intelligence plus élevée du grand et total mystère du Christ revivant dans l'Église au moyen de la liturgie catholique. En effet, la mystique de sainte Gertrude est exclusivement fondée sur la vie liturgique. Au point qu'un de ses commentateurs a pu écrire :

> [...] le célèbre adage de saint Benoît, « *mens nostra concordet voci nostrae* » (« que notre esprit s'accorde avec notre voix ») (*Règle*, 19, 7), cité dans la *Présentation*

11 « Car, c'est au moyen de l'alphabet qu'arrivent à la science de la philosophie ceux qui veulent étudier ; ainsi, au moyen de ce qui n'est pour ainsi dire qu'images peintes, ces lecteurs apprendront à goûter au-dedans d'eux-mêmes cette manne cachée qu'il n'est possible d'allier à aucun mélange d'images matérielles et dont seul qui en a mangé éprouve à jamais la faim », *ibid.*, liv. II, ch. XXIV, *SC* n° 139, p. 351.

12 L'édition latine de D. Jean de Castañiza (*Insinuationes divinae pietatis*) sera traduite en français en 1623. On lui doit également des *Prières* et *Sept Exercices spirituels* (*Exercitia spirituales*), qui contiennent de nombreuses invocations au Sacré-Cœur.

13 Prêtre du diocèse de Couserans, docteur en théologie, prédicateur ordinaire de la reine Anne d'Autriche, confesseur à l'abbaye du Val-de-Grâce, Jacques Ferraige fut un des collaborateurs de l'abbesse réformatrice Marguerite d'Arbouze ; il connut les conseillers spirituels de Marguerite d'Arbouze, tels que le jésuite Étienne Binet, le feuillant Eustache de Saint-Paul Asseline, etc. Il était fort estimé d'Anne d'Autriche.

Générale de la Liturgie des Heures, trouve chez elle un élargissement qui manifeste un sens de l'Église hors du commun : « *devotio concordaret cum officiis Ecclesiae*[14] ».

De fait, ses révélations sont généralement en relation avec cet Office divin ; tantôt Jésus lui en explique le sens caché, tantôt il lui enseigne la façon de le revivre. Elle-même rapporte le dialogue suivant :

> « Que choisis-tu, jeune fille, ou d'être servie par moi ou de me servir ? » Elle avait, en effet, deux façons de jouir de Dieu : dans la première, son âme était si complètement transportée en Dieu par l'extase, que ce qu'elle ne pouvait révéler de son expérience pour l'utilité du prochain n'était vraiment que bien peu de choses, en regard de la réalité. Dans la seconde, au contraire, elle enflammait son cœur par la méditation des Écritures, et sous l'action du Seigneur, son intelligence surnaturelle y trouvait une saveur surprenante et délicieuse [...] Mais, dans ce cas, elle pouvait faire profiter les autres de ce qu'elle avait reçu. Et c'était là le sens de la question du Seigneur : à savoir si elle préférait, selon la première manière, à être servie par lui, ou si, selon la seconde, elle-même voulait le servir. Mais elle, sans rechercher son propre avantage, mais plutôt celui de Jésus, son Seigneur, choisit de le servir laborieusement pour sa gloire, plutôt que de goûter passivement *combien le Seigneur est doux*, et de s'accorder ainsi une délicieuse satisfaction personnelle. Et ce choix parut singulièrement agréable au Seigneur[15].

On voit bien reprise la distinction traditionnelle entre la grâce *gratis data*, grâce gratuite, ou « charisme », par opposition à la grâce *gratum faciens*, grâce sanctifiante, c'est-à-dire visant à la transformation intérieure et à la sanctification de celui qui la reçoit. Si celles-ci rendent l'homme agréable à Dieu, les premières peuvent être accordées à l'homme sans le transformer nécessairement. Il s'agit des dons de prophéties, d'exorcisme, de miracles, et tous ceux que signale saint Paul (I Co, 12, 8) qui sont ordonnés à l'utilité et à la construction de l'Église, puisqu'ils amènent les fidèles à croire et qu'ils visent à rendre plus facile leur progrès spirituel

14 O. Quenardel, « Sainte Gertrude d'Helfta Docteur de la prière de l'Église », *Collectanea Cisterciensia*, 74, 2012, p. 410-425. L'auteur renvoie à ce passage de Gertrude : « Afin de mettre sa dévotion en accord avec la liturgie de l'Église, elle désira, à son ordinaire, apprendre du Seigneur à quoi elle devait plus particulièrement s'exercer cette semaine, et le Seigneur lui répondit : "On lit aujourd'hui dans les offices de l'Église que Joseph a été vendu pour trente deniers. Que cet exemple t'engage à m'acheter, par la récitation de trente trois *Pater noster*, la vie très sainte que j'ai menée *au milieu du monde* durant trente trois années." », Gertrude d'Helfta, *Le Héraut de l'Amour divin*, liv. IV, chap. VIII, *SC* n° 255, p. 109.

15 *Ibid.*, liv. IV, chap. II, *SC* n° 255, p. 27.

et possèdent donc un caractère social. La dimension ecclésiale de son rôle de visionnaire mystique est ainsi clairement soulignée.

FAVEURS MYSTIQUES : LES CINQ PLAIES, LA BLESSURE ET LES VISIONS

La considération du Cœur de Jésus se fait chez elle dans une atmosphère généralement lumineuse et sereine, même si la dévotion au Divin Cœur est bien liée également à la considération des cinq plaies du Christ :

> Entre ces faveurs, il en est deux que je préfère plus spécialement : à savoir, l'empreinte sur mon cœur de ces splendides joyaux que sont vos plaies salvatrices et cette blessure d'amour faite à mon cœur, si manifeste et si efficace[16].

Qu'elle décrit ainsi : « Voilà que soudain vous fûtes devant moi, m'imposant une blessure au cœur[17] ». Cette blessure du cœur est évidemment rapprochée du coup de lance de l'Évangile qui transperce le cœur du Christ, ou encore au *Cantique des Cantiques*, IV, 9 : « *Vulnerasti cor meum* ». Cette blessure du côté est, comme pour Bernard, la porte d'entrée dans cette vie mystique.

En outre, elle bénéficie d'une dernière grâce mystique, celle de la vision, liée elle aussi à un texte scripturaire dans le cadre d'une célébration liturgique :

> Donc, à la messe du deuxième dimanche, pendant que se chantait pour le départ en procession le répons : *Vide Dominum facie ad faciem*, etc., mon âme étant illuminée d'un éclat merveilleux et sans prix, dans cette lumière de divine révélation, m'apparut, comme touchant ma face, une face [...]. Dans cette vision, source de douceur, comment vos yeux éblouissants semblèrent directement correspondre à mes yeux, et comment, par cette suave douceur que vous êtes pour moi, furent saisis non seulement mon âme mais mon cœur avec tous mes membres, vous seule le savez[18].

C'est évidemment la concomitance du verset liturgique et de la vision mystique qui est ici frappante.

---

16 *Ibid.*, liv. II, chap. XXIII, *SC* n° 139, p. 337. Elle continue ainsi : « si profonde et si efficace que, (dussé-je vivre mille ans dans le plus complet délaissement), je goûterais sans cesse un bonheur ineffable au souvenir de ces deux bienfaits. Ils me seraient à chaque heure une source suffisante de consolation, de lumière et de gratitude ».

17 *Ibid.*, liv. II, chap. V, *SC* n° 139, p. 251.

18 *Ibid.*, liv. II, chap. XXI, *SC* n° 139, p. 321.

MYSTIQUE PROPHÉTIQUE

On peut considérer, en outre, à travers certaines affirmations que Gertrude elle-même a eu le pressentiment d'une autre dimension de la dévotion au cœur de Jésus. En effet, elle bénéficie de visions de l'apôtre Jean : au cours de l'une d'elles, elle est invitée par Jésus à reposer sur sa poitrine avec lui. Entendant l'harmonie des battements du cœur de Jésus, sainte Gertrude demanda à Jean pourquoi il n'avait pas dévoilé au monde les trésors de lumière et de miséricorde qu'il avait découverts :

> Ma mission, répondit-il, était que je manifeste à la jeune Église, par une seule parole, le Verbe incréé de Dieu le Père, et que cette parole soit capable de satisfaire l'intelligence du genre humain tout entier jusqu'à la fin du monde, bien que personne ne parvienne jamais à la comprendre en plénitude. Quant à la douce éloquence de ces pulsations, elle est réservée aux temps actuels, afin qu'en les écoutant, le monde déjà vieilli et engourdi dans l'amour de son Dieu, puisse retrouver sa ferveur[19].

On peut supposer que Jean comme Gertrude envisage une dévotion de réparation, qui sera bien l'axe de celle de Marguerite-Marie Alacoque, mais celle-ci est encore à venir : au sein des visions de Gertrude s'inscrit, en outre, la lumière prophétique.

Un autre exemple de pressentiment est lié au jour où Gertrude, malade, ne pouvant assister à la conférence spirituelle, voit le Christ lui apparaître et lui proposer de la lui donner lui-même. En s'approchant de son Cœur, elle entend deux sortes de battements :

> Le Seigneur lui dit : « Par le premier battement d'amour, je m'adresse d'abord, sans cesse, à Dieu le Père, pour l'apaiser justement à l'égard des pécheurs et l'incliner à la miséricorde. Ensuite je m'adresse à tous mes élus pour excuser devant eux le pécheur, avec la fidélité d'un frère, et les inciter à prier pour le pécheur. Troisièmement, je m'adresse au pécheur lui-même pour l'appeler avec miséricorde à la pénitence et attendre sa conversion avec un désir ineffable. Par le second battement, je m'adresse d'abord à Dieu le Père pour que nous nous réjouissions ensemble de ce que mon sang répandu a si heureusement opéré le salut des justes, dans le cœur desquels je trouve maintenant tant de multiples délices[20] ».

19 *Ibid.*, liv. IV, chap. IV, *SC* n° 255, p. 67.

20 *Ibid.*, liv. III, chap. LI, « Des battements du Cœur de Jésus », *SC* n° 143, p. 225.

Même en ce cas, où il est question du sort des pécheurs et du jugement, la perspective n'est pas celle de l'inquiétude : il est autant question de l'appel à la miséricorde pour les uns qu'à la réjouissance pour les autres, les élus.

Gertrude accomplit parfaitement ce qu'on appelle la dimension prophétique de la mystique féminine : il existe, en effet depuis les commentaires bibliques de saint Jérôme[21], une ancienne tradition patristique qui qualifie Marie non de prêtresse mais de prophétesse, héritière en cela de la prophétesse Hulda qui interprète les Écritures au roi Josias (2R, 22, 14). Dans cette tradition, la prophétie n'est plus tant liée alors à une vision de l'avenir qu'à une fréquentation intime du Saint-Esprit, caractéristique de la Vierge, qui empêche dès lors de restreindre les prophéties à l'Ancien Testament mais repère une ligne prophétique coextensive à l'histoire de la spiritualité.

SAINT JEAN EUDES (1601-1680) ET LA SPIRITUALITÉ DU SACRÉ-CŒUR

Exactement trois siècles après la mort de Gertrude, en 1601 naît Jean Eudes ; après des études au collège des jésuites de Caen, ce normand entre à l'Oratoire de Paris en 1623, sous la férule du cardinal de Bérulle. Il le quitte vingt ans après pour fonder la Congrégation de Jésus et de Marie, dite des eudistes. En juillet 1680 il termine son grand œuvre, *Le Cœur Admirable de la très sainte Mère de Dieu ou la dévotion au très saint Cœur de la bienheureuse Vierge Marie*, et meurt le 19 août de cette même année. Or, ce disciple de Bérulle, se voit proclamé dans le Décret sur l'héroïcité des vertus « auteur du culte liturgique des Sacrés-Cœurs de Jésus et de Marie » par Léon XIII et, dans le décret de sa béatification de « Père, Docteur et Apôtre » de ce même culte par le pape Pie X. On peut distinguer deux parties dans la vie et dans la spiritualité de saint Jean Eudes : jusqu'en 1643, c'est un oratorien bérullien qui s'inscrit de

21 « Certains parlent de sainte Marie comme d'une prophétesse ; et il n'y a à ce sujet aucun doute. Elle-même parle ainsi dans l'Évangile : "Désormais toutes les générations me diront bienheureuse parce que le Tout Puissant a fait de grandes choses" (Lc 1, 48-49) » [1], saint Jérôme, *In Isaiam*, 3,8 –1-4 : *Corpus Christianorum*, Series Latina 73, col. 111-112.

plain-pied dans l'École française de spiritualité, c'est-à-dire une spiritualité centrée sur le Verbe Incarné, qui vient s'inscrire en faux contre cette spiritualité de la non médiation qu'est l'école abstraite[22]. Dans un second temps, même s'il hérite largement de la spiritualité bérullienne[23], il va cependant prendre son propre chemin lorsqu'il quitte l'Oratoire et fonde sa propre congrégation, entièrement tournée vers le culte des cœurs de Jésus et de Marie.

DÉFINITION DU CŒUR

Pour lui, la vie spirituelle se décline selon trois principes : le face à face du Verbe Incarné avec la nature humaine déchue constitue les termes en présence ; l'idéal à atteindre est l'injonction paulinienne du *« Mihi vivere Christus est »* et le moyen pour y parvenir est la dévotion au Cœur de Jésus et de Marie. Mais qu'est-ce que ce cœur que saint Jean Eudes décline constamment en « cœur de Dieu », « cœur de Marie » et « cœur de l'homme » ? Le cœur est, en effet, commun à l'homme et à Dieu : dans un opuscule intitulé *La Dévotion au très saint Cœur de la bienheureuse Vierge Marie*, Eudes énumère les différentes acceptions du terme dans l'Écriture sainte :

> 1. ce cœur matériel [...] que nous portons dans notre poitrine [...] 2. Il est employé pour signifier la mémoire [...] 3. Il dénote l'entendement par lequel se fait la sainte méditation [...] 4. Il exprime la volonté libre [...] 5. Il donne à entendre cette partie suprême de l'âme que les théologiens appellent la pointe de l'esprit [...] 6. Il donne à connaître quelquefois tout l'intérieur de l'homme [...]7. Il signifie le divin Esprit [...] 8. Le Fils de Dieu est appelé le cœur du Père éternel [...] 9. Il signifie toute la faculté et capacité d'aimer[24].

---

22 « Elle se caractérise pour nous essentiellement par le désir de mettre l'âme en rapport avec l'essence divine, directement et sans intermédiaires, par une union non conceptuelle, et en particulier en dépassant l'humanité du Christ pour trouver Dieu seul ; généralement elle se traduit, plus ou moins, par une mystique d'anéantissement », L. Cognet, *Les Origines de la spiritualité française au XVIIe siècle*, Paris, La Colombe, 1949, p. 37.

23 « La dévotion à l'Esprit Saint est grande au XVIIe siècle ; on le montrerait sans peine. Elle est, les chrétiens le sentent, une des bases essentielles de la vie intérieure, ascétique et mystique. "L'Esprit de Jésus", c'est le vocabulaire du siècle, désigne souvent la troisième Personne agissant dans et par l'humanité du Verbe incarné. Cependant, les auteurs spirituels – à part les théologiens – ne s'arrêtent guère aux dons du Saint-Esprit », A. Rayez, « Dons du Saint-Esprit », dans *Dictionnaire de Spiritualité ascétique et mystique*, éd. M. Viller et A. Derville, 14 vol., Paris, Beauchesnes, 1932-1988, vol. III, col. 1604.

24 Jean Eudes, *Le Cœur Admirable de la très sainte Mère de Dieu ou la dévotion au très saint Cœur de la bienheureuse Vierge Marie*, liv. I, chap. 2, dans *Œuvres complètes de saint Jean Eudes*, Beauchesnes et Cie, éditeurs, Paris, 1905, t. VI, p. 34-36.

Le cœur peut ainsi renvoyer à l'homme – c'est le cas de sept acceptions – ou à Dieu – c'est le cas de deux acceptions –. S'il s'agit du cœur de l'homme, celui-ci peut soit désigner un organe, une faculté (entendement, mémoire, volonté ou pointe de l'âme) considérée à chaque fois comme le lieu d'union de l'âme avec Dieu et le point d'insertion des grâces divines, soit désigner un ensemble, celui de l'espace intérieur (tout l'intérieur de l'homme) ou celui du dynamisme intérieur (toute la faculté et capacité d'aimer) ; or le point est important car le cœur, chez Eudes, est à la fois un lieu, celui du Royaume de Dieu, et un mouvement, celui du don et de l'acceptation – le cœur désigne tout à la fois ce que Dieu va toucher en l'homme et ce par quoi l'homme va tendre vers Dieu. Ici se joue la première différence avec le maître de l'École française qui, lui, ne développe pas une anthropologie du cœur. Or, celle-ci est indissociable de la spiritualité eudiste.

Le cœur se situe pour lui à la jonction du corps et de l'âme, de l'être et de l'action, il est au centre de la personne : il est à la fois intériorité et ouverture, car il est en même temps le dynamisme même de l'amour et le réceptacle de celui-ci. De fait, pour Jean Eudes, le cœur humain est doté d'une capacité infinie :

> Dieu ayant créé le cœur humain pour jouir de sa divinité, il lui a donné une capacité infinie qui ne peut être remplie que d'un bien infini : le cœur, qui n'est fait que pour Dieu, peut bien être occupé et embarrassé des autres choses qui ne sont pas Dieu, mais qu'il n'en peut pas être rempli ni rassasié : *Caeteris rebus occupari potest, impleri non potest* ; parce que, Dieu l'ayant créé pour jouir de sa divinité, il lui a donné une capacité infinie qui ne peut être remplie que d'un bien infini[25].

C'est pourquoi l'on peut dire qu'il est l'apôtre du Sacré-Cœur puisqu'il enseigne à méditer sur l'amour du Christ pour le Père, et pour les hommes ; mais il l'est également parce qu'il considère que c'est par le cœur que l'homme va à Dieu : il y a là un héritage tout salésien. De fait, rappelons sa définition de l'oraison, nourrie de l'héritage du Docteur de Genève :

25 *Ibid.*, liv. IV, chap. III, t. VI, p. 270. L'éditeur précise que la citation vient d'Augustin mais elle vient des *Déclamations* de saint Bernard, reprises par Geoffroy de Clairvaux, dans *De Colloquio Simonis Cum Jesu*, P. L. 184, col. 455a : « *Anima rationalis caeteris omnibus occupari potest, repleri omnino non potest* ».

> Or l'oraison, c'est une élévation respectueuse et amoureuse de notre esprit et de notre cœur vers Dieu. C'est un doux entretien, une sainte communication de l'âme chrétienne avec son Dieu[26].

LE CŒUR DE DIEU

Pourtant avant de s'intéresser au cœur de l'homme, Jean Eudes part du cœur de Dieu pour aller vers le cœur de Jésus puis revenir vers l'homme.

Le premier point à considérer est le lien étroit que pose Eudes entre le Cœur de Jésus et la Trinité. En effet, le cœur désigne d'abord les liens d'amour qui unissent les trois Personnes entre elles :

> Le premier cœur qui est en la très sainte Trinité c'est le fils de Dieu, qui est le cœur de son père [...] le second c'est le Saint-Esprit qui est le cœur du Père et du Fils. Le troisième c'est l'amour divin, l'un des adorables attributs de l'essence divine, qui est le cœur du Père, du Fils et du saint Esprit ; trois cœurs qui ne sont qu'un simple et très unique cœur, avec lequel les trois personnes éternelles s'aiment mutuellement d'un amour aussi grand qu'elles le méritent et nous aiment aussi d'une charité incomparable[27].

La caractéristique spécifique de saint Jean Eudes dans l'École française est la primauté de l'amour, comme celle de Bérulle est l'adoration[28].

Des trois cœurs de la Trinité, nous passons aux trois cœurs de Jésus, le cœur « corporel », le cœur « spirituel » et le cœur « divin », au point que saint Jean Eudes précise :

> L'objet de la dévotion au Cœur de Jésus embrasse à la fois le Cœur corporel de l'Homme-Dieu, son Cœur spirituel et son Cœur divin [...] ces trois cœurs ne

---

26 Jean Eudes, *La Vie et le Royaume de Jésus dans les âmes chrétiennes*, part. II, § XI, Paris, Sébastien Huré, 1648, p. 192.

27 Jean Eudes, *Le Cœur admirable de la très sainte Mère de Dieu*, *op. cit.*, liv. I, chap. II, t. VI, p. 37.

28 De fait, cette intuition de saint Jean Eudes se voit ainsi commentée par Louis Cognet : « Le Saint-Esprit est le Cœur des deux autres Personnes précisément parce qu'il est l'amour [...] Ainsi, il n'y a en Dieu "qu'une même divinité, une même puissance, une même sagesse, une même bonté, un même esprit, une même volonté et un même Cœur" (O. C., VIII, 262). Rien ne saurait mieux mettre en évidence l'identification entre Cœur et Amour. M. Bremond a montré que, chez saint Jean Eudes, le sens du mot "cœur" hésitait entre cœur-personne et cœur-amour (*Histoire littéraire*, t. III, p. 652) ; mais il a négligé cette acception très particulière où les deux sens se trouvent réunis dans l'idée d'un amour hypostasié », L. Cognet, « Le Cœur de Jésus et la Trinité d'après saint Jean Eudes », dans *Le Cœur du Seigneur : études sur les écrits et l'influence de S. Jean Eudes dans sa dévotion au Cœur de Jésus*, dir. J. Arragain, Paris, La Colombe, 1955, p. 112.

> sont qu'un Cœur très unique, qui est rempli d'un amour infini au regard de la très Sainte Trinité et d'une charité inconcevable au regard des hommes[29].

Pour l'homme, il s'agit, lui aussi, d'entrer dans le cœur de Jésus, de pénétrer dans l'intérieur et l'on retrouve ici l'intuition bérullienne de l'adhérence. On a quelquefois opposé l'imitation à l'adhérence comme si les deux termes s'excluaient. L'adhérence se veut oblation de soi-même au Christ ; l'imitation est un acte libre et réfléchi par lequel, sous l'action de la grâce, la personne s'efforce de régler sa vie sur le Christ. Dans le cas de Jean Eudes, l'adhérence est condition de l'imitation.

Enfin, une thématique très importante est celle de l'échange des cœurs : Jésus veut être le cœur de tout homme, donner à tout homme son grand cœur pour que celui-ci laisse toute petitesse. Nous trouvons des formules audacieuses de ce point de vue :

> Vous ayant fait la grâce d'être l'un de ses membres, il doit vivre dedans vous de telle sorte que vous puissiez dire avec son Apôtre : *Vivit in me Christus* [...] Il veut être le Cœur de votre cœur et l'Esprit de votre esprit [...] Il veut que tout ce qui est en lui vive dans vous ; que son âme vive dans votre âme, son Cœur dans votre cœur, son Esprit dans votre esprit ; que ses passions vivent dans vos passions, ses sens intérieurs et extérieurs dans vos sens intérieurs et extérieurs ; que sa mémoire, son entendement et sa volonté vivent dans votre mémoire, dans votre entendement et dans votre volonté ; et qu'enfin toutes les facultés de son âme et de son corps soient vivantes et régnantes dans les facultés de votre âme et de votre corps[30].

Jean Eudes va même plus loin dans certains textes puisqu'il envisage le rapt du cœur, certes métaphorique, par la Vierge, suivi d'un échange ; le cœur de Dieu qui viendrait habiter l'homme pour que celui-ci puisse l'aimer :

> Je ne vous dirai pas ce que vous dit ce grand Saint, dans la ferveur de sa dévotion : *O Domina, quae rapis corda hominum* ! « O Dame souveraine de l'univers, qui ravissez les cœurs des hommes » ! *O raptrix cordium, quando mihi restitues cor meum* ? « O vous qui m'avez dérobé mon cœur, quand me le rendrez-vous ? ». Mais je vous dirai : *O raptrix cordium* ! « O vous qui avez ravi et qui ravissez tant de cœurs », quand viendra l'heureux jour que vous enlèverez totalement le mien ? Quand le ravirez-vous entièrement à moi-même, à toutes les choses

---

29 Jean Eudes, *Le Cœur admirable de la très sainte Mère de Dieu*, *op. cit.*, liv. I, chap. II, t. VI, p. 37.

30 *Ibid.*, liv. I, chap. V, t. VI, p. 107-108.

> vaines et périssables de ce monde, et à tout ce qui n'est point Dieu, pour en prendre une parfaite possession et pour l'unir si intimement avec le vôtre, que je puisse vous dire, avec le même saint Bernard, que je n'ai qu'un cœur avec vous : *cor meum non discerno a tuo*[31].

C'est le thème du Corps mystique car le Cœur de Jésus est le cœur, le grand Cœur de tout son Corps. La contemplation de saint Jean Eudes revient finalement sur les scènes de la Passion : le Cœur de Jésus, c'est un Cœur transpercé.

Eudes présente le versant le plus théologique de la dévotion : il développe la spiritualité du Verbe Incarné de Bérulle, en spécifiant cette dimension affective qui fait malgré tout défaut au hiératique fondateur de l'Oratoire. Comme souvent, il ne paraît pas avoir été directement favorisé de grâces mystiques particulières, si ce n'est celle d'ouvrir la voie à cette dévotion. Il apparaît comme le garant institutionnel d'une spiritualité qui naît et se confirme avec des visions féminines.

LES APPARITIONS DE PARAY-LE-MONIAL : MARGUERITE-MARIE ALACOQUE (1647-1690)

Considérons enfin le troisième volet de la spiritualité du Sacré-Cœur, celui des apparitions prophétiques de sainte Marguerite-Marie Alacoque. Celle-ci naît à Verosvres, petit village entre Paray et Cluny le 22 juillet 1647. La ville de Paray abrite depuis 1626, outre un prieuré bénédictin et une Mission de Jésuites, un couvent de moniales de la Visitation Sainte-Marie, où elle rentre en 1671. Or, son fondateur, François de Sales, avait été, lui aussi, animé déjà d'un véritable culte au Cœur de Jésus. Comme l'avait fait la tradition médiévale, il unit dévotion au cœur et dévotion aux plaies de Jésus et il conseille ainsi à sa disciple, Jeanne de Chantal, de se placer à l'intérieur de la plaie du côté :

> Je ne sçay ou vous seres ce Caresme selon le cors ; selon l'esprit, j'espere que vous seres *dans la caverne* de la tourterelle (Ct 2,14) et au costé percé de nostre cher Sauveur. [...] Hier je vous vis, ce me semble, que, voyant le costé de Nostre Seigneur ouvert, vous voulies prendre son cœur pour le mettre dans

---

31 *Ibid.*, liv. VI, ch. 1, t. VII, p. 200. Le texte de saint Bernard, extrait de sa *Méditation sur le Salve* est le suivant : « *Tunc cor meum non discerno a tuo, nec aliud scio petere, nisi tuum. Sed ex quo est cor meum tuo dulcore sic inebriatum, guberna illud cum tuo, et in sanguine Agni conserva, et in latere Filii colloca. Tunc assequar quod intendo, et possidebo quod spero, quia tu es "spes nostra"* », *Patrologia latina*, vol. 183, Paris, Migne, 1862, col. 1077-1078.

> le vostre, comme un roy dans un petit royaume ; et, bien que le sien soit plus grand que le vostre, si est-ce qu'il le raccourciroit pour s'y accommoder[32] .

Dans une autre lettre adressée au même destinataire, il mentionne lui aussi un échange de cœurs, resté cependant métaphorique dans son cas :

> A propos de nostre cœur, que ne nous arrive-il [...] que le Sauveur nous ostast nostre cœur et mist le sien en lieu du nostre ! Mais n'aura-il pas plus tost fait de rendre le nostre tout sien, absolument, sien, purement et irrevocablement sien ? Oh qu'il le face ce doux Jesus ! je l'en conjure par le sien propre et par l'amour qu'il y enferme, qui est l'amour des amours. Que s'il ne le fait (oh ! mais il le fera sans doute, puisque nous l'en supplions), au moins ne sçauroit-il empescher que nous ne luy allions prendre le sien, puisqu'il tient encor sa poitrine ouverte pour cela. Et si nous devions ouvrir la nostre, pour, en ostant le nostre, y loger le sien, ne le ferons-nous pas[33] ?

Il n'est pas dès lors pour nous étonner que la congrégation de la Visitation elle-même soit placée sous le signe du Cœur de Jésus, comme il le souligne, dans une lettre à Jeanne de Chantal du 10 juin 1611, en expliquant le sceau de l'ordre :

> J'ay donq pensé, ma chere Mere, si vous en estes d'accord, qu'il nous faut prendre pour armes un unique cœur percé de deux flesches, enfermé dans une couronne d'espines, ce pauvre cœur servant d'enclaveure a une croix qui le surmontera, et sera gravé des sacrés noms de JESUS et MARIE. [...] vrayement, nostre petite Congregation est un ouvrage du cœur de Jesus et de Marie. Le Sauveur mourant nous a enfantés par l'ouverture de son sacré cœur ; il est donq bien juste que nostre cœur demeure, par une soigneuse mortification, tous-jours environné de la couronne d'espines qui demeura sur la teste de nostre Chef, tandis que l'amour le tint attaché sur le throsne de ses mortelles douleurs[34].

Enfin, l'un de ses historiens n'hésite pas à affirmer que ces filles pourront véritablement porter le nom de :

> [...] filles évangéliques, établies particulièrement en ce dernier siècle pour être les imitatrices des deux plus chères vertus du cœur sacré du Verbe Incarné,

---

32 François de Sales, « A la Baronne de Chantal », Annecy, lettre du 25 février 1610, dans *Œuvres complètes*, édition établie par les soins des religieuses de la Visitation du 1er monastère d'Annecy, J. Niérat, 1898, t. XIV, vol. 4, p. 63.

33 François de Sales, « A la Baronne de Chantal », Annecy, lettre du 29 avril 1611, dans *Œuvres complètes*, t. XV, vol. 5, p. 36.

34 *Ibid.*, p. 46-47.

> la douceur et l'humilité, qui sont la base et le fondement de leur ordre, et leur donnent ce privilège et cette grâce incomparable de porter la qualité de filles du cœur de Jésus[35].

Revenons à Marguerite-Marie ; guidée par son jeune directeur spirituel, le jésuite Claude La Colombière, elle va recevoir de grandes grâces mystiques avant les trois célèbres apparitions. La première a lieu le jour de sa profession lorsque le Christ lui révèle son dessein de l'identifier totalement à lui et lui décrit le chemin :

> Vivre comme ne vivant plus, afin que je vive parfaitement en toi ; ne pensant à ton corps et à tout ce qui t'arrivera, comme s'il n'était plus ; agissant comme n'agissant plus, mais moi seul en toi. Il faut pour cela que tes puissances et tes sens demeurent ensevelis dans moi et que tu sois sourde, muette, aveugle et insensible à toutes les choses terrestres : vouloir comme ne voulant plus, sans jugement, sans désir, sans affection et sans volonté que celle de mon bon plaisir qui doit faire toutes tes délices, ne cherchant rien hors de moi, si tu ne veux faire injure à ma puissance, et m'offenser grièvement, puisque je te veux être toutes choses[36].

Les autres grâces reçues se concentrent déjà sur le dévoilement du Cœur de Jésus avec deux constantes. La première est celle de la perception du cœur liée à celle de la plaie du côté, qui ouvre véritablement la contemplation de celui-ci : dévotion au cœur de Jésus et considération des plaies de la Passion sont indissociables. Le cœur est alors présenté comme un abîme d'amour permettant d'éviter les autres abîmes.

La seconde caractéristique est que la révélation de l'amour de Dieu est toujours celle d'un amour souffrant : les secrets du Cœur du Christ sont les secrets d'un amour ardent qui se déverse sur les hommes et mesure leur indifférence. D'où le lien constant et caractéristique de cette figure mystique entre l'amour et la Croix : la mission de la visionnaire de Paray est essentiellement une mission de réparation, qui comporte une forte dimension sacrificielle.

---

35 Citation souvent attribuée à François de Sales lui-même mais en réalité venant de son biographe, Henry de Maupas-du-Tour, *La Vie d'un vénérable serviteur de Dieu, François de Sales, prince et évêque de Genève*, Paris, Jaques Langlois, 1657, p. 310.

36 Marguerite-Marie Alacoque, *Sentiments de ses retraite*, dans *Vie et Œuvres de sainte Marguerite-Marie*, / [publ. par le] Monastère de la Visitation, Paray-le-Monial, vol. 2. [Œuvres] / [préf. de Mgr Fr.-L. Gauthey], Paris-Fribourg, Éditions Saint-Paul, 1991, t. II, p. 84. Nous sommes tout près des *Exclamations* de Thérèse : « Daignez vouloir vous-même pour moi, comme bon vous semblera », « Exclamation XVII », dans *Œuvres Complètes de sainte Thérèse de Jésus*, trad. Père Grégoire de saint Joseph, Paris, Seuil, 1949, p. 1482.

Une seconde grâce mystique que la jeune professe reçoit quelques mois plus tard est celle de l'échange des cœurs :

> Après, il me demanda mon cœur, lequel je le suppliai de prendre, ce qu'il fit, et le mit dans le sien adorable, dans lequel il me fit voir comme un petit atome qui se consumait dans cette ardente fournaise, d'où le retirant comme une flamme ardente en forme de cœur, il [le] remit à sa place, en me disant : « Voici, ma bien-aimée, un précieux gage de mon amour, qui renferme dans ton côté une petite étincelle de ses vives flammes, pour te servir de cœur et te consommer jusqu'au dernier moment, et dont l'ardeur ne s'éteindra, ni ne pourra trouver de rafraîchissement que quelque peu dans la saignée, dont je marquerai tellement le sang de ma croix, qu'elle t'apportera plus d'humiliation et de souffrance que de soulagement[37] ».

De fait, Marguerite-Marie gardera toute sa vie une douleur au côté, plus spécialement renouvelée tous les premiers vendredi du mois, anticipation de la grâce mystique des stigmates qu'elle recevra quelques années plus tard.

Enfin, c'est la succession des grandes apparitions qui manifestent toutes les trois la souffrance du cœur de Jésus dont l'amour envers les hommes reste sans réponse. La première apparition eut lieu le 27 décembre 1673, devant le Saint Sacrement. Le Christ lui dit, entre autres :

> Mon divin Cœur est si passionné d'amour pour les hommes, et pour toi en particulier, que ne pouvant plus contenir en lui-même les flammes de son ardente charité, il faut qu'il les répande par ton moyen et qu'il se manifeste à eux pour les enrichir de ses précieux trésors que je te découvre, et qui contiennent les grâces sanctifiantes et salutaires pour les retirer de l'abîme de perdition[38].

La seconde manifestation du Cœur de Jésus eut lieu probablement au printemps de 1674. Marguerite-Marie écrit :

> Ce divin Cœur me fut présenté comme dans un trône de flammes, plus rayonnant qu'un soleil et transparent comme un cristal, avec cette plaie adorable [...] Et il me fit voir [que] l'ardent désir qu'il avait d'être aimé des hommes et de les retirer de la voie de perdition, où Satan les précipite à foule, lui avait fait former ce dessein de manifester son Cœur aux hommes, avec tous les trésors d'amour, de miséricorde, de grâce, de sanctification et de salut qu'Il contenait[39].

---

37 Marguerite-Marie Alacoque, *Autobiographie*, dans *Vie et Œuvres de sainte Marguerite-Marie*, vol. 1. [Documents biographiques] / présentation du Prof. Darricau, p. 83.

38 *Ibid.*

39 *Ibid.*, vol. 2, p. 477-478.

Un an plus tard, entre le 13 et le 20 juin 1675, eut lieu la grande apparition, et probablement la révélation décisive. Découvrant son Cœur, Jésus lui dit :

> Voilà ce Cœur qui a tant aimé les hommes qu'il n'a rien épargné jusqu'à épuiser et se consommer pour leur témoigner son amour ; et pour reconnaissance, je ne reçois de la plupart que des ingratitudes, par leurs irrévérences et leurs sacrilèges, et par les froideurs et les mépris qu'ils ont pour moi dans ce Sacrement d'amour. Mais ce qui m'est encore le plus sensible est que ce sont des cœurs qui me sont consacrés qui en usent ainsi[40].

On voit bien dans ces textes se dessiner la mission de la moniale : celle de la diffusion de la dévotion au Sacré-Cœur ; pour cela, le Christ l'a véritablement initiée à ses secrets, comme elle le dit elle-même : « c'était particulièrement en ce temps-là que ce divin Maître m'enseignait ce qu'il voulait de moi, et me découvrait les secrets de cet aimable Cœur[41] ». On se souvient de l'expression paulinienne de l'*Épître aux Éphésiens* :

> À moi, qui suis le moindre de tous les saints, cette grâce a été accordée d'annoncer aux païens les richesses incompréhensibles de Christ, et de mettre en lumière quelle est la dispensation du mystère caché de tout temps en Dieu qui a créé toutes choses. *Eph*, 3, 8

Le secret paulinien était celui du salut universel dans le Christ : c'est bien celui aussi de Marguerite-Marie, mais teinté d'une certaine angoisse, qui procure à la dévotion au Sacré-Cœur de Paray une forte dimension sotériologique. De fait, suite à cette dernière apparition, le Christ lui demande l'institution d'une fête pour honorer son Cœur, en communiant ce jour-là et en lui faisant réparation d'honneur, le vendredi dans l'octave du Saint-Sacrement.

Le 2 juillet 1688, sainte Marguerite-Marie a une vision grandiose, la Vierge lui apparaît près du Sacré-Cœur de Jésus, saint François de Sales, le P. Claude La Colombière et les Filles de la Visitation entourent son trône. Marie lui dit en montrant le Cœur de Jésus :

> Voilà ce précieux trésor qui vous est particulièrement manifesté, par le tendre amour que mon Fils a pour votre Institut [...] Et il faut que non seulement

40 *Ibid.*, vol. 1, p. 122.
41 *Ibid.*, vol. 1, p. 82.

> [celles qui le composent] s'enrichissent de ce trésor, mais encore qu'elles distribuent cette précieuse monnaie de tout leur pouvoir, avec abondance, en tâchant d'en enrichir tout le monde[42].

Puis la Vierge en s'adressant au P. La Colombière :

> S'il est donné aux filles de la Visitation de le connaître et distribuer aux autres, il est réservé aux Pères de la Compagnie de Jésus d'en faire voir et connaître l'utilité et la valeur[43].

Pour conclure, nous pouvons souligner en premier lieu la pérennité de certains thèmes à l'intérieur de ce courant spirituel : le thème de la blessure d'amour, commun aux trois, ou celui de l'échange des cœurs, qui semble à chaque fois annoncé et présenté par les deux premiers, vécu par Marguerite-Marie, ce qui autorise à lire cet épisode comme une réfutation de la distinction bipartite entre des hommes théologiens et des femmes mystiques.

Nous pouvons également affirmer que les femmes jouent un rôle de premier plan, qu'il s'agisse de terreau de la mystique rhénane ou des apparitions de Paray, encadrant la figure de celui qui a été appelé l'apôtre du Sacré-Cœur. Il nous semble avoir là un bon exemple, et peut-être unique, d'une complémentarité notoire entre la dimension liturgique, occasion de grâces mystiques, la dimension ecclésiale d'un culte très vite organisé de manière collective, et la dimension prophétique propre aux apparitions qui colore de manière un peu différente une dévotion déjà bien répandue.

Il est alors possible, une fois n'est pas coutume, de célébrer non le divorce de la théologie et de la mystique mais leur intime concordance.

Hélène MICHON
Centre d'études supérieures
de la Renaissance,
Université de Tours

42 *Ibid.*, vol. 2, p. 305, lettre 90 (juillet 1688) à la Mère Saumaise.

43 *Ibid.*

DEUXIÈME PARTIE

FEMMES PROPHÈTES ET MYSTIQUES ENTRE EXCEPTION INDIVIDUELLE ET FONDATION COMMUNAUTAIRE

QUOMODO VIDEREM[1]

Les visions d'Hildegarde de Bingen et la construction de son autorité

CONSIDÉRATIONS PRÉLIMINAIRES SUR HILDEGARDE ET LA PROPHÉTIE

Mon propos est divisé en trois parties. La première partie servira à comprendre comment Hildegarde interprète son rôle de prophète et comment elle conçoit l'histoire et l'action que l'homme y exerce. Dans la deuxième partie je vais exposer brièvement la stratégie adoptée par la *magistra* pour acquérir une autorité de plus en plus grande. Je conclurai avec des indications sur la réception de la pensée hildegardienne.

Au Moyen Âge les femmes n'ont pas le droit de disserter sur les questions théologiques. Les femmes ne peuvent pas participer en tant qu'acteur au débat théologique qui se fait de plus en plus important et sort peu à peu des cloîtres pour se diffuser dans les villes et dans les universités. Il est pourtant vrai que la présence des femmes n'est pas muette, car on retrouve plusieurs voix féminines qui témoignent d'un intérêt et d'une participation aux événements de l'Église et de sa doctrine, quand bien même elles gardent un ton doux, mineur et moins systématique. Un des prérequis nécessaires pour qu'une femme puisse s'occuper de questions théologiques, penser et écrire sur la théologie est qu'elle soit appelée à vivre une expérience supérieure, qu'elle soit élue par la divinité à devenir l'instrument de la révélation, qu'elle devienne la voie directe de propagation de la Parole divine. Il n'est donc pas étonnant qu'à l'époque médiévale le nombre de femmes visionnaires

1 M. Klaes, éd., *Vita sanctæ Hildegardis* (CC CM, 126), Turnhout, Brepols, vol. 2, 1993, p. 23, 66-67.

soit beaucoup plus élevé que celui des hommes dotés de la même faculté à communiquer avec la divinité. Il est important de souligner que les visions doivent correspondre à trois conditions bien précises : la première concerne l'orthodoxie du message transmis, la certitude qu'il n'y ait pas d'éléments explicites ou implicites qui puissent nier ou invalider l'autorité de l'Église et de ses dogmes. La deuxième condition est que le message de la vision ait une valeur théologique, utile à la compréhension et à la diffusion de la doctrine chrétienne. La troisième condition demande enfin que l'expérience de la vision soit vécue par une personne qui se distingue par la sainteté d'âme ou par le zèle dans la pénitence. Ces conditions sont donc soumises à la *discretio spirituum*, qu'on peut faire remonter à Paul qui parle de *diakriseis pneumaton*[2], c'est-à-dire du charisme, devenu ensuite vertu patristique, dont le but est d'identifier la présence ou l'absence de Dieu dans certaines activités humaines.

LA QUESTION DE L'ORTHODOXIE DU MESSAGE PROPHÉTIQUE D'HILDEGARDE

Les trois conditions qu'on vient d'énumérer ne s'appliquent qu'accessoirement à Hildegarde de Bingen. Elle entre personnellement dans le vif du débat théologique de l'époque, elle vise à être protagoniste et à marquer profondément les discussions spirituelles et temporelles de son siècle, en construisant avec le temps et l'expérience une autorité remarquable pour une femme. Hildegarde écrit tout au long de sa longue vie trois œuvres majeures qui réunissent ses visions et qui se présentent à tous égards comme de vrais traités théologiques. Nous le verrons plus tard, au fur et à mesure que l'abbesse voit croître son autorité elle tend de plus en plus à assumer la fonction d'exégète. S'il n'y a rien à redire sur l'orthodoxie de ses écrits, nous trouvons, cependant, une différence très importante entre elle et les autres visionnaires de la même époque ou l'ayant précédée relativement au but des révélations : si le constat de l'urgence d'un renouveau de l'Église et du Clergé leur est commun, tandis que les autres visionnaires et prophétesses proposent un renouvellement par le bas pour investir ensuite progressivement la hiérarchie ecclésiastique, Hildegarde adresse quant à elle de lourdes accusations aux plus

---

2 I Cor. 10, 12.

hautes instances de l'autorité religieuse telles que le pape, l'empereur et les évêques, c'est-à-dire à ceux que la volonté divine a placés à la tête de l'ensemble de la communauté humaine afin qu'ils la conduisent au Salut, mais qui ne remplissent pas leur tâche avec le zèle nécessaire.

Hildegarde ne critique pas l'Église en tant que telle puisqu'elle condamne les idées hérétiques qui voient dans l'Église l'ennemie à combattre. Sa critique s'adresse aux individus qui composent l'Église, ceux qui la guident indignement ; or, c'est le poids de sa parole prophétique qui lui permet de le faire. Si l'humanité entière doit être guidée tout au long du chemin vers le Salut, les puissants de ce monde doivent l'être tout particulièrement. Hildegarde se sent capable, en vertu de la puissance et de l'autorité qui lui viennent de ses visions, et qu'elle cultive et fortifie avec beaucoup de diplomatie, d'interpeler les plus hautes autorités de l'époque, de les exhorter avec véhémence à suivre la vraie lumière, de sorte que les communautés chrétiennes qui leur sont confiées puissent, elles aussi, avoir un guide qui les conduise vers le bien. Elle va même jusqu'à s'aligner ouvertement avec la papauté contre l'empereur Frédéric Barberousse à qui elle adresse des paroles très dures pour qu'il résolve le schisme religieux.

LA VALEUR THÉOLOGIQUE DES VISIONS D'HILDEGARDE

À la différence des autres femmes visionnaires et prophètes, Hildegarde n'a pas à ses côtés une figure masculine qui lui fasse office de tuteur, de conseiller spirituel, de guide moral, de témoin, de garant de l'orthodoxie de ses pensées. Par exemple Élisabeth de Schönau, femme prophète et visionnaire, qui a été en contact avec Hildegarde et a été influencée d'un certain point de vue par sa pensée, est toujours accompagnée par son frère qui se fait prêtre pour assister sa sœur quand les visions commencent à se manifester, jusqu'à devenir rapidement celui qui rédige les questions qu'Élisabeth devra poser à Dieu lorsqu'Il se manifestera à elle, et pour finalement l'encourager à se prononcer en faveur de l'empereur, alors en lutte pour sa suprématie contre la papauté. Hildegarde au contraire a eu longtemps à ses côtés le fidèle Volmar – ainsi qualifié car il a le rôle de secrétaire qui recueille les notes que la *magistra* écrit pendant ses visions. Volmar transcrit en effet les visions en bon latin sans pouvoir en modifier le contenu et sans pouvoir en aucune manière avoir un impact sur le contact qu'entretient Hildegarde avec Dieu, sans interférer avec le message qu'elle reçoit de ce dernier.

Mais revenons à la prophétie. La prophétie pour Hildegarde est toujours liée à la vision, il n'y a pas de prophétie en tant que telle si elle n'est pas insérée dans la vision et ne fait pas partie du contenu même de la vision. En soi la prophétie n'existe pas. L'abbesse condamne le désir de prophétiser le futur. À un moine qui lui demande combien d'années il lui reste à vivre, Hildegarde répond sèchement qu'elle ne peut lui donner de réponse puisque cela n'a aucun rapport avec la mission que Dieu lui avait confiée et ne présente aucun lien avec le message salvifique qu'elle doit transmettre au monde. Toutefois, dans certains cas, son don lui permet de capter des messages de caractère plus spécifique, liés à une personne particulière. Mais dans ces cas, la manifestation divine se sert de notre femme prophète pour conseiller à ces personnes de ne pas pêcher et de bien agir. Le prophète, selon la *magistra* doit révéler à l'humanité, affligée par le péché, les merveilles faites par Dieu, expliquer et rendre plus facilement compréhensible le message divin, enfin montrer le droit chemin à suivre pour atteindre le Salut. En ce qui concerne la vision, puisqu'elle provient de Dieu, qui dans sa prescience connaît tout, il arrive qu'une partie de la connaissance de ce qui doit encore arriver se révèle à l'humanité. En tout cas la prophétie pour la *magistra* n'est pas un instrument, mais une arme à utiliser à son propre gré pour externaliser ses positions en faveur de la papauté et contre l'Empire, ou pour réaffirmer sa position d'autorité. Mais la prophétie suppose aussi d'assumer le rôle d'intermédiaire entre Dieu et les hommes. Hildegarde écrit, non pas pour exposer sa propre expérience de Dieu, comme ce sera souvent le cas parmi les femmes prophètes quelques décennies après sa mort, mais elle écrit pour donner des enseignements théologiques et moraux en vertu de l'autorité que ses visions lui confèrent.

SAINTETÉ D'ESPRIT ET PROPHÉTIE

Du point de vue strictement autobiographique Hildegarde assume sciemment son rôle de femme prophète et de visionnaire à partir de l'âge de 42 ans. Elle est la première à qui cette faculté est explicitement reconnue par l'autorité ecclésiastique : l'archevêque Henry de Mayence confirme le don visionnaire de la *magistra* en écrivant dans sa lettre « *ex profetia, quam olim prophete prophetaverant* ». Hildegarde prend conscience de son don grâce à une vision qui lui impose de dire et écrire ce qu'elle voit et ce qu'elle entend.

All'età di 42 anni e sette mesi vidi una luce oltremodo incandescente provenire dal cielo. Invase la mia mente, il mio cuore e il mio petto, come una fiamma che non brucia, ma riscalda. Mi rese ardente così come il sole riscalda un oggetto inondandolo con i suoi raggi. E improvvisamente provai gusto intellettuale nel comprendere il significato e la spiegazione del Salterio, del Vangelo e degli altri scritti del Vecchio e del Nuovo Testamento[3].

« À l'âge de quarante-deux ans et sept mois j'ai vu une lumière incroyablement incandescente provenant du ciel. Elle a envahi mon esprit, mon cœur et ma poitrine, comme une flamme qui ne brûle pas, mais réchauffe. Elle me rendit brûlante comme le soleil qui réchauffe un objet en l'inondant de ses rayons. Et tout à coup je sentis le goût intellectuel de comprendre le sens et l'explication du Psautier, de l'Évangile et des autres écrits de l'Ancien et du Nouveau Testament. »

À partir de ce moment Hildegarde prend la parole, bien décidée à se faire entendre, en changeant complètement d'attitude : timide et réservée avant cet événement, elle devient par la suite autoritaire et volontaire. À ce changement, s'ajoute le fait qu'Hildegarde soit devenue la *magistra* de la communauté de Disibodenberg, précisément autour de ces années-ci. Nous jugeons probable que ce rôle, caractérisé par une grande responsabilité et une autorité certaine, outre qu'il lui donne plus de visibilité, agit comme un coup de fouet sur Hildegarde, lui faisant prendre conscience de la valeur de ses visions et la rendant assez forte pour en gérer les responsabilités. Si ses paroles et ses actions peuvent guider une communauté de religieuses, les paroles et les actions inspirées par la divinité peuvent également guider l'humanité entière. À partir de cet instant, la vision devient un don d'élection, et non plus un fardeau : ainsi, la vie et les œuvres d'Hildegarde sont-elles structurées en suivant des exemples bibliques.

LE PROPHÉTISME VÉTÉROTESTAMENTAIRE ET LA QUESTION DES SOURCES HILDEGARDIENNES

Le modèle duquel s'inspire l'expérience prophétique d'Hildegarde est celui des prophètes de l'Ancien Testament. Elle reprend leur langage, leur ton et souligne souvent une correspondance entre leur sort et le sien : elle est tour à tour attaquée par des ennemis envieux comme il en a été pour Josué et le patriarche Joseph, accusée à tort comme Suzanne,

3 M. Klaes, éd., *op. cit.*, col. 2.71. La traduction du latin est mienne.

accablée de graves maux comme Job et Jérémie, sévèrement punie par Dieu pour ne pas avoir obéi comme Jonas. Moïse aussi est un modèle pour Hildegarde, qui tisse deux fois un lien direct entre Moïse conduisant son peuple dans l'Exode et elle-même, qui dirige un groupe de sœurs pour un nouveau couvent, affrontant, comme le prophète vétérotestamentaire, les critiques et les insultes de ceux qui ne veulent pas reconnaître dans ses actions la volonté du Saint-Esprit. Du Nouveau Testament, elle prend comme modèle les figures de Paul et de Jean l'Évangéliste. Ce dernier semble être un véritable exemple à suivre pour l'abbesse, puisqu'il avait fait l'expérience de visions aussi bien spirituelles qu'intellectuelles, exactement comme Hildegarde comme nous allons le montrer. Même l'impossibilité de voir Dieu, l'inaccessibilité divine, prend les tons et les formes de l'Ancien Testament, où l'apparition de Dieu se manifeste toujours sous la forme de nuées obscures, tandis qu'Hildegarde décrit dans certaines visions son expérience du divin comme *umbra viventis lucis*, l'ombre de la lumière vivante.

L'Ancien Testament est ainsi la référence principale d'Hildegarde ; cela tient également au fait que sa vision de l'histoire s'articule à l'idée monastique du *mondus senescit*. L'histoire se déroule selon un éloignement continu et une détérioration constante par rapport à la perfection originelle ; elle dépend des événements de toute la création, depuis la chute de Lucifer et l'expulsion d'Adam et Ève du paradis terrestre, jusqu'à la victoire finale de l'Antéchrist. Il s'agit d'une histoire liée au péché, où le temps n'a pas d'importance. L'histoire est un espace intérieur qui réunit l'humanité dans l'attente de la fin des temps. Pour décrire les événements qui s'y déroulent, Hildegarde utilise un schéma basé sur les âges du monde semblable à celui qui sera plus tard utilisé par Joachim de Flore. Ce schéma prévoit pour chaque âge une figure dominante ou encore un animal exprimant l'essence même de la période. Les moments principaux sont la création (*constitutio*), puis la chute dans le péché (*destitutio*), et enfin la rédemption (*restitutio*).

Dieu confie à l'homme, qui est un être de raison, un rôle bien précis : il est le responsable de la création. Puisqu'il est l'union du corps et de l'âme, l'être humain est un microcosme qui reflète parfaitement le macrocosme, selon une série d'analogies parfaites qui concernent le corps et l'âme. Se soustraire à cette responsabilité et ne pas reconnaître l'ordre de l'univers génère la maladie et le péché. Avec le péché, l'homme nuit non seulement à lui-même mais aussi à l'ordre cosmique et à ses structures. L'univers sans le péché serait dominé par l'harmonie :

> *Se l'uomo avesse agito rispettando la sua natura originaria, anche le stagioni e le condizioni dell'aria nelle stagioni sarebbero rimaste immutate, vale a dire che questa primavera sarebbe stata come quella trascorsa, e questa estate come quella passata, e così via. Ma, avendo l'uomo tradito il suo amore e il suo rispetto di Dio per disobbedienza, tutti gli elementi, a loro volta, oltrepassarono i loro limiti*[4].
>
> « Si l'homme avait agi en respectant sa nature originelle, les saisons aussi et la condition de l'air dans les saisons seraient restés immobiles, c'est-à-dire que ce printemps aurait été le même que celui qui vient de passer, et cet été comme l'été passé, et ainsi de suite. Mais l'homme, ayant trahi son amour et son respect pour Dieu à cause de sa désobéissance, tous les éléments à leur tour ont dépassé leurs limites. »

Dans le *Liber vite meritorum* les éléments se lamentent ainsi :

> *Non possiamo seguire il nostro corso e raggiungere la meta prefissata dal nostro Signore. Infatti gli uomini con le loro cattive azioni ci sovvertono come un mulino. Abbiamo odore di peste e fame di giustizia*[5].
>
> « Nous ne pouvons suivre notre cours et atteindre le but préfixé par notre Seigneur. En effet les hommes avec leurs mauvaises actions nous subvertissent comme un moulin. Nous avons ainsi l'odeur de la peste, de la famine et de l'injustice. »

Le retour de la création à l'harmonie originelle advient par l'œuvre rédemptrice du Christ, qui est l'admirable synthèse du divin et de l'humain et dans laquelle l'homme se reflète. Cette parfaite analogie permet à l'humanité de collaborer avec Dieu à l'accomplissement de son dessein, avant tout grâce à la génération qui amènera les hommes à combler la place du dixième chœur angélique, laissée libre par la chute des anges rebelles. L'homme pourra ainsi reconstituer la plénitude de la création et obtenir le Salut à travers un parcours de perfectionnement moral et spirituel accompli dans l'histoire, en suivant l'exemple du Christ.

Revenons maintenant à l'affirmation d'Hildegarde :

> *E improvvisamente provai gusto intellettuale nel comprendere il significato e la spiegazione del Salterio, del Vangelo e degli altri scritti del Vecchio e del Nuovo Testamento.*

---

4 P. Calef, éd., *Ildegarda di Bingen. Cause e cure delle infermità*, Palerme, Sellerio, p. 56.

5 A. Carlevaris, éd., *Ildegardis Bingensis Liber vite meritorum*, CC CM 90, 1995, 3.1.

« Soudainement j'ai éprouvé le goût intellectuel de comprendre le sens et les explications du Psautier, de l'Évangile et des autres écrits de l'Ancien et du Nouveau Testament. »

C'est ce que Joachim de Flore définira l'*intelligentia spiritualis* du texte biblique, assimilable à la *visio intellectualis* expliquée par saint Augustin. Prophétiser consiste à illustrer les Écritures.

Hildegarde fera appel à ce don divin de connaissance intuitive des textes sacrés quand elle voudra défendre son travail d'exégète du texte biblique, particulièrement pour les textes ecclésiastiques par exemple pour le *Credo* d'Athanase. En effet, Hildegarde dans l'*Explanatio Symboli S. Athanasii* qu'elle rédige atour du 1150 pour défendre son interprétation du *Credo*, affirme :

[...] quae scripturam hanc oculis et auribus exterioris hominis non vidit nec audivit, sed quae tantum in interiori scientia animae suae eam vidit et audivit[6].

[...] ciò che ho scritto non l'ho visto con gli occhi e le orecchie esteriori dell'uomo ma nella conoscenza interiore dell'anima[7].

« [...] ce que j'ai écrit, je ne l'ai pas vu avec mes yeux ni entendu par les oreilles extérieures de l'homme, mais par la conscience intérieure de l'âme. »

La *magistra* expérimente – et décrit richement – deux types différents de visions : la première fait partie de la catégorie de la *visio intellectualis*, qui n'implique pas l'apparition de formes ou de figures visibles. Il s'agit plutôt d'une lumière – *umbra viventis lucis* – qu'on ne peut pas décrire, quoiqu'on puisse décrire les effets qu'elle produit sur qui la ressent. Hildegarde, en la contemplant, sent disparaître la tristesse, les souffrances, les peines même physiques, au point de se sentir jeune et innocente, alors qu'elle est une femme âgée et infirme. Toutefois la *magistra* fait également l'expérience de la *visio spiritualis*, ainsi définie par Augustin. Il s'agit d'une vision peuplée d'images et de sons, dont témoignent les trois livres théologiques d'Hildegarde. La connaissance prophétique, c'est-à-dire la connaissance et la compréhension du sens

6 *S. Hildegardis*, *PL* 197, col. 1079 C.

7 Dans la *Vita* Hildegarde s'avancera plus loin encore, en incluant également les livres des philosophes parmi ceux que la vision lui permet d'interpréter et de connaître : *in eadem visione scripta prophetarum, evangeliorum et aliorum sanctorum et quorundam phylosoforum sine ulla humana doctrina intellexi ad quedam ex illis exposui* [...]. M. Klaes, éd., *op. cit.*, p. 24, 88-94.

des Écritures, se produit dans le premier type de vision, celle qu'on remarque par l'*umbra viventis lucis*. Cependant, il est vrai que toutes les visions décrites dans ses livres théologiques, et plusieurs parmi celles contenues dans ses lettres, ont pour but de confirmer et d'expliquer la théologie monastique traditionnelle, la cosmologie, l'histoire du salut et l'eschatologie telles qu'on les apprenait à l'époque. Ainsi, dans les œuvres d'Hildegarde, ce n'est pas la Bible qui est illustrée mais les visions, à partir d'une théologie monastique construite par l'abbesse qui s'appuie sur l'interprétation allégorique et tropologique des révélations divines. Cela est particulièrement important en cette époque de très grand débat théologique, au moment où de nombreux dogmes étaient définis et où la ferveur des disputes théologiques était vive. Hildegarde, en tant que femme prophète, et donc en mesure d'accéder directement aux sources, est sollicitée pour donner des réponses divinement inspirées à ces débats d'ordre dogmatique et théologique.

En 1148, le maître parisien Odon de Soissons lui demande un éclaircissement sur la thèse selon laquelle : « la paternité et la divinité ne sont pas Dieu » « *quaedam a te petimus, scilicet quoniam plurimi contendunt, quod paternitas et divinitas Deus non sit ; quid inde in celestibus sentias, nobis exponere et transmittere non differas*[8] », et autour de 1163 Ebherard de Bamberg lui demande des renseignements – toujours divinement inspirés – sur la formule *eternitas/equalitas/connexio* en référence à la Trinité. « *In Patre manet aeternitas ; in Filio aequalitas, in Spiritu sancto aeternitatis aequalitatisque connexio : quod et nunc secundum quod Deus tibi revelavit, expositum videre desideramus*[9] ». La réponse d'Hildegarde se détache de manière plutôt marquée des positions des théologiens de l'époque, tels que Thierry de Chartres, Alain de Lille, Richard de Saint-Victor et Pierre Lombard, parce qu'elle donne une interprétation qui vient du *verum lumen*[10]. Enfin

8 *Ildegardis Bingensis Epistolarium, Pars prima I – XC*, éd. L. Van Acker (CC CM 91), Turnhout, Brepols, 1991, Ep. 40, p. 102-103.

9 *Cf.* Loris Sturlese, *Storia della filosofia tedesca nel medioevo : dagli inizi alla fine del XII secolo*, Florence, Olschki, 1996, p. 168.

10 Pour un approfondissement voir Bernard McGinn, « Hildegard of Bingen as Visionary and Exegete », dans *Hildegard von Bingen in ihrem historischen Umfeld*, éd. A. Haverkamp, Mayence, Philipp von Zabern, 2000, p. 334, et L. Sturlese, *op. cit.*, p. 167. Dans cette réponse se voit contenue d'une manière extrêmement claire la pensée symbolique d'Hildegarde, qui coïncide parfaitement avec la pensée symbolique du XIIe siècle : *Tutte le cose oggetto di vista, di tatto e di gusto furono fatte da Dio, e tutte furono precostituite per qualche necessità dell'uomo : alcune cioè per spingerlo ad amare, altre a temere, altre ad essere regolato, altre per*

il faut ajouter que la nature même des vérités prophétiques révélées supprime toute possibilité de réfutation et de litige. Elles s'écartent de l'exégèse scolastique et elles lient Hildegarde au monde en déclin de la théologie monastique, destinée bientôt à être remplacée par un débat animé sur les questions théologiques qui ont lieu dans les villes et les universités[11].

L'ACTIVITÉ EXÉGÉTIQUE D'HILDEGARDE

La première partie de l'activité exégétique d'Hildegarde, qui se déroule jusqu'en 1163 environ, est marquée par un aspect bien précis : la Bible est le centre autour duquel tourne toute l'exégèse d'Hildegarde. Et jusqu'ici rien d'étrange. Hildegarde jusqu'en 1163 environ, en fait le commentaire et en n'explique que quelques passages, ou mieux, elle utilise de brefs paragraphes pour supporter la vérité théologique de ses visions. En 1163, cependant, Hildegarde expérimente un autre type de vision : la *visio intellectualis* qui est absolument anormale. À partir de ce moment Hildegarde commence l'analyse exégétique de longs et difficiles passages ainsi que de livres complets, car comme à Rupert de Deutz et plus tard à Joachim de Flore, lui a été permis l'accès à la compréhension totale des textes bibliques. On peut trouver des exemples de cette nouvelle attitude de la *magistra* dans le commentaire au prologue de l'Évangile de Jean et dans l'*Exameron* de la *Genèse*, qu'on retrouve dans sa dernière œuvre visionnaire, le *Liber divinorum operum*. Bernard McGinn dans son ouvrage sur Hildegarde de Bingen affirme que l'abbesse dans l'exégèse de ces deux textes « principaux » touche différents aspects, la cosmologie, l'anthropologie, la sotériologie[12], l'ecclésiologie, l'histoire du Salut, la morale et bien plus encore. Si l'on compare son interprétation avec celle d'autres commentateurs qu'elle connaissait certainement comme Origène, Augustin, Scot Erigène, on

difenderlo. Perché tutte le creature hanno una parte visibile e una parte invisibile. La parte visibile è debole, quella invisibile è forte e vitale. E questo è ciò che l'intelletto dell'uomo cerca di conoscere, perché non lo vede. Toutes les choses soumises à la vue, au touché et au goût furent créées par Dieu, et toutes furent préconçues en vue de quelque nécessité propre à l'homme : les unes pour le pousser à aimer, les autres à craindre, d'autres encore à être dirigé, d'autres pour le défendre. Car toutes les créatures ont une part visible et une part invisible. La part visible est faible, l'invisible est forte et vitale. C'est elle que l'intellect de l'homme cherche à connaître, parce qu'il ne la voit pas. S. Hildegardis, *PL* 197, *op. cit.*, 168A-B, 169D.

11 L. Sturlese, *op. cit.*, p. 145.

12 L'étude du Salut entendu au sens de libération d'un état ou d'une condition non désirée.

voit très clairement la nouveauté herméneutique qu'elle propose. L'intérêt exégétique d'Hildegarde tourne autour de la façon dont le *Verbum* se met en relation avec le monde, autant comme créateur que comme rédempteur, et l'idée que le *Verbum* même devienne homme, donc l'absolue prédestination du Christ. Dans le *Liber divinorum operum*, à travers les paroles de Dieu Père, Hildegarde lie indissolublement la création à l'Incarnation en identifiant le fils incarné avec le septième jour :

> *Benedissi e santificai il settimo giorno per la salvezza delle anime, quando detti mandato al figlio mio di incarnarsi nell'utero della vergine. [...] perché il figlio, che è la mia settima opera, partorito come uomo dall'utero della vergine portò a compimento insieme a me nello Spirito santo tutte le cose, come dice nel Vangelo : Mi è stato dato ogni potere in cielo e sulla terra*[13].
>
> « J'ai béni et sanctifié le septième jour pour le Salut des âmes, quand je donnai l'ordre à mon fils de s'incarner dans l'utérus de la Vierge. [...] Parce que le fils, qui est ma septième œuvre, accouché comme homme depuis l'utérus de la Vierge, a accompli uni à moi dans le Saint-Esprit toutes les choses, tel qu'il est dit dans l'Évangile : j'ai reçu tous les pouvoirs au ciel et sur terre. »

Ce lien christologique entre la création et l'Incarnation, qui n'avait jamais été traité si bien avant Hildegarde, influence l'idée de l'*homo* comme étant fait à l'image et ressemblance de Dieu. Il est au centre de la création en vertu de sa participation à la *rationalitas divina* :

> *Allora dentro di me progettai un'opera piccola, che è l'uomo, e la feci a mia immagine e somiglianza, così che in qualcosa agisse d'accordo con me, dal momento che nell'uomo il figlio mio avrebbe dovuto rivestirsi con la veste di carne. Ho creato l'uomo razionale della mia stessa razionalità e ho impresso in lui il segno del mio potere, e così la razionalità dell'uomo si esprime nella sua capacità di artefice che comprende tutte le cose, nominandole e numerandole*[14].
>
> « À ce moment, à l'intérieur de moi je fis le projet d'une œuvre petite qui est l'homme et je la fis à mon image et ressemblance, pour que quelque chose puisse agir en accord avec moi, lorsque mon fils aurait dû se revêtir en l'homme de la veste de chair. J'ai créé l'homme rationnel, fait par ma rationalité même et j'ai marqué sur lui le signe de mon pouvoir, ainsi la rationalité de l'homme exprime sa capacité d'*artifex* à comprendre toutes les choses en les nommant et en les dénombrant. »

---

13 *Ildegardis Bingensis Liber divinorum operum*, éd. A. Derolez, P. Dronke, CC CM 92, Turnhout, Brepols, 1996, p. 839.

14 *Ibid.*, p. 623.

Elle mentionne ainsi la préexistence de toutes les choses dans le *Verbum*, un concept qui n'est pas nouveau et qui est cependant traité avec une vigueur exceptionnelle par Hildegarde. Après elle, seul Maître Eckhart en parlera avec la même intensité.

À l'heure de commenter l'*Hexameron*, il importe de signaler la structure soignée du texte : outre la traditionnelle division en sept sections qui correspondent aux sept jours de la création, chaque section est traitée d'un triple point de vue. Hildegarde commence toujours par une exégèse littérale à laquelle fait suite une interprétation allégorique ou doctrinale, et enfin une exégèse tropologique. Pour clore le tout, on trouve une vertu pour chacun des six jours, qui sont les six âges du monde et conduiront au sabbat : la rétribution finale. Le modèle est celui mis en place par Grégoire le Grand, auquel Hildegarde se tient avec une extrême cohérence ; peut-être, est-ce pour justifier, à l'aide d'un cadre et d'une structure facilement reconnaissables par le lecteur et les érudits de son temps, le pas audacieux ainsi accompli par une femme osant commenter l'un des textes bibliques les plus complexes.

LA CONSTRUCTION DE SON AUTORITÉ

À ce moment précis de sa vie, quand elle écrit le *Liber divinorum operum* et s'engage dans une analyse exégétique du même type que celle illustrée tout à l'heure, Hildegarde atteint une autorité dont peu de femmes jouissent au Moyen Âge. Serait-ce une conséquence de ses visions ? Seulement en partie puisqu'on connaît d'autres femmes visionnaires ou prophètes de grand prestige mais qui n'ont pas ensuite assumé les mêmes responsabilités qu'Hildegarde, ou empiété d'une quelconque manière sur des tâches réservées aux hommes ; ainsi, Hildegarde peut abandonner son couvent pour de longues périodes et voyager en Allemagne en prêchant au clergé et aux laïcs. L'abbesse crée ainsi une stratégie bien ciblée qui lui permet de donner de l'autorité à sa voix, laquelle diffuse le *Verbum* révélé, voix qui se fait toujours plus puissante.

On peut affirmer que deux facteurs poussent l'abbesse à chercher une reconnaissance toujours plus grande : tout d'abord la certitude d'être un instrument dans les mains de Dieu, la conviction d'être une référence pour les puissants et un guide pour les gens du peuple. Bref, Hildegarde se sent complètement et pleinement femme prophète et ne peut plus renoncer à ce rôle : quand Dieu lui parle elle doit prophétiser. La peur et la panique face à cette mission peuvent certes la faire hésiter, comme la manifestation de la douleur ou de la maladie. Maladie et peur sont inhérentes à la prophétie, il ne saurait y avoir l'une sans l'autre ; le corps d'Hildegarde est marqué par ce signe d'altérité, par ce fardeau, ce poids, compensé par la certitude que les paroles qu'elle répète sont celles de la divinité. Son *Imitatio Christi* dans sa douloureuse passion du corps, et rappelons-le le Christ est le prophète par excellence, est une légitimation à venir de son rôle de femme prophète.

Le deuxième facteur est le sentiment de son appartenance au monde aristocratique. Il ne s'agit nullement d'une forme d'orgueil, mais plutôt d'une vision du monde et de l'histoire comme structurés selon un ordre hiérarchique voulu par Dieu au moment de la création, qui doit donc être protégé et conservé. L'abbesse a des origines nobles, elle appartient à la classe destinée à guider l'humanité avec l'exercice du pouvoir temporel et spirituel. Sa connaissance prophétique renforce en elle cette conscience d'un destin inéluctable.

La *magistra*, ainsi, ne se contente pas de la reconnaissance de son entourage, de l'abbé de Disibodenberg et de l'évêque. Elle en appelle directement au pape, qui lui donne l'autorisation pour écrire ses visions. Peu après, elle s'adresse encore à Frédéric Barberousse duquel elle obtient la protection. Hildegarde s'adressera toujours avec le ton résolu et ferme de la prophétie à ces deux figures, le pape et l'empereur, sans passer par des intermédiaires. D'autres figures de renom établiront une correspondance avec elle, des abbés, des abbesses, des évêques, des moines, des nobles, mais aussi le peuple ; ses lettres le prouvent et contribuent alors à consolider l'autorité d'Hildegarde, et c'est bien dans ce but que l'abbesse les exploite. La gloire d'Hildegarde se diffuse par-delà les frontières de l'Allemagne, mais dans les faits peu de personnes écoutent de vive voix ses paroles. Pour ce faire il faut se mettre en voyage jusqu'à Rupertsberg, ou espérer que l'abbesse, dans un de ses voyages, passe par un lieu facilement joignable. Mais c'est grâce à ses lettres que ses paroles se propagent et se diffusent partout. Au XIIe siècle les lettres sont des documents publics qui ont une très grande valeur politique et culturelle. Elles diffusent la pensée de ceux qui les écrivent avec plus d'efficacité que des manuscrits, car les lettres sont plus courtes à recopier et plus faciles à transporter. Plusieurs hommes d'Églises et de culture confient leurs réflexions aux lettres comme Anselme, Pierre Damien et Saint Bernard de Clairvaux. Hildegarde fait de même, elle entame une vive correspondance avec plusieurs personnes ; la nouveauté réside dans sa volonté de recueillir ces missives et d'en faire une partie intégrante du corpus de son œuvre de visionnaire. Elle-même fait référence à ces différentes lettres, en les définissant comme *admonitiones*, *responsa* et *litteras* venant des visions. De cette manière, son image publique et son rôle prophétique se diffusent dans une aire très vaste pour l'époque et son autorité se voit renforcée, par la distance que sa voix peut couvrir (la voix inspirée et puissante des prophètes), ainsi que par la reconnaissance continue qui lui vient des gens[15]. Cela d'autant plus qu'Hildegarde, lorsqu'elle recueille et retranscrit ces lettres, les modifie exprès. Elle change quelques fois le nom du destinataire, ou bien elle combine les lettres de demande d'un expéditeur avec les réponses destinées à d'autres. Tout cela dans le but de rendre sa personne encore plus publique et charismatique. Un petit exemple. En 1140 Hildegarde écrit une lettre très humble à saint Bernard de Clairvaux en lui exposants ses doutes quant à la mise par écrit de ses visions. La réponse de Bernard arrive probablement après beaucoup des rappels et elle est particulièrement concise. Lui-même ne s'inquiète guère de l'inclure dans une correspondance destinée à être conservée. Il écrit qu'il n'a pas oublié de répondre à la demande d'Hildegarde, mais qu'il a eu trop des choses à faire. Après quoi, il répond à la question de l'abbesse sur sa capacité visionnaire en lui disant qu'il ne peut lui donner aucun conseil face à la connaissance intérieure et à l'onction qui enseigne tout. L'intervention de Volmar, le secrétaire d'Hildegarde, transforme substantiellement ce message, au point de laisser entendre que Bernard ait répondu avec promptitude à la demande d'Hildegarde, et que, faisant référence aux visions, il ait parlé de « pénétration des arcanes célestes » et exhorté l'abbesse à instruire et guider les gens. Un autre exemple mérite d'être mentionné pour éclairer l'ardeur d'Hildegarde dans la recherche

15 389 lettres dont aucune n'est originale, toutes ayant été copiées quand Hildegarde était encore en vie, dans le but délibéré de les rassembler. *Cf*, *Ildegardis Bingensis Epistolarium, Pars prima I – XC*, éd. L. Van Acker, CC CM 91, *op. cit.*, et *Ildegardis Bingensis Epistolarium, Pars secunda XCI – CCLR*, éd. L. Van Acker, CC CM 91a, Turnhout, Brepols, 1993.

de confirmation de son autorité par le Clergé : à l'occasion de la visite du pape Eugène à Trèves, qui connaît les œuvres d'Hildegarde, l'abbesse attendait une reconnaissance formelle de son don, puisqu'elle avait en outre déjà écrit au pape un certain nombre de lettres au ton fortement prophétique. Cependant Eugène, quoique bien disposé, se limite à envoyer une délégation à Disibodenberg pour vérifier l'état des choses et lire au synode quelques extraits du *Scivias* en approuvant son contenu, sans que cela n'ait de conséquences positives pour la figure d'Hildegarde. Il l'encourage à continuer son œuvre sans recevoir davantage de reconnaissance officielle. Au cours des déplacements de Trèves à Reims pour le concile, le pape écrit une bulle de protection pour Disibodenberg, afin d'honorer un accord pris avec l'abbé du monastère ; or, dans ce document il ne fait pas référence à la communauté féminine qui y réside. Hildegarde écrit donc une lettre dans laquelle elle rend presque explicite son propos : elle écrit, poussée par Dieu (*in vera admonitione Dei*) afin que Eugène élève son esprit jusqu'à « faire ce qui est dû » pour les écrits de l'abbesse et pour que l'âme du pape « puisse être couronnée avec ce que Dieu aime ». On retrouve ensuite la thématique de l'*indocta mulier*, objet des critiques virulentes des « hommes savants » ainsi qu'une vision dans laquelle un roi se trouvant dans un merveilleux palais touche une plume et parvient miraculeusement à voler transporté par le vent. Bien entendu, la plume désigne ici le stylet de l'auteure soulevé par l'Esprit (le vent) et le message est ici sans équivoque : dépêche-toi de mettre par écrit un document reconnaissant mon don de prophète-visionnaire ! Cependant rien ne se passe, le pape est très prudent et Hildegarde doit se contenter de la reconnaissance reçue par l'évêque de Mayence. Une autre lettre surgit, qui n'est clairement pas authentique et fut donc exclue de l'*Epistolario* ; cette missive, probablement rédigée par Volmar autour du 1170, passe pour avoir été écrite par le pape Eugène durant la période du synode de Trèves. Hildegarde y est décrite comme « le miracle de nos jours », « une femme qui, grâce au Saint-Esprit, peut voir, comprendre et manifester les arcanes ». Cette lettre se termine enfin avec ce qu'Hildegarde désire ardemment : la pleine reconnaissance, le mandat à prophétiser « *ea que in spiritu proferenda senseris prudenter proferas*[16] ». Un pas supplémentaire vers la reconnaissance de l'autorité de la *magistra* est ainsi accompli.

16 John van Engen, « Letters and the *public persona* of Hildegard », in A. Haverkamp, *op. cit.*, p. 375-418.

Les visions mêmes et la façon dont elles se manifestent contribuent à donner du poids à ses paroles. Hildegarde se veut humble, non instruite, petite et faible : des conditions indispensables pour recevoir le don prophétique. Elle explique à différents moments de sa vie la nature de ses visions en soulignant avec clarté son état de veille : elle ne dort pas, n'est pas en proie à l'extase, ce qu'elle voit et entend se manifeste aux yeux et aux oreilles de son esprit pendant que ses sens restent éveillés. Il est fondamental que personne ne pense que les visions sont reçues dans le sommeil, celui-ci étant, d'après Augustin, la voie privilégiée du démon pour se manifester et prendre possession de l'esprit humain. Élisabeth de Schönau répète, elle aussi, avec insistance qu'elle ne reçoit pas de visions dans le sommeil, même si dans son cas l'extase accable les sens. À notre avis, cette différence entre les deux visionnaires tient dans la personnalité d'Hildegarde, toujours présente, volontaire, avec un objectif bien clair : être femme prophète dans le sens le plus complet du mot. À la différence de ces deux femmes, Rupert de Deutz reçoit ses visions dans le sommeil ou dans le demi-sommeil. Le peu de soin avec lequel il décrit et raconte les modalités de l'expérience de la vision nous montre la condition inégale des hommes et des femmes visionnaires. Les femmes doivent être dès le début être minutieuses dans la description de ce qui leur arrive, pour prévenir de possibles accusations ; elles doivent être diplomates et recourir à certaines stratégies pour s'affirmer et se faire entendre.

Parmi ces précautions, figurent la nécessaire profession d'humilité, la reconnaissance de sa propre fragilité et surtout d'une totale ignorance. Ces affirmations sont pratiquement obligatoires pour toutes les femmes ayant des capacités de visionnaires, car elles visent à présenter la femme comme un sujet extrêmement humble et pour cela même élu pour être l'instrument de la révélation. En outre, de telles affirmations mettent les femmes à l'abri de l'accusation de vouloir se montrer, d'exhiber leur savoir et de vouloir usurper des rôles qui n'étaient pas les leurs. Souvent ces visionnaires disaient la vérité, en revanche, en ce qui concerne Hildegarde, on sait que sa culture était plutôt vaste, même s'il est difficile de trouver dans ses œuvres des citations d'auteurs qu'elle ait lus. Les chercheurs qui ont préparé les éditions critiques des œuvres de l'abbesse comme Angela Carlevaris ou Peter Dronke, parlent de coïncidences, de récurrences plus que de citations ou de références. On trouve plusieurs termes pouvant renvoyer à une *auctoritas* spécifique mais sans qu'il y ait de signe explicite. Différente est l'attitude d'Élisabeth de Schönau qui, pour acquérir de l'autorité, cite *in extenso* et explicitement les Pères de l'Église, selon les mœurs de l'époque. Hildegarde au contraire renforce son autorité en délivrant son message visionnaire et prophétique de toute dette envers la culture terrestre : les paroles qu'elle prononce ne trahissent en rien une accointance terrestre, mais apparaissent toujours uniquement comme fruit d'une seule révélation.

On ne peut ignorer la volonté d'Hildegarde d'enluminer les codex de ses œuvres avec des miniatures et que cela ait été fait avec grand soin ; leur nombre même, très élevé, rend compte de sa volonté précise de documentation. Hildegarde ne se contente donc pas de répéter les mots de la divinité, mais rend compte de la vision avec des moyens humains. Il est alors plus difficile de s'attaquer à sa personne pour discréditer son œuvre.

LA RÉCEPTION

Au sommet de sa gloire, Hildegarde est vue et célébrée comme prophète, comme une femme touchée par la grâce du Saint-Esprit, dont les paroles viennent directement de Dieu et dont les actions sont presque incontestables ; elle jouit d'une liberté absolument supérieure à celle des autres femmes de sa condition et jouit d'une renommée aussi bien parmi les pauvres et les simples, pour lesquels elle a le charisme de la sainteté, que parmi les érudits et les hommes d'Église, intrigués par les écrits de l'abbesse. Cela, quand bien même les manuscrits qui permettent la diffusion de ses œuvres sont peu nombreux, surtout si on les compare avec ceux qui contiennent le *Liber viarum* d'Élisabeth de Schönau, considérablement plus nombreux et dispersés à travers l'Europe[17].

17 Sur la réception de la musique, de particulière importance : Honey Meconi, « The Unknown Hildegard », in C. A. Monson, R. Montemorra Marvin, éd., *Music in Print and beyond. Hildegard von Bingen to the Beatles*, Rochester, University of Rochester Press, 2013, p. 260. Sur la réception d'Hildegarde en général : Josef Krasenbrink, *Die "inoffizielle heilige"*, in Eldraud Forster, *Hildegard von Bingen. Prophetin durch die Zeiten*, Herder, Fribourg i. B., 1997.

Pourtant, quelques décennies après sa mort, la renommée d'Hildegarde commence à s'évanouir. La complexité de sa pensée est dénaturée et divisée ; les écrits de botanique font l'objet d'une réception autonome par rapport à ceux qui relatent ses visions. Ces derniers trouvent une diffusion sous forme d'extraits séparés de leur contexte et compilés dans des anthologies ou florilèges dont le ton prophétique et apocalyptique est exalté, quand bien même cette dernière composante est absolument inexistante chez Hildegarde.

On ne peut pas dire que la *magistra* soit complètement oubliée car une deuxième version du *Riesencodex* – perdue de nos jours – est rédigée au XIIIe siècle. Au XVe et XVIe siècle, Hildegarde est de nouveau à l'ordre du jour grâce à l'œuvre de Johannes Trithemius et à l'invention de Gutenberg qui permet l'impression du *Scivias* (1513), de la *Physica* (1533) et de l'*Epistolarium* (1566).

Les tentatives de canonisation contribuent aussi à maintenir le renom de la *magistra*, comme d'ailleurs, du moins dans un premier temps, la nouvelle qui voulait qu'un prélat inconnu ait interdit à Hildegarde, décédée depuis longtemps, d'opérer des miracles pendant les heures de prière des religieuses parce que le rassemblement des pèlerins troublait leur méditation[18]. Telle est la raison avancée par les religieuses de Rupertsberg pour expliquer la fin des guérisons miraculeuses après la mort d'Hildegarde. La pensée théologique d'Hildegarde, cependant, ne cesse de circuler mais dans des cercles de plus en plus restreints. On n'exclut pas l'influence d'Hildegarde sur Dante[19], par exemple. L'abbesse est parfois convoquée en tant qu'*auctoritas*, surtout concernant la question des ordres mendiants. En effet, Vincent de Beauvais, dans son *Speculum historiale*, place Hildegarde et Joachim de Flore sur un pied d'égalité pour soutenir la légitimité de cet ordre, quoiqu'il ne se base malheureusement pas sur les originaux, mais sur le *Pentachronon* de Gebeno. Il est donc vrai que le culte d'Hildegarde va progressivement diminuer peu après sa mort et son héritage prophétique se disperser. Resterait encore à explorer – à une époque plus proche de nous et postérieure à la Renaissance – la connaissance des œuvres d'Hildegarde

18 E. Forster, *op. cit.*, p. 498.

19 Annarita Zazzaroni, « L'uomo al centro della 'rota' : Dante e Ildegarda di Bingen », in *Studi e problemi di critica testuale* 78, 2009, p. 49-80 ; Heinrich Ostendler, « Dante und Hildegard von Bingen », in *Deutsches Dante-Jahrbuch* 27, NF. 18, Cologne, Böhlau, 1948, p. 159-170.

que pouvait avoir Margherita Maddalena Martinengo, femme mystique de Brescia ayant vécu au XVIIe siècle, s'il est vrai qu'un intérêt pour les visions hildegardiennes transparaît de ses archives manuscrites non encore étudiées.

Mais pour avoir un exemple de l'oubli apparent que la figure d'Hildegarde subit au fil du temps, il suffit de penser que jusqu'au XVIIe siècle les reliques de saint Rupert sont beaucoup plus vénérées que les siennes, et que les nombreux pèlerins qui vont au couvent dans lequel l'abbesse est enterrée, préfèrent rendre hommage au saint qu'à la femme prophète. Les causes de cet oubli sont multiples : tout d'abord la diffusion des œuvres d'Hildegarde s'accompagne d'une évaluation qui les juge obscures et difficiles à interpréter. Cet aspect est accentué et répété par un de ses biographes : le moine Théodoric, chargé de terminer la rédaction de la vie de la *magistra* peu après sa mort. Le moine insiste sur la langue difficile qu'emploie Hildegarde et sur l'obscurité de son message. Il semble sous-entendre que pareillement à Hildegarde qui recevait un don du Saint-Esprit pour pouvoir interpréter les Écritures, de la même façon, ses lecteurs devaient, pour comprendre ses écrits, espérer recevoir un don comparable. Théodoric est très convainquant, à tel point que Gebeno d'Eberbach, dans son prologue au *Pentachronon*, affirme que plusieurs personnes évitent de lire les écrits d'Hildegarde qu'ils jugent trop difficiles et obscurs, sans comprendre que cette obscurité est justement le signe de leur origine divine. Kathryn Kerby-Fulton nous informe que cette affirmation est la plus récurrente dans les manuscrits anglais qui diffusent les œuvres de l'abbesse[20].

L'abbé et occultiste Johannes Trithemius reprend le même *leitmotiv* et affirme que « la sainte Hildegarde apparaît en tous ses écrits très mystique et incompréhensible » et il ajoute que « seuls les pieux et les hommes d'Église peuvent la comprendre[21] ».

Il est certainement d'autant plus facile de dénaturer le message d'Hildegarde que, comme on l'a dit, parmi ses écrits, seules les prophéties, ou ce que l'on a fait passer pour telles, continuent d'être lues et diffusées.

20 Kathryn Kerby-Fulton, « Hildegard and the Male Reader; A Study in Insular reception », in R. Voaden, éd., *Prophets Abroad : The reception of Continental Holy Women in Late Medieval England*, Cambridge, D.S. Brewer, 1996, p. 10.

21 E. Forster, *op. cit.*, p. 138.

Dans le *Pentachronon* de Gebeno d'Eberbach, on trouve ainsi différentes prophéties de l'abbesse et dans de nombreuses chroniques allemandes du XIIIe siècle, Hildegarde est toujours celle qui a prophétisé les avènements futurs, un schisme et des persécutions contre le Clergé[22]. Les notions théologiques et ecclésiologiques qui sont le noyau vital de la pensée d'Hildegarde sont négligées. Au XVIe siècle Johannes Trithemius suit la même tendance, en se focalisant sur les prophéties de la *magistra*, tandis qu'avant lui, Hartmann Schedel, physicien, historien et humaniste allemand, dans son *Liber chronicarum* de 1493, se contente de relater le don visionnaire d'Hildegarde et sa reconnaissance de la part du pape, sans formuler aucun jugement ou commentaire sur le sens de ses écrits. Dans la France du Nord, au XVIe siècle circule la *Vie de Ildegarde*, livre divisé en quatre parties qui raconte brièvement la vie de l'abbesse, rapporte sa correspondance avec saint Bernard sur la modalité des visions, ainsi qu'un dialogue entre un prêtre et le diable comprenant les exorcismes d'Hildegarde, enfin s'y trouve un bref compte-rendu sur la mort de la *magistra* et les miracles qui se sont produits après celle-ci[23]. Mais on doit attendre l'année 1876 pour que les œuvres majeures d'Hildegarde soient mises sous presse dans les *Analectes* du cardinal Pitra[24]. Hildegarde est en tout cas inscrite comme sainte dans le *Martirologue romain* de Cesare Baronio, autorisé par le pape Grégoire XIII en 1586, bien que le procès de canonisation de l'abbesse soit encore en cours.

Une autre raison du déclin de la pensée d'Hildegarde peut se trouver dans le rapport à Dieu que développent les femmes prophétesses des siècles suivants et qui se révèle différent de celui d'Hildegarde. Dès son époque, à travers la figure d'Élisabeth de Schönau par exemple, et de plus en plus fréquemment par la suite, la révélation prend la forme d'une communication directe avec Dieu, d'une union mystique entre Dieu et le sujet qui en fait l'expérience. Il s'agit d'un dialogue exclusif qui ne peut, du fait de sa nature même, suivre la structure schématique et rigide d'un traité théologique comparable à ceux d'Hildegarde. La position même de l'abbesse, si lucide politiquement, décidée à agir et à se rendre protagoniste des événements de son temps, s'avère

22 Hans-Joachim Schmidt, « Geschichte und Prophetie », in A. Haverkamp, *op. cit.*, p. 492.

23 Laurence Moulinier, « Unterhaltungen mit dem Teufel : Eine französische Hildegard-vita des 15. Jahrhunderts und ihre Quellen », in A. Haverkamp, *op. cit.*, p. 521.

24 *Analecta Sanctae Hildegardis opera Spicilegio solesmensi parata*, Parisiis, A. Jouby et Roger, 1882.

diamétralement opposée à la tendance intimiste de la mystique des années postérieures.

De nos jours aussi, même après la proclamation d'Hildegarde au titre de Docteur de l'Église, la découverte et la réévaluation de l'œuvre de la « prophétesse teutonne » doit faire face aux recettes de santé d'Hildegarde, aux herbes d'Hildegarde, aux pierres de guérison de l'abbesse, aux arrangements de ses musiques en style New Age et à la reproduction de ses miniatures comme s'il s'agissait de mandalas.

Il n'est pas dit qu'une diffusion de masse des œuvres d'Hildegarde ne parvienne pas paradoxalement au même genre d'oubli que celui qui vient d'être décrit, concernant les époques précédentes, ce qui nous invite en tant que chercheurs à maintenir l'attention à l'interprétation de sa pensée sans jamais perdre de vue les risques et pièges d'une renommée indésirable.

Maria Emanuela TABAGLIO

MARGUERITE PORETE ET L'« IMPROBABLE DIALOGUE D'HÉRÉSIE ET DE COURTOISIE[1] »

Comme Hadewijch d'Anvers († c. 1240), Béatrice de Nazareth († 1268) ou encore Mechtilde de Magdebourg († 1294), Marguerite Porete († 1310) est une représentante de la mystique dite rhéno-flamande. Le modèle littéraire de ces femmes *troubadours de Dieu*, selon le titre d'une belle anthologie[2], est celui de la *fin'amor*, leur langue est la langue vulgaire (flamande, allemande ou française), leur vocabulaire et certains de leurs motifs sont empruntés aux textes courtois. *Le Miroir des simples âmes*, condamné par l'évêque de Cambrai en 1306, puis en 1310 par les théologiens de l'Université de Paris, conduit au bûcher son auteur, Marguerite Porete, déclarée hérétique et relapse. « Querelles de Dieu, querelles de chair et de sang, de désespoir et de pouvoir », écrit Anne Brenon au sujet des cathares et des troubadours, en précisant que « d'un bout à l'autre de leur confrontation médiévale, hérésie et courtoisie évitèrent de se reconnaître » : « les poètes ne laissèrent filtrer qu'indirectement leur attachement à des valeurs qui purent être religieuses, et que la guerre tordit en engagement sentimental et politique[3] ». Dans quelle mesure l'œuvre de Marguerite Porete s'inscrit-elle dans la longue histoire de cette confrontation ? En quoi témoigne-t-elle de l'« improbable dialogue d'hérésie et de courtoisie » ?

---

1 Nous empruntons cette expression à Anne Brenon, « L'improbable dialogue d'hérésie et de courtoisie », *Histoire de la France littéraire*, dir. Michel Prigent, t. 1, *Naissances, Renaissances (Moyen Âge – XVIe siècle)*, dir. Franck Lestringant et Michel Zink, Paris, PUF, 2006, p. 449-463.

2 Georgette Epiney-Burgard et Émilie Zum Brunn, *Femmes troubadours de Dieu*, Turnhout, Brepols, 1988.

3 Anne Brenon, « L'improbable dialogue d'hérésie et de courtoisie », art. cité, p. 463. L'auteur songe notamment à la *Chanson de la croisade albigeoise*.

MYSTIQUES COURTOISES

Au seuil de son œuvre, Marguerite Porete propose « ung petit exemple de l'amour du monde » en invitant son lecteur à l'« entend[re] aussi pareillement de la divine amour[4] ». La première partie du prologue ébauche une fable courtoise gagée sur le roman d'Alexandre et sur l'épisode bien connu de la reine Candace[5] : amoureuse du monarque oriental et souffrant de voir que « ceste amour loingtaigne, qui luy estoit si prouchaine ou dedans d'elle, estoit si loing dehors », une « demoiselle, fille de roy, de grant cuer et de noblesse et aussi de noble courage », fait exécuter un portrait qui « representoit la semblance du roy ». Chevillée à cet apologue par l'adverbe *semblablement*, la seconde partie s'attache à résoudre l'analogie en posant trois équivalences : la fille de roi s'identifie à l'âme humaine, le roi Alexandre est une figure de Dieu tandis que l'« ymage » correspond au livre que nous lisons. Loin de se limiter à la première partie, le langage courtois (*courtoisie*, *noblesse*, *largesse*, *gentillesse*, *amour loingtaine* etc.) infuse le diptyque tout entier. Dans le second volet, Dieu n'est pas appelé Dieu mais, à la faveur d'une antonomase, il est présenté comme « ung noble Alixandre », en attendant que le *Miroir* forge le nom de *Loin-Près*[6] – salué deux siècles plus tard par Marguerite de Navarre – à partir des adverbes *loin* et *près* contenus dans ce prologue séminal. Dans les 122 premiers chapitres de l'ouvrage, note Marie Bertho, « l'auteur file la métaphore entre la Princesse qui commanda le portrait du roi Alexandre et l'Ame qui fit faire le *Miroir* pour capter le reflet de Dame Amour : les figures de l'allégorie s'y entrecroisent sur un mode narratif qui emprunte tous ses procédés à la fiction[7] ».

4 *Le Mirouer des simples ames anienties / Margaretae Porete Speculum simplicium animarum*, texte français éd. par Romana Guarnieri, texte latin éd. par Paul Verdeyen, Turnhout, Brepols, 1986, chap. 1.

5 Alexandre de Paris, *Le Roman d'Alexandre*, trad. L. Harf, éd. E. C. Amstrong *et al.*, Le Livre de Poche (Lettres gothiques), 1994, livre III, laisses 245-247. La reine Candace, amoureuse du héros, fait exécuter par Apelle un portrait aussi fidèle que possible, qui lui permettra de reconnaître immanquablement le roi macédonien lorsqu'il se présentera, même déguisé, devant elle.

6 *Le Mirouer des simples ames*, éd. citée, chap. 58, l. 25 *sq.* Voir notre étude, « La figure du *Loingprés* dans le *Mirouer des simples ames* de Marguerite Porete », *La personnification du Moyen Âge au XVIIIe siècle*, dir. Mireille Demaules, Paris, Classiques Garnier, 2014, p. 93-108.

7 Marie Bertho, *Le Miroir des âmes simples et anéanties de Marguerite Porète. Une vie blessée d'amour*, Paris, Larousse-Sélection du Reader's digest-Découvrir, 1993, p. 99. Dans la

Dans l'œuvre de Marguerite Porete, la langue de Dieu se nourrit ainsi du langage courtois[8]. L'adjectif *courtois* se rapporte, comme on le sait, à un faisceau de qualités « nobles », à un style de vie, à un idéal humain caractéristiques de la nouvelle forme de socialité aristocratique qui émerge au cours du « second âge féodal ». Il renvoie aussi à une érotique (la *fin'amor*), à un art d'aimer organiquement lié à ce code de savoir-vivre[9]. En désignant un vaste ensemble de textes poétiques et romanesques, une « littérature » apparue dans les domaines d'oc et d'oïl au XIe et au XIIe siècle et appelée à irriguer toute la période médiévale, il s'applique enfin et peut-être surtout à une langue[10], à ce que Michel Banniard nomme un *acrolecte*, c'est-à-dire « une forme langagière (orale ou écrite) classée socialement en haut de l'échelle des valeurs culturelles[11] » : « la construction et l'émergence de la littérature romane, loin de n'être que le produit d'une concession condescendante faite par un dominant, est le résultat d'un mouvement dynamique, lié aux mutations sociales, qui ont ouvert la voie à la conquête d'un acrolecte littéraire, absolument égal à l'acrolecte latin, lui hérité de l'Empire romain et finalement monopolisé par l'Église et ses *litterati*[12] ».

Dans l'élaboration de la « langue du chevalier[13] », au moment (vers 1200) où l'aristocratie reconnaît la prééminence du principe

seconde partie, réduite à 17 chapitres, « les figures allégoriques s'effacent, l'instance romanesque disparaît au profit de la relation épurée, faire à la première personne du singulier, d'un chemin accompli dans l'intériorité de l'oraison du cœur, à travers un ensemble de méditations offertes à la considération du lecteur » (*Ibid.*, p. 99-100).

8 J.-R. Valette, « Marguerite Porete et le discours courtois », *Marguerite Porete et le Miroir des simples âmes. Perspectives historiques, philosophiques et littéraires*, dir. Sean L. Field, Robert E. Lerner et Sylvain, Paris, Vrin, 2013, p. 169-196.

9 Voir Cl. Roussel, « Courtoisie », *Dictionnaire raisonné de la politesse et du savoir-vivre du Moyen Âge à nos jours*, dir. Alain Montandon, Paris, Seuil, 1995, p. 175-196.

10 R. Schnell, « L'amour courtois en tant que discours courtois sur l'amour », *Romania*, 110, 1989, p. 72-126 et 331-363.

11 M. Banniard, « La langue des esclaves peut-elle parler de Dieu ? La langue occitane à la conquête de son acrolecte religieux », *La parole sacrée. Forme, fonction, sens (XIe-XVe siècle)*, Toulouse, Privat (Cahiers de Fanjeaux, 47), 2013, p. 210-211, n. 7.

12 *Ibid.*, p. 197. Sur les dynamiques d'ascension des « langues courtoises » (occitan, français d'oïl, arabe, néo persan du Xe siècle, moyen haut-allemand etc.), voir aussi B. Grévin, *Le Parchemin des cieux*, Paris, Seuil, 2012, p. 57 *sq.*

13 « Si l'on cherche la véritable langue du chevalier, ce n'est pas le latin des moines qui la fait retentir, mais la langue vernaculaire exprimée dans la littérature écrite pour distraire le public chevaleresque. » (P. Toubert *et al.*, « Conclusion », *Chevalerie et christianisme aux*

spirituel comme fondement des relations sociales, la « langue de la Bible » joue un rôle primordial[14]. En leur « étrangeté » et selon leur caractère « contourné et ambigu », les textes littéraires témoignent, à cet égard, « du débat entre l'Église et l'aristocratie laïque et de la revendication d'une définition spirituelle de ce qui constitue le chevalier[15] ». Du monde ecclésiastique au monde laïque, et réciproquement, les transferts culturels se multiplient, canalisés par « les formes sociales éminemment codées (rituels, discours internes, littérature...) » qu'emprunte la concurrence entre les deux fractions de l'aristocratie, entre les prêtres et les chevaliers[16]. Ainsi la paraphrase du psaume *Eructavit* [Ps. 44], écrite entre 1181 et 1187 et dédiée à Marie de Champagne, révèle « une véritable familiarité avec la littérature courtoise[17] ». Son auteur, Adam de Perseigne selon certains spécialistes, emploie les expressions *joie de la cour* ou *fin'amor*, il décrit la flèche de Dieu comme celle de l'amour. Inversement, le *Cantique des cantiques* joue un rôle de premier plan dans la littérature de la *fin'amor*[18] comme dans celle du Graal[19]. À bien des égards, sa topique

---

XIIe et XIIIe siècles, dir. Martin Aurell et Catalina Girbea, Presses Universitaires de Rennes, 2011, p. 316-317).

14 Durant le premier Moyen Âge, comme le rappelle dom Jean Leclercq, la « culture chrétienne » repose sur un « triangle fondamental » formé par la patristique, la liturgie et la Bible. Si l'éminent médiéviste la désigne à l'aide de l'expression *théologie monastique*, pour mieux la distinguer de la *théologie scolastique* en plein essor à partir du XIIIe siècle, Evangelista Vilanova présente cette culture comme une *théologie biblique* afin de rappeler que la science sur laquelle elle repose s'origine avant tout dans la parole de Dieu (*Histoire des théologies chrétiennes*, trad. Luc Durban, Paris, Cerf, 1997, t. 1, p. 527).

15 Pierre Toubert *et al.*, « Conclusion », art. cité, p. 317.

16 C'est pourquoi il ne faut pas surestimer les aspects conflictuels qui s'attachent aux rapports entre aristocratie laïque et aristocratie ecclésiastique, car l'une a besoin de l'autre pour « se reproduire socialement » (J. Morsel, *L'aristocratie médiévale. La domination sociale en Occident (V^e-XVe siècle)*, Paris, Armand Colin, 2004, p. 166).

17 M. Zink, *Poésie et conversion*, Paris, PUF, 2003, p. 152 *sq.*

18 P. Dronke, « The Song of Songs and Medieval Love-Lyric », *The Bible and Medieval Culture*, ed. Willem Lourdaux and Daniel Verhelst, Leuven University Press, 1979, p. 236-262 ; Tony Hunt, « The Song of Songs and Courtly Literature », *Court and Poet*, ed. Glyn S. Burgess, Liverpool, 1981, p. 189-196.

19 Voir la manière dont Paul Bretel commente la structure de la *Queste del Saint Graal* à la lumière de l'*Exposé (Expositio)* de Guillaume de Saint-Thierry sur le Cantique (*Les Ermites et les moines dans la littérature française du Moyen Âge (1150-1250)*, Paris, Champion, 1995, p. 619 *sq.*). Voir aussi Marie-Pascale Halary, « "Ge sui noire, mais ge sui bele" : en français dans le texte », *Le Cantique des cantiques dans les Lettres françaises*, éd. Alessandra Preda, Paris, Les Belles Lettres, à paraître.

informe la poésie lyrique médiévale, ce qui lui permet d'offrir une intéressante matrice d'intelligibilité[20].

À la fin du XIIIe siècle, le *Miroir des âmes simples* témoigne avec éclat de ces échanges dialectiques. Si, comme l'écrit Étienne Gilson, « la littérature mystique du XIIe siècle complète harmonieusement sa littérature profane et la couronne » en « la reformant à son image[21] », l'héritage courtois, un siècle plus tard, permet à Marguerite Porete, à Hadewijch d'Anvers et aux autres femmes « troubadours de Dieu » de *reformer* la littérature mystique *à l'image de* la littérature profane. Il y a là, dans ce « transfert au plan spirituel des modes courtois, de la générosité chevaleresque et de la poésie lyrique amoureuse », un processus de vaste ampleur, « digne en tout cas de retenir l'attention[22] ». Pour désigner le fruit de ce transfert, Barbara Newman avance l'expression de *mystique courtoise* : "La *mystique courtoise* was a distinctive creation of the thirteenth-century beguines, not just a pretty new bottle for the same old wine, and once it appeared on the scene, mysticism would never be quite the same[23]". On remarquera que cette expression n'est pas neuve. Elle est souvent employée par les spécialistes de la littérature du XIIe siècle à propos des troubadours et des trouvères. N'est-il pas un peu périlleux de confondre sous les mêmes termes une mystique courtoise de la Dame et du Graal et une mystique courtoise de Dieu ? Peut-être. Cette ambivalence n'est pas pourtant pas amphibologie car elle met au jour le caractère spéculaire du rapport qui a présidé à la formation de ces deux discours mystiques[24].

20 N. Seto, « Lecture sacrée et lecture profane : essai d'interprétation de la poésie lyrique médiévale selon la topique du Cantique des Cantiques », *Études de langue et littérature françaises*, 42 (1983), p. 1-22.

21 Étienne Gilson, *La Théologie mystique de saint Bernard*, Paris, Vrin, 1931, p. 14.

22 Dom Jean-Baptiste Porion éd., Hadewijch d'Anvers, *Écrits mystiques des béguines*, Paris, Seuil, 1954, p. 56.

23 Barbara Newman, « *La mystique courtoise* : Thirteenth-Century Beguines and the Art of Love », dans *ead.*, *From Virile Woman to Woman Christ. Studies in Medieval Religion and Literature*, Philadelphia, University of Pennsylvania Press, 1995, p. 137.

24 Pour Barbara Newman, « here was a new movement both religious and literary, an *ars subtilior* of the spirit, a *dolce stil religioso* in wich the monastic discourse of love converged with courtly » (*Ibid.*, p. 138). L'expression « a *dolce stil religioso* » est empruntée à Hans Neumann, « Mechtild von Magdebourg und die mittelniederländische Frauenmystik », *Medieval German Studies Presented to Frederick Norman*, London, 1965, p. 235.

LA LITTÉRATURE COURTOISE ET LA QUESTION DE L'HÉRÉSIE

Si le *Miroir des simples âmes* a été condamné par deux fois au tournant des XIIIe et XIVe siècles, si Marguerite Porete a été brûlée vive en 1310, la notion d'hérésie a souvent été invoquée à propos de la littérature courtoise, suivant les deux lignes le long desquelles celle-ci se développe en une mystique : la *fin'amor* et le Graal.

Depuis longtemps, les spécialistes ont souligné le caractère mystique de la poésie des troubadours. Pour Reto Bezzola, Guillaume IX a conçu la *fin'amor* sur le modèle de la doctrine ascétique de Robert d'Arbrissel (1050-1117) tandis que Henri-Irénée Marrou s'est attaché à montrer les liens que cet idéal entretient avec la mystique de saint Bernard et avec la spiritualité des victorins[25]. Plus récemment, Jean-Charles Huchet évoque une « mystique profane » en montrant, grâce à l'œuvre de Bernard de Ventadour, que l'expérience amoureuse est « similaire, non réductible à la mystique[26] ». Ainsi la célèbre chanson de l'alouette se présenterait-elle comme la « métaphore simple et superbe du *joy* qui transit le poète au détour de l'extase née de la contemplation de la beauté de la Dame[27] ».

S'il est vrai qu'« une image, lourde d'une vérité informulée, peut faire passer l'essentiel[28] », à côté de l'alouette qui agite ses ailes de joie face au rayon de soleil avant de s'oublier et de se laisser tomber sous l'effet de la douceur qui entre dans son cœur, il faut songer à la princesse lointaine imaginée par Jaufré Rudel[29]. Comme l'a noté Pierre Bec, le motif de l'amour de loin revêt un caractère structurant car

---

25 Reto Bezzola, *Les origines et la formation de la littérature courtoise en Occident*, Paris, Champion, 1944. Henri-Irénée Marrou, *Les troubadours*, Paris, Seuil, 1971. Sur l'ensemble de ce dossier, voir Valérie Fasseur, « Écoles de pensée et littérature en langue d'oc (XIIe-XIIIe siècles) », *Les Écoles de pensée du XIIe siècle et la littérature romane (oc et oïl)*, dir. Valérie Fasseur et Jean-René Valette, Turnhout, Brepols, 2016, p. 23-47.

26 J.-C. Huchet, « La dame et le troubadour : *fin'amors* et mystique chez Bernard de Ventadour », *Littérature*, 47, 1982, p. 17. Plus généralement, Jérôme Baschet note que « la *fin'amors* tend [...] à une mystique de l'amour, qui frise le décalque du sacré chrétien » (*La Civilisation féodale (de l'an mil à la colonisation de l'Amérique)*, Paris, Aubier, 2004, p. 107).

27 J.-C. Huchet, « La dame et le troubadour... », *op. cit.*, p. 30.

28 *Ibid.*

29 Du côté de la littérature en langue d'oïl, il faut renvoyer à l'épisode des gouttes de sang sur la neige devant lesquelles muse et s'oublie le Perceval de Chrétien de Troyes.

l'éloignement spatial est seulement une modalité : « la *fin'amo*r est par définition un *amor de lonh*, la distance géographique [...] n'étant qu'un des aspects de la transcendance fondamentale (sociale, psychologique, voire sexuelle) qui valorise la dame[30] ». En d'autres termes, quelles que soient les lectures, socio-historiques ou psycho-poétiques, auxquelles a pu donner lieu la dialectique rudélienne du *çai* et du *lai*[31], c'est à partir de ce que Léo Spitzer nomme le « paradoxe amoureux », fondé sur la tension « posséder / ne pas posséder, voir / ne pas voir, voisin/ lointain[32] », que se comprend l'amour de loin[33]. Il y a là « une certaine façon d'envisager le désir et le plaisir », commune aux théologiens de la *caritas*, d'une part, aux troubadours et aux trouvères, de l'autre : l'absence « n'est nullement conçue comme inexistence mais bien plutôt comme lancinante distance, comme séparation éprouvante, par rapport à un être qui est le plus intensément désiré qu'il se peut : Dieu, d'une part ; la femme, d'autre part[34] ».

Souvent mobilisé pour la littérature de la *fin'amor*[35], le concept d'hérésie a été abondamment sollicité à propos du corpus graalien, notamment au cours de la première moitié du XXe siècle, où les spécialistes se sont évertué à suivre la double piste cathare et joachimite[36]. Au cours des vingt dernières années, Francesco Zambon a repris l'enquête, parmi d'autres, et après avoir consacré un certain nombre d'articles à l'œuvre de Robert de Boron, il a avancé la notion d'hérésie littéraire,

---

30 Pierre Bec, Gérard Gonfroy et Gérard Le Vot, *Anthologie des troubadours*, Paris, UGE (10/18), 1979, p. 86.

31 Voir Pierre Bec, « 'Amour de loin' et 'dame jamais vue'. Pour une lecture plurielle de la chanson VI de Jaufré Rudel » [1989], *Écrits sur les troubadours et la lyrique médiévale (1961-1991)*, Orléans, Paradigme, 1992, p. 265-282.

32 Léo Spitzer, « L'amour lointain de Jaufré Rudel et le sens de la poésie des troubadours », *Études de style*, Paris, Gallimard (Tel), 1970 [1959], p. 81-133.

33 En dernier lieu, voir Christopher Lucken, « Figures du loin. *Lanquan li jorn son lonc en mai* », *L'Unique change de scène. Écritures spirituelles et discours amoureux (XIIe-XVIIe siècle)*, dir. Véronique Ferrer, Barbara Marczuk et Jean-René Valette, Paris, Classiques Garnier, 2016, p. 79-101.

34 Charles Baladier, *Érôs au Moyen Âge. Amour, désir et « delectatio morosa »*, Paris, Cerf, 1999, p. 9.

35 « Si le poète de la *fin'amor* ne cesse d'utiliser des métaphores chrétiennes, c'est à seule fin de dissimuler, sous la couleur de la dévotion religieuse, le dieu sans nom d'un autre culte. » (Roger Dragonetti, *Le Gai savoir dans la rhétorique courtoise. Flamenca et Joufroi de Poitiers*, Paris, Seuil, 1982, p. 50)

36 Voir Jean-René Valette, *La Pensée du Graal. Fiction littéraire et théologie (XIIe-XIIIe siècle)*, Paris, Champion, 2008, p. 36 *sq*.

seule façon à ses yeux de dépasser la contradiction qu'il observait entre le respect de l'orthodoxie catholique et la présence de traces d'hérésie. C'est pourquoi, précise-t-il, « la tradition ésotérique et, en partie, hétérodoxe dont il dépend ne prend pas la forme d'une théologie opposée au magistère de l'Église, mais aboutit à une sorte d'hérésie littéraire, à ce que l'on pourrait qualifier d'hérésie du Graal, voire à la littérature comme hérésie[37].

Au vrai, s'il semble possible d'invoquer la notion d'hérésie, c'est sans doute moins en raison des traits hétérodoxes que l'on relève ici ou là que de l'objet visé par le désir. Comme l'écrit Richard de Saint-Victor dans son *Traité de la violente charité*, l'âme peut être blessée aussi bien par l'amour d'une créature que par l'amour divin, et Richard n'hésite pas à s'inspirer d'Ovide pour décrire les symptômes de cette affection commune. Le victorin « met une phénoménologie de l'amour spirituel en parallèle avec une autre, de l'amour, ne disons pas courtois, mais humain et, qui plus est, pécheur. [...] La description de l'amour "charnel" vaut pour l'amour spirituel[38] ». Comme le souligne Robert Javelet, « la différence gît dans l'orientation. L'axiologie est fondée sur le sens de l'amour, selon qu'il tend vers Dieu ou vers la créature, la femme en particulier, qui revêt ainsi une valeur négative et devient anti-Dieu[39] ».

À considérer la littérature courtoise, lyrique et romanesque, il convient de distinguer deux grandes stratégies sur lesquelles repose le transfert mystique de Dieu vers la créature[40], au moment « où les valeurs descendent du ciel sur la terre[41] ». Avec le thème de la *fin'amor*, grâce à la mise en œuvre d'« un système métaphorique décalé de l'amour sacré vers l'amour profane[42] », « l'Unique

37 F. Zambon, « Graal et hérésie : le cas du *Joseph* de Robert de Boron », *Actes du XIV*^e^ *Congrès international arthurien (16-21 août 1984)*, Presses Universitaires de Rennes, t. 2, p. 701.

38 Robert Javelet, « L'amour spirituel face à l'amour courtois », *Entretiens sur la Renaissance du XII*^e^ *siècle*, dir. Maurice de Gandillac et Édouard Jeauneau, Paris-La Haye, Mouton, 1968, p. 330.

39 *Ibid.* En distinguant ainsi phénoménologie et axiologie, les penseurs médiévaux présentent l'amour à la fois comme *un* et *pluriel*. Voir *Amour plurielles. Doctrines médiévales du rapport amoureux de Bernard de Clairvaux à Boccace*, présentation de Ruedi Imbach et Inigo Atucha, Paris, Seuil (Points Essais), 2006.

40 C'est ce que Joseph Morsel nomme « l'appropriation laïque de Dieu » (*L'Aristocratie médiévale*, *op. cit.*, p. 160).

41 Jacques Le Goff, « Préface », Gervais de Tilbury, *Le Livre des merveilles*, traduit et commenté par Annie Duchesne, Paris, Les Belles Lettres, 1992, p. XII.

42 F. Dubost, « Lancelot et Tristan ou la transcendance décalée », *Personne, personnage et transcendance aux XII*^e^ *et XIII*^e^ *siècles*, dir. Marie-Étiennette Bély et Jean-René Valette, Presses

change de scène », selon la formule de Michel de Certeau : « Depuis le XIIIe siècle (l'Amour courtois etc.), une lente démythification religieuse semble s'accompagner d'une progressive mythification amoureuse. [...] Ce n'est plus Dieu, mais l'autre et, dans une littérature masculine, la femme[43] ». Avec la littérature du Graal, en revanche, l'Unique reste sur la scène qu'il occupe et le transfert porte sur le sujet mystique : dans le rôle qu'il joue, le clerc, fonctionnellement voué à l'amour de Dieu, y est remplacé par le chevalier quêteur des secrets divins. Par là se réalise la « substitution » qu'évoque Joseph Morsel : « être chevalier à la place du clerc », substitution grâce à laquelle les romans du Graal « marginalisent, voire éliminent complètement le clergé de l'ordre social au profit des seuls chevaliers[44] ». En dialectisant le désir de la Dame et le désir de Dieu, en distinguant Lancelot (l'amant de la reine) et Galaad (le chevalier du Graal), en mettant en scène une chevalerie *terriene* et une chevalerie *celestiele*, le vaste *Lancelot-Graal*, fondé sur ce que la critique a identifié comme un « double esprit », marque un pas de plus dans cette direction en permettant aux grands laïcs d'occuper à eux seuls les deux pôles – charnel et spirituel – sur lesquels reposent l'organisation sociale. On le voit, par des moyens différents, la littérature spiritualise la figure chevaleresque. Par là se comprend que si les romans courtois et les proses du Graal s'offrent comme des quêtes de joie[45], ils ne poursuivent sans doute en réalité qu'une seule joie, celle que l'*Érec* de Chrétien de Troyes nomme « la joie de la cour ». Dans ces textes, la joie correspond au moment privilégié où se révèle l'identité courtoise spiritualisée[46].

Au fond, si hérésie il y a, elle doit être rattachée à la catégorie des hérésies sociales et non à celle des hérésies théologiques. Si les secondes « témoignent de dissensions et de prises de position différentes à l'intérieur même de l'ensemble extrêmement restreint des théologiens qui [...] pensent les normes sociales », les premières « engagent généralement,

---

Universitaires de Lyon, 1999, p. 29.

43 Michel de Certeau, *La Fable mystique, I (XVIe-XVIIe siècle)*, Paris, Gallimard (Tel), 1987 [1982], p. 13.

44 Joseph Morsel, *L'Aristocratie médiévale*, *op. cit.*, p. 162.

45 Nous empruntons cette expression à Patrice de la Tour du Pin, *La Quête de Joie*, Paris, Gallimard, 1939 [1933].

46 J.-R. Valette, « Quêtes de Joie : la Rose et le Graal », *Mélanges offerts à Gilles Roussineau*, dir. Hélène Biu *et al.*, à paraître.

aux côtés de quelques clercs, une part plus ou moins importante de laïcs appartenant aux milieux urbains, aristocratiques ou bourgeois, entraînant parfois aussi dans leur sillage des populations paysannes[47] ». L'importance accordée à la chevalerie a été soulignée par de nombreux commentateurs et c'est précisément dans cette perspective que Jean Frappier avance le terme d'*hérésie*, en évoquant les « limites de l'hérésie » à propos de la « véritable religion de la chevalerie » qu'édifient les romans du Graal. Il justifie cette expression par la manière dont, détournée de son but premier, la transcendance religieuse est placée au service d'une « transcendance de la chevalerie », à la « pointe extrême d'une idéale revanche de caste[48] ».

MARGUERITE PORETE ET LE DÉFI LAÏQUE[49]

Dans le *Miroir des simples âmes*, le désir spirituel ne se rapporte pas à « l'amour du monde » mais à la « divine amour ». Il se déploie néanmoins dans le cadre d'une mystique décléricalisée tout en sollicitant largement, comme on l'a vu, le langage de la courtoisie. D'emblée, son auteur invite les « theologiens [et] aultres clers » à pratiquer l'humilité : « Point n'en aurez l'entendement /Tant aiez les engins clers / Se n'y procedez humblement : [...] Humiliez dont voz sciences / Qui sont de Raison fondees, / Et mettez toutes vos fiances / En celles qui sont donnees / D'Amour, par Foy enluminees, / Et ainsy comprendrez ce livre / Qui d'Amour fait l'Ame vivre[50]. » L'avertissement est limpide : ce n'est pas par la raison, outil principal des lettrés, que l'on accède à Dieu, mais par les « sciences donnees d'Amour ». Ce poème liminaire n'apparaît que dans un manuscrit. Il s'agit donc vraisemblablement d'une pièce rajoutée à

47 A. Guerreau-Jalabert, « Le Temps des créations (XIe-XIIIe siècle) », dans *Histoire culturelle de la France*, dir. Jean-Pierre Rioux et Jean-François Sirinelli, t. 1, Michel Sot, Jean-Patrice Boudet, Anita Guerreau-Jalabert, *Le Moyen Âge*, Paris, Seuil, 2005 [1997], p. 257.

48 J. Frappier, « Le Graal et la chevalerie » [1954], dans *id.*, *Autour du Graal*, Genève, 1977, respectivement, p. 99, 126 et 94.

49 Ruedi Imbach et Catherine König-Pralong, *Le Défi laïque. Existe-t-il une philosophie de laïcs au Moyen Âge ?*, Paris, Vrin, 2013.

50 *Mirouer...*, p. 8.

l'ensemble qui entend refléter une intention de l'auteur n'apparaissant pas aussi nettement dans le texte. Seul le chapitre 121, en effet, explicite une critique des clercs : « Il n'y a si grant clerc ou monde / Qui vous en sceust parler [de la noblesse qu'il y a à être anéanti] » (v. 39-40). Pourtant, comme on le verra, l'opposition entre Entendement d'Amour et Entendement de Raison est récurrente et structurante.

Comment appréhender un tel *Entendement d'Amour* ? Comment présenter cette mystique qui se développe à l'écart des clercs ? Pour répondre à ces questions, il convient de prendre appui sur les trois lignes de partage suivantes : clercs/laïcs ; masculin/féminin ; latin/français.

Si, au début du XIIIe siècle, les béguines étaient suspectes aux yeux de l'institution ecclésiale, et parfois même accusées d'hérésie, c'est parce qu'elles échappaient aux classifications traditionnelles. Alors que la ligne de démarcation essentielle est celle qui sépare clercs et laïcs, « les béguines comme les Humiliées et les autres pénitentes – toutes celles que les historiens qualifient aujourd'hui de "semi-religieuses" – n'étaient astreintes ni aux vœux monastiques, ni à la vie commune, ni à une règle approuvée par la hiérarchie ecclésiastique. Vivant en religieuses, elles restaient des laïques, étrangères aux structures ecclésiastiques[51] ». Dans les villes, particulièrement dans le nord de l'Europe, « "leur état intermédiaire" (*Zwischenstand*) pose d'immenses difficultés à l'autorité ecclésiastique », note Jean-Claude Schmitt[52]. Dans le flou étymologique qui entoure le terme *beguinae* et dans l'infinie variété de la terminologie, « il faut voir le signe d'une incapacité à définir la place des béguines et des béghards dans la société et dans l'Église. D'une impuissance à distinguer aussi, dans le domaine mouvant des manifestations de la religion populaire, celles qui étaient louables et celles qui l'étaient moins[53] ».

Par référence aux figures de Marthe et de Marie, Rutebeuf souligne le trouble qui s'empare des esprits : « Or est Marthe, or est Marie / Or

51 M. Lauwers, « L'institution et le genre. À propos de l'accès des femmes au sacré dans l'Occident médiéval », *Clio. Histoire, femmes et sociétés*, 2, 1995, mis en ligne 1er janv. 2005, (URL : http://clio.revues.org/497) consulté le 30 avril 2019, p. 7.

52 J.-C. Schmitt, « Clercs et laïcs », *Dictionnaire raisonné de l'Occident médiéval*, dir. Jacques Le Goff et Jean-Claude Schmitt, Paris, Fayard, 1999, p. 215.

53 Jean-Claude Schmitt, *Mort d'une hérésie. L'Église et les clercs face aux béguines et aux Béghards du Rhin supérieur du XIVe au XVe siècle*, Paris-La Haye-New York, Mouton-EHESS, 1978, p. 143, n. 35.

se garde, or se marie ; / Mais n'en dites se bien non / Li rois no sofferoit mie[54]. » Il faut rappeler, en effet, qu'au XIIIe siècle toutes les femmes qui avaient une activité religieuse devaient être contemplatives. Et comme le montre Michel Lauwers dans une étude consacrée à Marie d'Oignies, si les pénitentes ou béguines étaient tournées vers la vie pratique, elles étaient invitées à s'orienter vers la contemplation. Tel est le sens qu'il faut donner à la figure de Marie-Madeleine, qui a pu constituer un modèle pour les semi-religieuses, son parcours pénitentiel ne suffisant pas à la rattacher au pôle représenté par Marthe[55]. Marguerite Porete s'inscrit dans cette perspective en reprenant l'image traditionnelle de Marthe et Marie[56] puis en s'attachant longuement à la figure de la Madeleine, classiquement confondue avec Marie de Béthanie[57] et en faisant d'elle, comme le souligne Michel Lauwers, « une mystique et une ascète[58] ».

Au rebours d'une longue tradition, Maître Eckhart, dans son quatre-vingt-sixième sermon allemand, et Louis Chardon, dominicain français du XVIIe siècle, prennent le parti de Marthe. Selon Jean-Louis Chrétien, « il y va de bien plus que d'une inversion des valeurs de l'action et de la contemplation : Eckhart et Chardon déchiffrent les attitudes de Marthe et de Marie à la lumière de leurs principes spirituels propres[59] ». À la différence de sa cadette, « assise aux pieds du Christ et buvant ses paroles, [...] toute dans la jouissance, la consolation et la joie », Marthe se tourne vers ce qu'elle a à faire sans s'y absorber. « Elle était si accomplie, écrit Eckhart, que son action ne l'entravait pas ; son œuvre et son action la conduisaient à la béatitude éternelle » car « elle était séparée des choses et

54 Rutebeuf, *Le Diz des béguines*, *Œuvres complètes*, éd. Michel Zink, Paris, LGE (Lettres gothiques), v. 17-20.

55 M. Lauwers « Expérience béguinale et récit hagiographique : à propos de la *Vita Mariae Oigniacencis* de Jacques de Vitry (vers 1215) », *Journal des savants*, 1989, p. 61-103.

56 « C'est la pasture, dit Amour, de mon eslite espouse : c'est "Marie de paix", et pource est "Marie de paix", que Fine Amour la paist. Marthe, ce sachez, est trop empeschee, et ne le scet mie. Ses empeschemens la troublent, par quoy elle est loing de telle vie » (*Mirouer...*, chap. 74, l. 15 *sq.*) ; « Troublee est Marte, paix a Marie. / Loee est Marthe, mais plus Marie. / Amee est Marthe, trop plus Marie » (*Mirouer...*, chap. 74, l. 49 *sq.*).

57 *Mirouer...*, ch. 124, l. 1 *sq.*

58 M. Lauwers, « "Noli me tangere". Marie Madeleine, Marie d'Oignies et les pénitentes du XIIIe siècle », *Mélanges de l'École française de Rome. Moyen Âge, Temps modernes*, t. 104/1, 1992, p. 236.

59 J.-L. Chrétien, « La double hospitalité », dans Jean-Louis Chrétien, Guy Lafon et Étienne Jollet, *Marthe et Marie*, Paris, Desclée de Brouwer, 2002, p. 40.

les choses séparées d'elles », bien qu'elle y veillât. Après avoir ajouté que « sa lumière est son action et son action sa lumière », Eckhart précise : « Marthe était dans un état de vertu mûre et affermie, avec un esprit libre que rien n'entravait[60] ». C'est pourquoi sa supériorité s'impose : « elle forme comme un modèle de la vie spirituelle accomplie, en contraste à sa jeunette de sœur », souligne Jean-Louis Chrétien : « Marthe n'est plus une figure de la vie active opposée à la vie contemplative, elle est l'unité de l'action et de la contemplation dans une vie plus haute et plus forte que celle qui les séparerait[61]. »

Même si, sur le point particulier de Marthe et de Marie, Marguerite Porete s'en tient à la conception traditionnelle, la communauté d'inspiration qui la lie à Eckhart est nette. Le *Miroir des âmes simples* a pour principale caractéristique de substituer aux hiérarchies religieuses définies par l'Église de nouvelles hiérarchies issues de la transformation de la vision du monde par l'expérience mystique. Comme l'écrit Marie Bertho, « les tendances anti-hiérarchiques s'expriment dans la négation du clivage clerc/laïc au profit de la distinction entre Sainte-Église-la-Petite et Sainte-Église-la-Grande, cette dernière, grande en esprit mais petite en nombre, é[tant] constituée par les Ames simples[62] ». À ses yeux, « toute l'audace du *Miroir* se trouve dans cette position qui transforme, pour le clergé, l'expérience de Marguerite en dissidence. En effet, l'Ame simple et anéantie nie pour elle-même le besoin d'un intermédiaire dans son rapport à Dieu[63] ».

À cela s'ajoute que l'auteur du *Miroir* est une femme. Si au sein du christianisme la distinction entre le masculin et le féminin semble avoir précédé la plupart des autres clivages socio-religieux, en particulier la division des chrétiens entre clercs et laïcs, dès les premiers siècles les deux types de distinction eurent partie liée et, fréquemment elles se renforcèrent l'une l'autre[64]. Ce fut particulièrement le cas avec la réforme grégorienne, qui accentua « la délimitation des champs (laïque/ecclésiastique, profane/sacré, spirituel/charnel etc.), fondée sur

60 Maître Eckhart, cit. par Jean-Louis Chrétien, *ibid.*, p. 43. Sur la liberté de l'esprit, voir Olivier Boulnois, « Qu'est-ce que la liberté de l'esprit ? La parole de Marguerite et la raison du théologien », *Marguerite Porete et le Miroir des simples âmes*, *op. cit.*, p. 127-154.

61 Jean-Louis Chrétien, *ibid.*, p. 42 et p. 44.

62 Marie Bertho, *Le Miroir des âmes simples et anéanties de Marguerite Porète*, *op. cit.*, p. 119.

63 *Ibid.*, p. 120.

64 M. Lauwers, « L'institution et le genre… », *op. cit.*, p. 5.

des bases anciennes, mais désormais plus systématiques, avec un passage du fonctionnel à l'essentiel[65] ». Ainsi le combat des réformateurs pour l'imposition du célibat aux clercs entraîna-t-il « une dévalorisation de l'image de la femme » : « les catégories du masculin et du féminin servirent désormais à penser (et à séparer) le pur et l'impur, le licite et l'illicite[66]. » C'est aussi ce que montre Jean-Claude Schmitt. En s'intéressant au fonctionnement du système d'accusation qui pendant plus de deux siècles a identifié la béguine et le béghard à l'hérétique, l'historien distingue trois axes fondamentaux. À côté de l'opposition des valeurs et des contre-valeurs, de la ville et de la campagne, il met au jour la présence d'« une différenciation fonctionnelle des sexes : l'hérésie avait nettement une connotation féminine. Alors même qu'au XIVe siècle, parmi les hérétiques manifestes, les béghards étaient plus nombreux que les béguines, la polémique avait tendance à présenter les femmes comme plus sensibles à l'hérésie[67] ». Dans ces conditions, comment les clercs auraient-il pu accepter, pour citer les mots de Lamprecht de Regensbourg, que « de nos jours / En Brabant en Bavière / L'art [*kunst*] a[it] pris naissance chez les femmes[68] » ? Surtout lorsque l'une de ces femmes – c'est le cas de Marguerite Porete – se déclarait *clergesse*, en d'autres termes lorsqu'elle prétendait occuper la place de l'homme[69] ?

À côtés des deux distinctions précédemment signalées (clercs/laïcs, masculin/féminin), le brouillage des frontières concerne aussi le plan linguistique. Comme le rappelle Marie-Pascale Halary, « dans le cadre du système médiéval de représentations des langues, le latin, langue la plus excellente, est la langue de la spéculation religieuse, c'est la langue du *sermo mysticus.* Quant à la langue romane écrite, s'il s'agit incontestablement d'une langue savante, celle-ci a pu être identifiée, selon une perspective

65 P. Henriet, « En quoi peut-on parler d'une spiritualité de la Réforme grégorienne ? », *Revue d'Histoire de l'Église de France*, t. 96 (236), janv.-juin 2010, p. 91. Voir aussi, dans le même fascicule, G. Lobrichon, « Les réformateurs ont-ils inventé les laïcs ? (c. 1000-c. 1110) », p. 29-41.

66 M. Lauwers, « L'institution et le genre… », art. cité, p. 5.

67 Jean-Claude Schmitt, *Mort d'une hérésie*, *op. cit.*, p. 202.

68 Le franciscain poursuit ainsi : « Seigneur Dieu, qu'est-ce que cet art / Grâce auquel une vieille femme / Comprend mieux qu'un homme d'esprit ? » (Lamprecht de Regensbourg, *La Fille de Sion*, cit. par Georgette Epiney-Burgard et Émilie Zum Brunn, *Femmes troubadours de Dieu*, *op. cit.*, p. 5-6)

69 Voir S. Piron, « Marguerite, entre les béguines et les maîtres », *Marguerite Porete et le Miroir des simples âmes*, *op. cit.*, p. 69-101.

sociolinguistique, à un "instrument d'affirmation pour une culture spécifiquement laïque[70]"[71] ». C'est en ce sens que Benoît Grévin parle d'une *langue courtoise*, comme on l'a vu. « Autrement dit, poursuit Marie-Pascale Halary, selon ce système de diglossie et de répartition sociale et fonctionnelle des langues, des "tendances" linguistiques différentes distingueraient la "scène religieuse" et la "scène amoureuse", le chant de l'amour pour Dieu et le chant d'amour pour la dame[72] ». Or, dans l'œuvre des *femmes troubadours de Dieu*, « l'Unique change de langue ». Si chez Marguerite d'Oingt, l'expérience spirituelle se dit à la fois dans la langue sacrée (en latin) et dans la *langue courtoise*, chez Marguerite Porete, elle s'exprime intégralement en français.

À examiner le *Miroir* de plus près, on constatera cependant que deux « langues », pour ainsi dire, coexistent, celle des clercs et celle des laïcs, une langue spéculative et une langue poétique. Le dialogue allégorique donne à cette coexistence la forme d'une joute opposant Entendement de Raison et Entendement d'Amour : « Hee, Entendement de Raison, [...] Vous prenez la paille et laissez le grain, car vostre entendement est trop bas, par quoy vous ne povez si haultement entendre, comme il esconvient a entendre a celluy qui bien veult entendre l'estre dont nous parlons[73]. Mais Entendement de Divine Amour, qui demoure et est en Ame Adnientie et qui est enfranchie, l'entend bien sans arrest, car elle est ce mesmes. » (chap. 12, l. 28 *sq.*)

L'opposition entre la paille et le grain, habituelle dans la littérature spirituelle, correspond aux deux nourritures de l'âme : le raisonnement et la contemplation. Afin de comprendre les secrets de la cour du « doulx pays », il convient donc de renoncer à la connaissance discursive et médiate pour se tourner vers la connaissance contemplative de Dieu. C'est pourquoi l'ouvrage que nous lisons est à la fois long et court : au chap. 119, « l'Ame qui a fait escrire ce livre s'excuse de ce qu'elle a fait le livre si long en paroles, qui semble petit et brief aux Ames qui demourent en nient et qui sont cheues d'amour en tel estre[74] ». Le *Miroir*

70 Frédéric Duval, *Le Français médiéval*, Turnhout, Brepols (L'atelier du médiéviste), 2009, p. 57.

71 M.-P. Halary, « Quand l'Unique change de langue. Littérature spirituelle et "langue courtoise" chez Marguerite d'Oingt », *L'Unique change de scène*, *op. cit.*, p. 137.

72 *Ibid.*, p. 138.

73 En l'occurrence, il est question de la vie divine.

74 Ce titre, qu'on ne saurait attribuer à Marguerite Porete, figure, dans le manuscrit de Chantilly, en tête du chap. 119.

est « long en paroles » pour les âmes qui séjournent dans le pays où Raison a seigneurie. Il est court, en revanche, pour les âmes anéanties, celles qui ont connu l'éclair de l'extase, l'expérience du don « aucunes foiz donné en ung moment de heure » à l'âme « escolliere de la Divinité » (chap. 9, l. 39 *sq.*). Ainsi en est-il du livre ouvert par Amour : « Car ce livre est de telle condicion, que si toust que Amour l'ouvre, l'Ame scet tout, et si est toute œuvre de parfection en elle emplie par l'ouverture de ce livre. » (chap. 101, l. 19 *sq.*)

Le déploiement de l'entendement d'amour suppose la mise en œuvre d'un *engin subtil*, selon l'expression souvent utilisée par les poètes du XIVe siècle, c'est-à-dire d'une écriture sollicitant moins le raisonnement que la poésie et le chant. À la rudesse, souvent présentée par Marguerite Porete comme l'apanage de Raison, s'oppose la subtilité, propre à ce Jacqueline Cerquiglini nomme une « pensée du réseau[75] ». Dans la mesure où les termes constituant le champ lexical de la courtoisie offrent une « constellation de sens multiples », chaque mot-clé possédant « une *aura*, une surdétermination émotive et une charge incantatoire[76] » qui déjoue toute hiérarchisation, dans la mesure où l'écriture repose sur un véritable *continuum* lyrique[77], le *Miroir* relève sans doute d'« une impossible lecture théologique[78] ». De cette expérience de Dieu, qui vise à se communiquer par entendement d'amour, c'est-à-dire par don *sine medio* d'ami à amie[79], la seule lecture véritable serait d'ordre poétique.

Comme le rappelle Joseph Morsel, les travaux menés depuis les années 1980 ont montré que l'hérésie est d'abord dans le regard des clercs : « il y a hérésie là où il y a des clercs pour qualifier comme tel des actes ou

75 Jacqueline Cerquiglini-Toulet, *Guillaume de Machaut et l'écriture au XIVe siècle. « Un engin si soutil »*, Paris, Champion, 1985, p. 10.

76 À la suite de ces mots, Michel Stanesco note : « Rien de systématique par conséquent à découvrir dans la courtoisie, à la différence de la pensée du clerc, qui a une passion pour le système et l'abstraction. » (« Courtoisie et société de cour au Moyen Âge », dans *Histoire de la France littéraire, t. 1, op. cit.*, p. 638)

77 Voir notre article, « *Continuum* lyrique et révélation dans le *Miroir des âmes simples et anéanties* de Marguerite Porete », *Littérature et révélation au Moyen Âge. II. Écrire en vers, écrire en prose : une poétique de la révélation*, dir. Catherine Croizy-Naquet, *Littérales*, 2007, p. 119-133.

78 Marguerite Porete, *Le Miroir des âmes simples et anéanties*, introd., trad. et notes par Max Huot de Longchamp, Paris, Albin Michel, 1984, p. 17.

79 « Il y a grant difference entre don d'amy par moyen a amie et don qui est sans moyen d'amy a amye » (*Mirouer…*, chap. 5, l. 23 *sq.*).

des paroles – ce qui n'empêche évidemment pas, une fois l'accusation faite, certains des accusés de revendiquer alors la position de rupture qu'on leur attribue, en même temps d'ailleurs que le nom […] Mais se revendiquant dès lors comme tels, les "hérétiques" tendent alors à justifier rétrospectivement leur qualification comme tels par le clergé, c'est-à-dire à masquer aux yeux de l'historien tout le travail social qui a abouti à l'invention de l'hérétique[80] ».

Si le mot d'hérésie a souvent été utilisé à l'encontre des béguines, l'Église n'a pas pris position contre les romans du Graal. Elle s'est tue[81], sans doute parce qu'en tournant le dos au régime de la véridiction[82], ceux-ci appartiennent aux *nugae* qui entraînent les lecteurs dans l'imaginaire[83]. En ce qui concerne la littérature courtoise, l'hérésie est, en revanche, dans le regard des clercs d'aujourd'hui, dans celui des historiens et des critiques qui s'efforcent d'y déceler les traces d'une hétérodoxie théologique ou la présence d'une hérésie sociale. Un tel décalage explique sans doute que le dialogue entre courtoisie et hérésie soit resté « improbable » (selon le mot d'Anne Brenon), même si les textes courtois et les écrits des béguines s'offrent, les uns et les autres, comme des mystiques décléricalisées, même s'ils prennent place, les uns à la suite des autres, sur l'axe du « désenchantement du monde » à un

80 Joseph Morsel, *L'Aristocratie médiévale*, *op. cit.*, p. 164. Voir en particulier *Discours polémiques et pouvoirs avant l'Inquisition*, dir. Monique Zerner, Université de Nice Sophia-Antipolis, 1998. Rattachant la secte du Libre esprit aux « hérésies inquisitoriales », André Vauchez note que sa « réalité objective est douteuse. Mais du fait qu'il existait chez certains laïcs, en particulier chez les béguines, des tendances mystiques suspectes, on en inféra l'existence d'une secte étendant ses ramifications à travers toute l'Europe, qui en fait n'a jamais existé que dans l'imagination des inquisiteurs. » (« Contestation et hérésies dans l'Église latine », *Histoire du christianisme*, dir. Jean-Marie Mayeur *et al.*, Paris, Desclée/Fayard, t. 6, p. 321).

81 Voir notre article, « Le Graal et le silence de l'Église », *Revue d'Histoire de l'Eglise de France*, 101, 2015, p. 261-276.

82 « Autant l'Église ne paraît pas avoir réagi activement face à des constructions fictionnelles, d'autant qu'elles se moulaient dans des cadres idéologiques en place (fût-ce en les inversant symboliquement), autant on peut observer son intervention vigoureuse dès lors que de tels schémas alternatifs étaient mis en pratique (par exemple le tournoi) ou abandonnaient le terrain de la fiction pour celui de la véridiction : dans ce dernier cas, toute énonciation d'une vérité (concernant nécessairement les intentions divines) en dehors de ces cadres définis et garantis par la théologie et le droit canonique étaient désignés comme "hérésie" ». (J. Morsel, *L'Aristocratie médiévale*, *op. cit.*, 160)

83 Au début du XIIIe siècle, Jean Bodel n'écrit-il pas des « contes de Bretagne » qu'ils sont « vains et plaisants » (*La Chanson des Saisnes*, éd. Annette Brasseur, Genève, Droz, 1989, v. 8)?

moment où les laïcs cherchent à accéder au sacré[84], même si, enfin, les premiers ont fourni aux seconds le langage spiritualisé qu'ils avaient forgé. « Évi[tant] de se reconnaître[85] », hérésie et courtoisie ont fondé leur dialogue sur l'analogie. Elles l'ont mené *en semblance*.

Jean-René VALETTE
Université de Paris Sorbonne

84 Selon la formule célèbre de Jacques Le Goff, l'amour courtois est le « premier idéal laïque ».

85 Nous reprenons les mots, déjà cités, d'Anne Brenon.

DOMENICA DA PARADISO, ENTRE MYSTICISME ET ART ORATOIRE[1]

La figure de Domenica da Paradiso mérite certainement plus d'attention que celle qu'elle a jusqu'à présent reçue. Même si des études récentes ont conduit à reconsidérer la mystique florentine[2], l'entrelacement de la vie de Domenica avec celle de personnages tels que Jérôme Savonarole, Bernardino Ochino, les papes Léon X, Clément VII et Paul III, sa participation aux événements de l'Église et de Florence, où elle vécut, l'abondance de ses textes et leur intérêt, son statut laïc malgré ses engagements et ses charismes religieux, l'écho de son expérience, prouvé par les nombreuses vies qui lui furent consacrées au cours des siècles, y compris par des auteurs religieux faisant autorité (Razzi, Del Nente)[3],

---

1 Cette contribution a été traduite de l'italien par Élise Boillet (CNRS – CESR, Université de Tours).

2 Les études récentes sur Domenica da Paradiso sont celles de L. Polizzotto, « When Saints Fall Out : Women and the Savonarolan Reform in Early Sixteenth-Century Florence », *Renaissance Quarterly*, 46, 1993, p. 486-525 ; A. Valerio, *Domenica da Paradiso. Profezia e politica in una mistica del Rinascimento*, Spolète, Centro Italiano di Studi sull'Alto Medioevo, 1992 ; I. Gagliardi, *Sola con Dio. La missione di Domenica da Paradiso nella Firenze del primo Cinquecento*, Florence, SISMEL-Edizioni del Galluzzo pour la Fondazione Ezio Franceschini, 2007 ; T. Herzig, *Le donne del Savonarola. Spiritualità e devozione nell'Italia del Rinascimento*, préface de G. Zarri, Rome, Carocci, 2014, *passim*.

3 Les biographies imprimées sont les suivantes : Ignazio del Nente, *Vita e costumi e intelligenze spirituali della Venerabile Madre suor Domenica da Paradiso*, Venise, Milochi, 1662 (rééd. 1664) ; Silvano Razzi, *Brieve vita della venerabile suor Domenica, fondatrice del Reverendo monastero della Crocetta in Firenze*, dans *Vite de' santi, e beati toscani, de' quali insino à hoggi comunemente si ha cognizione. Raccolte, e parte ancora, ò scritte, ò volgarizzate dal padre abate don Silvano Razzi Camald.*, Florence, Eredi di Iacopo Giunti, 1593. D'autres vies furent éditées dans les siècles suivants, voir I. Gagliardi, *Sola con Dio*, *op. cit.*, p. 304-305 ; d'autres encore, restées manuscrites, appartiennent aux archives du monastère florentin de la Crocetta (Archivio del Monastero della Crocetta, dorénavant AMC), qui se trouve maintenant à Santa Maria Novella (Florence), mais qui n'est pas encore accessible aux chercheurs : Francesco Onesti da Castiglione, *Annalium vitae Beatae Matris Dominicae de Paradiso I e II*, AMC ms 2 ; *id.*, *Ephemerides seu Diarius vite B.M. Sorororis Vite Dominice a Paradiso*, AMC ms 1 ; Anton Maria Riconesi, *Annali della Vita della Venerabile Vergine*

témoignent de l'importance de cette figure. Mais c'est peut-être précisément l'état de ses écrits, qui pour la plupart n'ont pas fait l'objet d'une édition moderne, qui la condamne à une négligence imméritée[4].

Domenica est une figure intéressante tout d'abord parce qu'elle unit les pôles de différentes positions qui sont sans ambiguïté, voire très claires, mais contrastées, comme si elle réalisait au plus haut degré cette *coincidentia oppositorum* qui est la marque des expériences chrétiennes les plus élevées.

C'est une mystique et une visionnaire, mais bien versée dans les questions pratiques et politiques, au point de jouer un rôle y compris dans l'histoire civile de Florence. Non seulement elle fonde et elle soutient un ordre religieux suivi par de nombreux disciples, mais sa voix prophétique, s'étendant à l'expérience civile, produit des pages touchantes, où les événements de sa ville sont lus à la lumière de la volonté divine, d'une façon si convaincante qu'elle est écoutée par les autorités politiques, lesquelles établissent sur ses indications des règles de conduite pour la ville[5].

Elle aspire à la vie contemplative et à la solitude de la prière, mais elle est aussi prédicatrice et, par sa faconde, traduit ses visions en dialogues, rapports et lettres. Elle relie son mysticisme à l'art oratoire, ses visions étant par ailleurs souvent le point de départ d'une exégèse biblique qui s'adresse à ses sœurs[6]. Elle prêche dans son monastère de la Crocetta

---

e sposa di Nostro Signor Gesù Cristo suor Domenica del Paradiso, AMC Armadio B ; Filippo Maria Baldassarre di Giovambattista Scarlatti, *Ristretto della vita di suor Domenica del Paradiso*, Biblioteca Moreniana Firenze, Ms Moreni 331. Domenica est également mentionnée par Francesco Domenico Guerrazzi dans son roman historique *L'assedio di Firenze*, voir A. Valerio, *Domenica da Paradiso*, *op. cit.*, p. 59.

4 Les œuvres qui ont été éditées sont : Domenica da Paradiso, *Scritti spirituali*, éd. G. Antignani, Poggibonsi, Edizioni Tipolito Arti Grafiche Nencini, 1984 ; R. Librandi, A. Valerio, *I sermoni di Domenica da Paradiso : Studi e testo critico*, Florence, SISMEL-Edizioni del Galluzzo, 1999 ; *Le "substantie" dei sermoni e delle visioni di Domenica da Paradiso (1473-1553)*, éd. R. Piro, Florence, Edizioni del Galluzzo, 2004. Pour les manuscrits du monastère du Paradiso, maintenant à Santa Maria Novella, voir R. Miriello, *I Manoscritti del Monastero del Paradiso di Firenze*, Florence, SISMEL, SISMEL-Edizioni del Galluzzo, 2007.

5 Voir le chapitre « Domenica e la politica », dans A. Valerio, *Domenica da Paradiso*, *op. cit.*, p. 57-76.

6 Sur son désir de solitude, voir I. Gagliardi, *Sola con Dio*, *op. cit.*, p. 164. Sur son activité oratoire, voir A. Valerio, « La predicazione femminile dagli anni pre-tridentini alla metà del Seicento », dans *La predicazione in Italia dopo il Concilio di Trento tra Cinquecento e Settecento*, éd. G. Martina, U. Dovere, Rome, Edizioni Dehoniane, 1996, p. 177-196.

pendant plus de quarante ans, de 1500 à 1545, devenant célèbre pour sa capacité à commenter les Saintes Écritures.

Si elle-même prophétise, elle condamne les prophéties. Dans ses visions et dans ses sermons, elle annonce aussi bien des grands événements, tels que la division qui affectera le christianisme avec la Réforme protestante, que des événements plus ponctuels, comme des morts, des inondations et des guerres. Domenica pense que la prophétie doit conduire à la conversion et à la pénitence, même si pour elle le prophète est aussi un réformateur politique, car sa vocation est liée à l'histoire et vise une amélioration morale et civile. Elle condamne avec fermeté l'utilisation de la prophétie pour susciter la peur et se prononce résolument et clairement contre les prédicateurs florentins, disciples ou non de Savonarole, qui en font cet usage[7].

Elle est persécutée, faisant l'objet d'accusations répétées d'hérésie et de simulation, parvenant cependant toujours à s'en libérer, au point de ne laisser aucun doute ni sur ses visions, ni sur la sainteté de sa vie, mais elle joue aussi un rôle d'accusatrice : c'est elle qui démasqua la fausse sainteté de Dorotea di Lanciuolo, qui avait suscité une vénération sans fondement, alors même que Dorotea était soutenue par le dominicain Tommaso Caiani[8].

Elle décida tôt de sacrifier son libre arbitre, s'en remettant aux dispositions de son Époux, Jésus, mais défendit son autonomie en ne se soumettant aux règles d'aucun ordre et en ne prononçant ses vœux qu'à l'âge de quatre-vingt ans, à la veille de sa mort. Elle géra cette autonomie avec courage, en soutenant dans ses textes l'importance de la volonté dans une vie de foi, une question centrale dans des années où libre et serf arbitre était au centre du débat théologique.

---

7 Sur ses prophéties, voir I. Gagliardi, *Sola con Dio*, *op. cit.*, *passim* ; sur son opposition aux prophéties : *ibid.*, p. 66-72 ; voir aussi A. Valerio, « L'altra Rivelazione. L'esperienza profetica femminile nei secoli XIV-XVI », dans *Donne potere e profezia*, éd. A. Valerio, Naples, M. D'Auria, 1995, p. 139-162 ; *id.*, *Il profeta e la parola : la predicazione di Domenica da Paradiso nella Firenze post-savonaroliana*, in *Studi savonaroliani*, éd. G. C. Garfagnini, Florence, SISMEL, SISMEL-Edizioni del Galluzzo, 1996, p. 299-397 ; voir également les pages consacrées à Domenica dans T. Herzig, *Le donne del Savonarola*, *op. cit.*, *passim*.

8 Sur les persécutions qu'elle subit, voir la seconde partie du chapitre « La "divina scuola" » dans I. Gagliardi, *Sola con Dio*, *op. cit.*, p. 23-99 ; sur l'affaire Dorotea, *ibid.*, p. 79-87 ; A. Valerio, « Domenica da Paradiso e Dorotea di Lanciuola : un caso toscano di simulata santità agli inizi del '500 », dans *Finzione e santità tra Medioevo ed età moderna*, éd. G. Zarri, Turin, Rosenberg & Sellier, 1991, p. 129-144.

Enfin, d'origine très humble et analphabète, elle fut à l'origine d'une vaste production contenant des pages surprenantes et, bien qu'on l'appelât sœur, resta laïque jusqu'à la veille de sa mort, portant un regard non clérical sur le monde religieux.

Il semble que la *coincidentia oppositorum* dont se nourrit l'écriture d'un autre mystique, Jacopone da Todi, l'un des modèles de Domenica, se soit donc bel et bien réalisée dans les différents charismes dont elle était douée[9]. Sa vie se déroula selon une trajectoire parallèle et très proche de celle de Nicolas Machiavel, interagissant avec beaucoup des événements et des personnages avec lesquels l'initiateur de la science politique fondée *iuxta propria principia*, c'est-à-dire sans les bases religieuses sur lesquelles celle-ci s'était toujours appuyée, interféra lui-même. Domenica s'intéressa aussi à la politique, comme nous le préciserons, mais en la considérant comme la révélation d'une volonté divine qui trouve son incarnation dans l'histoire. L'un et l'autre agirent cependant dans le même cadre du scénario convulsif de l'histoire de Florence entre république et principauté.

Domenica naquit en 1473 à Borgo di Paradiso, dans la périphérie sud de Florence, d'une famille modeste du nom de Del Nardo ou Narducci ; son père était paysan et mourut quand Domenica n'avait que six ans, une perte qui demeura pour elle inconsolable ; elle ne reçut aucune instruction et fut au contraire bientôt impliquée dans le travail manuel, qui lui parut toujours lui convenir mieux[10]. Son enfance et son adolescence sont « costellate di visioni, apparizioni, "sante ispirationi". Cresce a stretto contatto con il divino e sente Cristo come padre, amico, confidente. Lo stesso vale per la Vergine Maria, nei confronti della quale Domenica sviluppa una solida devozione fin dalla prima infanzia[11] ».

9 Pour la référence à Jacopone : Domenica da Paradiso, *Scritti spirituali*, *op. cit.*, I, 160.

10 Les sources pour la biographie et toutes les informations concernant Domenica consistent principalement en documents qui lui sont contemporains. Les vies de Razzi et de Del Nente, reconstruites d'après des mémoires, sont également utiles. Mais les *Annalium vite Beatae Matris sororis Dominice de Paradiso*, rédigées par son père spirituel Francesco Onesti da Castiglione, qui la dirigea de 1506 à 1542, sont essentielles, son confesseur Raffaello Talenti et les autres sœurs fournissant aussi, de façon beaucoup moins détaillée, quelques informations. Pour la période précédente, c'est le même Onesti qui fournit en les résumant les informations qu'il tire des documents à sa disposition. Les *Annalium* furent revus par Domenica, qui dicta personnellement les corrections. Ils sont conservés dans l'AMC ms 2. Voir I. Gagliardi, *Sola con Dio*, *op. cit.*, p. 4-7.

11 « parsemées de visions, d'apparitions, de 'saintes inspirations'. Elle grandit en contact étroit avec le divin et percevait le Christ comme un père, un ami et un confident. Il en va de même pour la Vierge Marie, envers qui Domenica développa une solide dévotion

Elle n'apprit ni à lire ni à écrire – c'est du moins ce qu'elle-même et ce que les écrits portant sur elle affirment –, même si la présence des livres dans sa vie fut très importante. Elle n'a rien laissé de sa main : elle dictait, principalement à ses disciples ou à ses guides spirituels, ce qu'elle voulait transmettre. Elle-même affirme constamment le même principe :

> *Io non so leggere né scrivere, et sono usa a mazolare cavolo e cipolle perché da piccolina fui hortolana. Se voi trovate ch'io exponga la Sacra Scriptura per virtù del mio exercitio, riprendetemi come presumptuosa. Io non so nulla, confessovi ch'io sono stata presso a vent'anni in questa ciptà di Firenze, credo chiaro et certo non havere a memoria e nomi di venti casati, perché naturalmente non ho memoria, et non tengo a mente un nome d'una persona, se non mi è detto parecchie volte. Però non vi dolete di me, ch'io exponga la Sacra Scriptura. Io vo allo studio quando ho a scrivere, inginocchiomi e fo oratione, et priego Dio che mi facci dire quel che è l'honor suo. Fo come la Cananea, chieggo i minuzoli che mi son dati, ingegnomi darne qualcuno. Dico quello che 'l mio sposo Jesù mi manda a bocca senza pensar nulla* [...][12].

Dans cette lettre, adressée à ses calomniateurs (qu'elle appelle « murmuratori mia », « mes murmureurs », c'est-à-dire ceux qui murmurent contre elle) en 1519, Domenica se défend contre les accusations qui l'avaient conduite devant le tribunal diocésain en proposant une sorte de manifeste, où elle parle de ses choix à la lumière de nombreux passages de l'Écriture dont elle donne une interprétation allégorique, offrant en même temps des informations biographiques.

---

dès la petite enfance » (*ibid.*, p. 13). Le 15 septembre 1485, elle devint *sponsa Christi* et porta à partir de cette date l'anneau conjugal (*ibid.*, p. 14).

12 « Je ne sais ni lire ni écrire, et je suis habituée à mâcher du chou et des oignons car, petite, j'étais une paysanne. Si vous trouvez que j'expose l'Écriture sainte par la vertu de mon propre exercice, blâmez ma présomption. Je ne sais rien ; je vous confesse que cela fait près de vingt ans que je suis dans cette ville de Florence, mais je suis sûre de ne pas me souvenir des noms de vingt familles, car je n'ai pas de mémoire par nature, et je ne me souviens du nom d'une personne que si on me le dit plusieurs fois. Cependant, ne vous plaignez pas de moi si j'expose l'Écriture sainte. Quand je dois écrire, je vais à mon étude, je m'agenouille et fais oraison, et je prie Dieu qu'il me dise en quoi consiste son honneur. Je fais comme la Cananéenne, je demande les miettes qui me sont données, je m'ingénie à en rendre quelques-unes. Je dis ce que Jésus, mon époux, met dans ma bouche, sans penser à rien [...] ». Cité dans A. Valerio, « "Et io expongo le Scripture" : Domenica da Paradiso e l'interpretazione biblica. Un documento inedito nella crisi del Rinascimento fiorentino », *Rivista di Storia e Letteratura Religiosa*, 1994, 30, p. 499-534 : 529-530. La lettre (du 20 août 1519) est intièrement éditée p. 510-534. Voir aussi A. Valerio, « Le prediche di Domenica da Paradiso », dans R. Librandi, A. Valerio, *I sermoni di Domenica da Paradiso*, *op. cit.*, p. LII, et I. Gagliardi, *Sola con Dio*, *op. cit.*, p. 169.

Tout en étant consciente d'être étrangère au monde de l'écrit et de son insuffisance personnelle, elle exerce un contrôle strict sur les écrits qui retranscrivent ses paroles. En effet, les transcripteurs mentionnent toujours sa supervision. Elle se fait relire ce qui vient d'être écrit et propose des corrections, des ajouts, des notes, des clarifications, « preoccupata di non falsare la verità (cioè quella che in tutta onestà di coscienza ella riteneva essere la verità)[13] ».

Bien qu'il faille donc, en ce qui concerne Domenica, tenir compte de la prévalence de l'oralité, c'est-à-dire de la transmission, autant pour ce qui est de sa formation que de la diffusion de ses idées, d'une culture orale par le biais d'un instrument, la voix, qui nous est aujourd'hui inaccessible, l'écriture n'en reste pas moins pour elle une nécessité pour transmettre sa foi. Son anxiété pastorale la rend attentive au processus de transmission du Verbe et c'est avec soin qu'elle se procure les moyens de la réaliser.

Le premier récit substantiel de ses visions prend la forme d'un dialogue, connu sous le nom de *Dialogo col Padre Eterno dove per domande e risposte si espongono maravigliosi secreti della mistica e scolastica teologia* (*Dialogue avec le Père Éternel, où par le moyen de questions et de réponses sont exposés de merveilleux secrets de la théologie mystique et scolastique*). La forme dialogique est typique de la tradition mystique et possède des précédents notables, tels que les *Revelationes* de Brigitte de Suède et le *Dialogo della divina dottrina (o Provvidenza)* (*Dialogue de la doctrine divine – ou Providence*) de Catherine de Sienne, qui pouvaient être connus même d'une analphabète comme Domenica qui fréquentait le monastère de Santa Brigida fondé en 1392 dans son village et n'avait pas tardé à être attirée par la spiritualité dominicaine. Mais, dans la préface, Domenica dit que le titre de son ouvrage lui a été indiqué par Jésus : « chiamerassi Dialogo, perché parlerai con lui [il Padre Eterno] et lui parlerà in te[14] ». Le *Dialogo* fut écrit sous sa dictée par son confesseur de l'époque, le frère Martino degli Antoni, en 1503, puis copié par Francesco degli Onesti da Castiglione, son directeur spirituel de 1507 à 1542. La préface décrit bien les conditions de son

13 « soucieuse de ne pas déformer la vérité (c'est-à-dire ce qu'en toute honnêteté de conscience elle pensait être la vérité) », I. Gagliardi, *Sola con Dio*, *op. cit.*, p. 7.

14 « cela s'appellera Dialogue, parce que tu parleras avec lui [le Père éternel] et il parlera en toi », Domenica da Paradiso, *Scritti spirituali*, *op. cit.*, II, p. 112.

écriture. La transcription apparaît comme également voulue par Jésus (« Ordinerai e congregherai chi scriva »)[15] :

> *Io in quel mezzo ordinai chi avessi a scrivere et dissi a chi io invitai che venissino confessati et devotamente preparati.* [...] *La mattina del dì promesso circa l'aurora l'angiolo Carità et molt'altri angioli e sancti venendo a me mi mise dicta veste rossa*[16] *la quale parea proprio che ardesse, tanto era lo splendoro di quella et gittava un odore grande et suavissimo. Et era lunga et ampla et strascicava per terra quasi un mezzo braccio.* [...] *et io escii di camera et andavo per casa con quella veste e con quei modi che aveva predetto el mio sposo*[17]. [...] *et chiamai quelli ch'io avevo preparato a scrivere, cioè el mio padre Maestro Martino et altri. E' quali entrando in camera sentivono grande et suavissimo odore. Et io subito fu' rapta, et in rapto cominciai a dire cantando sotto voce molto suavemente, et dissi : "O Padre Eterno* [...][18].

---

15 « Tu désigneras et rassembleras ceux qui écriront », *ibid.*, II, p. 112.

16 Son habit faisait aussi partie des indications données par Jésus, son époux : « La sposa el dì festivo s'adorna et veste el dì de le nozze, però voglio che tu vestiti et adorniti con due bellissime veste. La prima veste sarà bianca e te la metterai in su la carne, et questa sarà una buona confessione facta con contrizione, con fervore et pentimento, questa ti metterai tu. Et io ti manderò per l'angelo tuo et altri angioli et sancti una veste bellissima che sarà rossa, la quale significherà la mia passione, la qual ti comunicherò et vestirò acciòcché sia adornata » (« L'épouse le jour de fête se pare et elle s'habille le jour de ses noces, c'est pourquoi je veux que tu t'habilles et te pares de deux très belles robes. La première robe sera blanche et tu la porteras sur ta chair, et ce sera une bonne confession faite avec contrition, ferveur et repentir ; celle-ci, tu la mettras toi-même. Et je te ferai envoyer par ton ange et par d'autres anges et saints une très belle robe qui sera rouge et qui signifiera ma passion, et je te la transmettrai et je t'en revêtirai afin que tu sois parée »), *ibid.*, II, p. 112.

17 Les manières prédites par l'Époux sont « impériales » : « sarai con faccia e modo imperiale », « l'altezza tua sarà fuori del ordine. Et l'andare et modi non saranno tua » (« tu auras un visage et une attitude impériaux », « ta hauteur sera hors du commun. Et ta façon d'avancer et ton attitude ne seront pas les tiennes »). Dans le récit, elle dit que la hauteur est augmentée si bien que la robe ne traîne pas : « Et in uno istante io mi sentitti distendere come se io fussi tirata et crebbi in modo che la veste rimase alta da terra ben tre dita et ero cresciuta più di mezzo braccio » (« Et en un instant, je me sentis m'étirer comme si on me tirait, et je grandis de sorte que la robe resta au-dessus du sol d'au moins trois doigts, et j'avais grandi de plus d'un demi bras »), *ibid.*, II, p. 112-113.

18 « Entre-temps je désignais ceux qui devaient écrire et je dis à ceux que j'avais invités de venir après s'être confessés et s'être dévotement préparés. [...] Le matin du jour dit, vers l'aurore, l'ange de la Charité et beaucoup d'autres anges et saints venant à moi, me revêtirent de la robe rouge prédite, laquelle semblait vraiment brûler, tant elle resplendissait, et dégageait un parfum puissant et des plus suaves. Et elle était longue et ample et traînait par terre de presque un demi bras. [...] et je sortis de la chambre, et j'allais dans la maison avec cette robe et avec l'attitude que mon Époux avait prédite. [...] et j'appelai ceux que j'avais désignés pour écrire, c'est-à-dire mon père Maître Martin et d'autres. Lesquels, en entrant dans la chambre, sentirent un parfum puissant et suave. Et aussitôt je fus ravie, et dans ce ravissement je commençai à parler en chantant à voix

Le *Dialogo* s'ouvre ensuite sur la reprise de la clôture de la préface, qui donne le coup d'envoi à la première des quelque deux cents « domandite » (« petites questions ») qui, avec les réponses respectives du « Père éternel », la composent. La transcription qui nous est parvenue est celle d'Onesti, qui la justifie dans sa propre préface, placée avant celle de Domenica : Onesti explique avoir interrogé la vénérable mère sur la cause de « quella dictatione e scriptura », qui eut lieu avant qu'il ne devienne son père spirituel, et affirme que, « da propria sua bocca ricevendo scriss[e] la causa et la origine di detto dialogo, la preparazione, el modo del dictare et el mysterio della scriptura[19] ». Croyant fermement en la véridicité des visions de Domenica, Onesti affirme avoir pris grand soin d'enregistrer correctement les mots de cette dernière, soumettant ce qu'il écrit à ses révisions et ses ajouts et reportant ses corrections de manière claire sans les intégrer dans le texte.

À propos de la *Vision du tabernacle*, transcrite en 1508 par plusieurs scribes dans les jours qui suivirent l'événement, puis reprise et transmise par Onesti, la préparation de la transcription est beaucoup plus détaillée et montre la complexité de la tâche, mais aussi la précision avec laquelle le transcripteur l'a accomplie :

> *Doppo le qual cose, passati due o tre giorni la nostra venerabile madre incominciando a dittare et narrare la gran visione di questo Tabernaculo, seguitando più giorni in tal narrazione di tutte quelle cose occorse, con tanto affetto faceva questa narrazione che per la gran dolcezza et mirabil forza del divino amore et era del continuo tanto elevata che molte volte con grandissima veemenzia in mezzo parole sue levava la faccia et gli occhi al cielo, dettando, assai longhi et suavi sospiri cascando di nuovo in elevazione di spirito sospirava senza moto alcuni. Spesse volte ancora in mezzo le parole gridando : 'Io non posso dire et per la gran dolcezza della memoria il cuor*

basse, très doucement, et je dis : "Ô Père éternel" [...] », *ibid.*, II, p. 113. La notation « en chantant » n'est en effet pas hors de propos : même si le *Dialogo* est en prose, il ne manque pas de tournures presque poétiques, surtout au début, ni de mots en rime, comme par exemple : « Le parole non bastano per che lui adoperò, per amor del anima perfecta la croce abracciò » ; « Colui che s'aiuta è aiutato et chi lascia è lasciato » ; « quelli che sono in inferno sentenziati, che mai più saranno liberati » (« Les mots ne suffisent pas, puisqu'il a choisi, par amour pour l'âme parfaite, d'embrasser la croix » ; « Celui qui s'aide est aidé et celui qui quitte est quitté » ; « ceux qui sont en enfer condamnés, qui jamais plus ne seront libérés »), *ibid.*, II, p. 115-116.

19 « cette dictée et cette écriture », « les recevant de sa propre bouche, [il] écrivit la cause et l'origine dudit dialogue, la préparation, la manière de dire et le mystère des Écritures », *ibid.*, II, p. 107.

tutto mi si spezza' et così dicendo si fermava. Talvolta in un punto serrava le labbra et diventava come mezza morta [...][20].

On peinait à la suivre à cause de ses soupirs, de ses interruptions et de sa véhémence :

> *Onde, veduto questo, subito io et quattro altri sua figliuoli spirituali, quando eromo insieme adunati per scrivere et venuti per tal effetto, ricevendo le parole da lei che ci narrava in tal modo le pigliammo ognun di noi in somma parola che la diceva secondo il bisogno. Stando ciascheduno di noi nel luogo suo, perciò io prima la sua prima parola che la diceva ricevendo et tenendola a mente, il secondo che era appresso di me pigliava la seconda parola et l'altro che sedeva appresso del Gondi pigliava la terza parola, et allora per l'ordine suo tutti gli a lui ricevendo sua parola, et in questo modo et con quest'ordine tutte le parti della narrazione, ancor le longhe et con qual spirito et prontezza fussino ditte da lei, ordinatamente tutte le pigliammo facilmente mittendole a memoria*[21].

Mais à force de travail on finissait par parvenir au but :

> *Allora ciascheduno di noi col medesimo modo et modo con il quale tutte le cose ditte et narrate da lei avevomo ricevute et quel che scrivevomo lo riferivomo, fino a tanto che la venerabile madre nostra alquanto respirassi et riprese le forze solite la potessi poi quelle cose che erano restate narrare. In cotal modo in circa otto o*

20 « Après les dites choses, une fois passés deux ou trois jours, notre vénérable mère commença à dicter et à raconter la grande vision de ce Tabernacle, poursuivant pendant plusieurs jours le récit de toutes ces choses qui se sont produites, et elle faisait ce récit avec tant d'affection que, en raison de la grande douceur et de la force admirable de l'amour divin, et parce qu'elle était continuellement en si grande élévation, très souvent, avec beaucoup de véhémence, au beau milieu de ses paroles, elle levait le visage et les yeux vers le ciel, tout en dictant, puis, tandis qu'elle tombait à nouveau en extase, elle soupirait de très longs et suaves soupirs, sans du tout bouger. Souvent encore, criant au milieu de ses paroles : "Je ne parviens pas à le dire et, dans la grande douceur de ma mémoire, mon cœur se brise", et parlant ainsi, elle s'arrêtait. Parfois, à un moment donné, elle serrait les lèvres et semblait à demi-morte [...]. », Domenica da Paradiso, *Visione del tabernacolo*, dans *id.*, *Scritti spirituali*, *op. cit.*, II, p. 249.

21 « Si bien que, ayant vu cela, lorsque moi-même et quatre de ses autres enfants spirituels nous trouvâmes réunis pour écrire et étions venus à cette fin, recevant les paroles qu'elle nous disait de cette manière, nous recueillions à nous tous la totalité des paroles qu'elle disait selon le besoin. Nous tenant chacun à notre place, je prenais d'abord le premier mot qu'elle disait et le gardait à l'esprit, le deuxième homme, qui était à côté de moi, prenait le deuxième mot, et l'autre homme encore, qui était assis à côté de Gondi, prenait le troisième mot, et ensuite ce dernier recevait tous les mots dans l'ordre, et ainsi et selon cet ordre toutes les parties du récit, même les longues, et quel que soit l'esprit et la rapidité avec lesquels elle les avait dites, nous les recueillions de manière ordonnée en les mémorisant facilement ». *ibid.*, II, p. 249-250.

dieci giorni tutta la visione del Tabernaculo, dalla bocca sua propria ricevuta, totalmente scrivemmo[22].

En lisant ce rapport détaillé, nous nous rendons compte de la difficulté, malgré les meilleures intentions, du travail de transcription, mais il apparaît par ailleurs que l'écriture constitue une réélaboration. Les textes de Domenica da Paradiso ont une cohérence, une organisation que les paroles d'une autre mystique comme Maria Maddalena de' Pazzi, également enregistrées par l'écriture de tierces personnes, n'ont jamais. Les paroles attribuées à Domenica sont le résultat de filtres et souvent de révisions successives, ainsi que d'un travail de supervision qui cache les aphasies et les phénomènes linguistiques typiques des visions extatiques, que l'observateur atteste également pour la *Vision du tabernacle*[23].

Entre les paroles de Domenica et les textes que nous lisons, il y a donc toujours le filtre d'un ou de plusieurs scribes déclarés, il est ainsi difficile de garantir l'authenticité de sa pensée et impossible de la définir et de l'étudier. Non seulement l'autrice n'écrit pas, mais dans le cas de Domenica le rapport entre l'autrice et la personne qui écrit peut être inversé, étant donné que cette dernière représente une autorité et que peut-être elle suggère et corrige, tandis que la personne qui dicte, l'autrice, lui est en quelque sorte subordonnée du fait de son inculture. Par exemple, la connaissance biblique que Domenica manifeste pourrait être le fruit de sa propre approche des Saintes Écritures par des voies orales (sermons, conversations, écoute de lectures), mais au moyen d'un processus laborieux d'alphabétisation tardive et de décryptage personnel, ou bien elle pourrait aussi lui être suggérée par celui qui écrit, lequel est avant tout un directeur spirituel, donc un prêtre bien versé dans la Bible et certainement induit par son autorité à filtrer les paroles pour les rendre, même sans interférence excessive, conformes aux exigences de l'Église et aux pratiques de dévotion appropriées. En l'absence d'autres écrits de ces médiateurs, nous ne pouvons pas non plus parvenir à des

22 « Ensuite, chacun de nous, selon la même méthode, et de la même façon que toutes les choses qu'elle avait dites et racontées avaient été reçues, nous lui référions ce que nous avions écrit, jusqu'à ce que notre vénérable mère, ayant un peu respiré et ayant repris ses forces habituelles, puisse reprendre les choses qui devaient encore être dites. De cette façon, en huit ou dix jours environ, nous écrivîmes toute la vision du Tabernacle, reçue de sa propre bouche » *ibid.*, II, p. 250.

23 Domenica da Paradiso, *Visione del tabernacolo*, dans *id.*, *Scritti spirituali*, *op. cit.*, II, p. 244-245.

définitions *a contrario*, en repérant les caractéristiques propres de l'écriture du médiateur. L'alternative est donc, soit de mettre de côté l'intérêt des écrits de Domenica, ce qui a le plus souvent été fait jusqu'à présent, soit de les prendre en considération dans une étude éclairée, consciente de la distance possible et même de l'interférence probable des médiateurs, en tentant de repérer les aspects dont nous pouvons penser qu'ils sont authentiques[24].

Les visions, qui se succèdent tout au long de sa vie, y interviennent tôt et sont racontées dans toutes ses œuvres. Même si elles sont confiées à des genres différents, dialogue, sermon, lettre, traité, mémoire (à la florentine)[25], elles apparaissent toujours comme une rencontre avec les figures de l'histoire du salut, et donc comme des dialogues qui impliquent un ou plusieurs personnages transcendantaux qui instruisent Domenica, laquelle apparaît alors dans cette relation à la fois en tant que personnage du récit visionnaire et narratrice. Cependant, Domenica ne se dédouble pas, mais parle à la première personne et s'enregistre en tant que moi : « che debb'io adimandare ? », « Io mi dolgo assai di quelli che sono in inferno sentenziati », « per tutti priego che tu prieghi e 'l tuo figlio » ne sont que quelques exemples de sa manière de raconter[26].

Dans les visions, la voix matérialise les figures divines qui apparaissent et les fait parler avec cohérence. Dans le *Dialogo*, ce sont celles de Dieu et du Fils, les questions et les réponses n'incluant pas de didascalies, ni de contextualisations, ni de descriptions. La structure et le développement du dialogue avec le Père éternel coïncident, la préface et la conclusion constituant un récit qui encadre le dialogue. Le dialogue avec le Père éternel s'inscrit en effet dans une rencontre avec l'Époux, dans laquelle Domenica demande à parler avec le Père comme s'il s'agissait de son beau-père terrestre.

En revanche, la *Vision du tabernacle* est enregistrée comme rapportée par celui qui écrit, il y a donc une structure narrative, où une grande

24 Par exemple, Gabriella Zarri n'inclut pas Domenica dans ses études sur les prédicatrices et sur les mères spirituelles précisément pour les raisons exposées ici, relatives au peu de crédit de ses écrits.

25 Pour les genres choisis, voir E. Norden, *Agnostos theos : Dio ignoto. Ricerche sulla storia della forma del discorso religioso*, éd. C. O. Tommasi Moreschini, Brescia, Morcelliana, 2002.

26 « Que dois-je demander ? », « Je pleure beaucoup pour ceux qui sont condamnés en enfer », « Je prie au nom de tous pour que tu pries ton fils », Domenica da Paradiso, *Scritti spirituali*, *op. cit.*, II, p. 115-119 (extraits du *Dialogo*), mais il s'agit seulement de quelques-uns des très nombreux exemples que l'on pourrait donner.

place est donnée aux *verba dicendi*, dont ce passage peut offrir un exemple : « Sposa mia – disse il Signore – adunque tu vuoi posar la bocca tua ai fonticegli i quali non potrai soffrire né spiccarti da quegli ? –. Ma lei non cessò, disse : – O Sposo mio, da quegli spiccarmi ? –. Allora disse il Signore : – Già t'ho detto [...][27] ». La partie principale est constituée d'un discours de Jésus-Christ, qui développe le thème de la dignité de Marie à partir de la métaphore filée du tabernacle, en s'adressant à Domenica comme à son épouse et en dialoguant avec elle.

D'autres visions, moins complexes, adoptent le mode du dialogue avec des personnages transcendantaux, mais, du fait qu'elles sont insérées dans un contexte discursif, en acquièrent les modalités. Ainsi, dans le *Sermone V*, du 25 mai 1523, également transcrit par le père Francesco Onesti, « presente a le grate e audiente » (« présent à la grille et écoutant »), elle rapporte qu'étant en prière, elle entendit :

> *fuori de l'uscio de la cella murmurio e certi parlamenti ; nientedimeno io seguito medesimamente l'oratione. Un'altra volta sento el medesimo : non mi movo. La terza volta io sento similmente murmurio di persone che favellano insieme. Vedendo che nessuno apre l'uscio, neanche picchia, intesi subito che quello era mysterio. Presto apro l'uscio della cella e veggo quivi, appresso l'uscio della cella, tre bellissimi giovani et uno venerabile vecchio. E giovani pareva che havessino caminato e fussino stracchi, e pareva che havessino fame e sete.* Immediate *gli scongiuro tutti quanti, come io soglio, che mi dichino chi e' sono, e domando quel che vanno faccendo. E giovani responsono : 'Noi siamo angeli di Dio, e siamo venuti ad insegniarti quel che hai chiesto'. Quel venerabile vecchio disse : 'Io sono Abraam, el quale ricevetti quelli tre angeli e quali erano in camino'.* [...][28].

27 « Mon épouse – dit le Seigneur – tu veux donc poser ta bouche sur les petites sources que tu ne pourras pas supporter et dont tu ne pourras te détacher ? –. Mais elle ne s'arrêta pas et dit : – Ô mon Époux, m'en détacher ? –. Alors le Seigneur dit : – Je te l'ai déjà dit [...] ». Citation tirée de *Scrittrici mistiche italiane*, éd. G. Pozzi, C. Leonardi, Genova, Marietti, 1988, p. 344.

28 « à l'extérieur de la cellule des murmures et des personnes qui parlent entre elles ; néanmoins je continue à prier. Encore une fois, j'entends la même chose : je ne bouge pas. La troisième fois, j'entends le même murmure de gens qui parlent ensemble. Voyant que personne n'ouvre la porte ni ne frappe, je compris immédiatement qu'il s'agissait d'un mystère. Je me dépêche d'ouvrir la porte de la cellule et je vois là, à côté de la porte, trois très beaux jeunes gens et un vieillard vénérable. Et les jeunes gens avaient l'air d'avoir marché et d'être épuisés, et ils semblaient avoir faim et soif. *Immediate*, je les supplie tous, comme je le fais d'habitude, de me dire qui ils sont, et je leur demande ce qu'ils font. Et les jeunes gens répondent : "Nous sommes des anges de Dieu, et nous sommes venus t'enseigner ce que tu as demandé". Le vieillard vénérable dit : "Je suis Abraham, qui ai reçu ces trois anges qui étaient en chemin. [...]" », R. Librandi, A. Valerio, *I sermoni di Domenica da Paradiso*, *op. cit.*, p. 30.

Les trois anges se révèlent être les trois vertus théologales, Foi, Espérance et Charité ; ils se disent fatigués, parce qu'ils ont « fame e sete nelli uomini », lesquels ne veulent pas écouter, sont négligents et paresseux, délaissent les vertus et préfèrent le vice[29]. L'Écriture sainte fournit ici clairement – ailleurs elle le fait en filigrane – les thèmes et les motifs des écrits de Domenica. Les visions s'inscrivent dans « un'intelaiatura biblica che offre linguaggi, simboli, metafore[30] ». Ce passage reprend la visite des anges à Abraham aux chênes de Mamré (Gn 19, 14 et s.), sur laquelle la vision est modelée. Cette vision est à l'origine du sermon qui la contient et a pour thème l'Esprit Saint, raison pour laquelle elle est racontée comme un épisode autobiographique accompagné de recommandations et de réflexions théologiques.

Même les *substantie* des visions, enregistrées et racontées par les sœurs dans une forme résumée, montrent que les visions reflètent la même construction, fondée sur la relation entre les personnages qui se matérialisent et interagissent dans le dialogue. Prenons, par exemple, la *substantia* du 1er novembre 1532, le matin de la Toussaint :

> *Disseci [la nostra venerabile madre] che, essendo la sera molto aggravata dalle sua infermità, per consolare le sua figliuole, entrò un poco nel lecto e non si potendo adormentare pensava alla gram-solennità che veniva* [...]. *E stando così, gli fu picchiato a l'uscio e lei, senza levarsi di ginocchioni, volgendosi adrieto, disse : « Chi è, entri drento ». E subito gli fu aperto l'uscio et entrò dentro una bella regina con la corona in capo, addornata di bellissimi vestimenti con pietre pretiose, accompagniata da moltitudine di vergine incoronate di mirabile belleza e lei haveva in mano una verga. E dopo questa entrò in camera un signiore, similmente coronato, con multitudine di signiori simili a·llui con le corone in capo. Udendo la madre nostra tanta e tale belleza, molto si maravigliava. Cominciando a pigliare animo, scongiurò la regina che gli dovessi dire quale era e quale fussi el nome suo e quel che andava faccendo*[31].

29 Ils ont « faim et soif parmi les hommes », *ibid.*, p. 31.

30 « un cadre biblique qui offre langages, symboles, métaphores », A. Valerio, « Le prediche di Domenica da Paradiso », *op. cit.*, p. LI. Voir A. Valerio, « La Bibbia al centro. La *renovatio ecclesiae* e l'emergere della soggettività femminile (sec. XII-XV) », dans *Donne e Bibbia nel Medioevo (secoli XII-XV) tra ricezione e interpretazione*, éd. K. E. Børresen, A. Valerio, Trapani, Il Pozzo di Giacobbe, 2011, p. 15-43.

31 « [Notre vénérable mère] nous disait que, étant très fatiguée le soir par ses infirmités, pour conforter ses filles, elle se mit un peu au lit et, ne pouvant s'endormir, elle pensait à la fête qui s'approchait [...]. Et se tenant ainsi, on frappa à sa porte et elle, qui était agenouillée, sans se lever se tourna et dit : "Qui que vous soyez, entrez". Et aussitôt sa porte s'ouvrit et une belle reine entra, la tête couronnée, ornée de très beaux vêtements avec des pierres précieuses, accompagnée d'une multitude de vierges couronnées d'une

Après avoir reçu la révélation que la dame est « la reine Gratieuse » et qu'elle était envoyée par le Tout-Puissant en réponse aux prières de Domenica, elle est invitée à les suivre. La vision se poursuit par la visite d'une très belle ville, qui s'avère être la Jérusalem céleste, configurée à bien des égards comme la « candida rosa » (« rose blanche ») de l'empyrée de Dante : « erono nove palchi di tanta lucidità che·ssi vedeva chi era nel primo per insino del nono ultimo, tanto trasparevano. La clarità loro sopravanzava miglione di volte più che 'l cristallo. E questi palchi, o vero gradi, erono pieni di moltitudini d'angeli e di sancti[32] ». Surtout, les bienheureux, comme ceux de Dante qui reçoivent l'Être divin par l'intermédiaire des anges, sont nourris ici avec des mets, « li quali cibi derivavano e descendevano da quel mare altissimo dell'ultimo palco[33] ». La « reine Gratieuse », qui guide Domenica, a aussi une autre tâche : « andava intorno a quelle mense portando in mano una bellissima coppa, e quelle sancte gli mettevano in quella coppa chi una vivanda e chi un fiore[34] ». Bref, la belle reine, qui s'avérera être la Vierge Marie, comme « Monsieur Gratieux » s'avérera être le Fils, recueille les prières adressées aux saints par les personnes de ce monde et les rapporte à Dieu, tout comme, à la fin des chants consacrés à l'empyrée de Dante, la Vierge est invoquée par saint Bernard comme véritable et unique médiatrice.

Le récit de cette vision tardive n'est pas relaté par un père spirituel, mais par les sœurs, et l'on se demande évidemment à qui appartiennent les images de la Jérusalem céleste qui font si manifestement écho au poème de Dante. Si l'on considère que la sœur qui reçoit les visions et celles qui les transcrivent sont des religieuses du Paradiso de Florence, on ne peut pas penser au filtre ou à l'influence d'un directeur spirituel

---

beauté admirable, et elle tenait une tige dans sa main. Après elle, entra dans la chambre un seigneur, également couronné, avec une multitude de seigneurs semblables à lui qui avaient également la tête couronnée. Voyant tant et tant de beauté, notre mère s'émerveillait beaucoup. Alors qu'elle commençait à prendre courage, elle supplia la reine de lui dire quel était son nom et ce qu'elle faisait », *Le "substantie" dei sermoni e delle visioni di Domenica da Paradiso*, *op. cit.*, p. 3-4.

32 « il y avait neuf étages d'une clarté telle qu'on pouvait voir qui s'y trouvait du premier étage jusqu'au neuvième et dernier, tant ils étaient transparents. Leur clarté était un million de fois supérieure à celle du cristal. Et ces étages, ou degrés, étaient pleins d'une multitude d'anges et de saints », *ibid.*, p. 4.

33 « dont les aliments dérivaient et descendaient de la très haute mer du dernier étage », *ibid.*, p. 4.

34 « elle circulait autour des tables en tenant une très belle coupe à la main, et les saintes y mettaient, qui un met, qui une fleur », *ibid.*, p. 4-5.

cultivé. Mais, si l'on ne peut pas non plus parler d'une culture dantesque qui serait propre à Domenica, nous devons au moins prendre acte que l'écho des vers de Dante et de ses images appartiennent à un public très populaire qui les fait siennes et les utilise dans une perspective religieuse.

Pour Domenica, la vision est toujours une occasion de réflexion sur l'état de l'humanité et de la relation de cette dernière avec le divin. Le *Dialogo col Padre Eterno*, par exemple, se déroule autour des grands thèmes du mal dans l'histoire, de la difficile conciliation entre l'existence d'un Dieu tout-puissant et les douleurs qui affligent le juste et surtout l'innocent. Le texte pose la question de la justification de la douleur des enfants et de leur mort, l'étendant à celle du salut des non baptisés, en particulier celui des enfants, et à celle de la nature des limbes. Ainsi, visions et dialogues avec la divinité ont pour objet à la fois les grands mystères théologiques, comme la Trinité et la virginité de Marie, et la relation de l'humanité avec ce Dieu que la mystique vénère parce qu'il a racheté le monde du péché de ses ancêtres par sa souffrance.

Il a été à juste titre souligné que la spiritualité de Domenica est christocentrique : la Passion est l'objet de beaucoup de ses réflexions, tout comme l'objectif du chrétien doit être, pour la visionnaire, la *sequela Christi*. Sa parole autant que sa vie se caractérise par une rigueur remarquable, qui n'est jamais sévérité, surtout envers les autres. La rigueur est en premier lieu pour elle-même et en second pour tous ceux qui souhaitent s'en remettre à Dieu pour leur salut. Si, comme le montre la curieuse *Risposta dell'anima al porco* (*Réponse de l'âme au cochon*, métaplasme du corps[35]), une lettre dictée en réponse à l'invitation de son père spirituel, qui était alors Domenico Benivieni, de ne pas trop s'éprouver dans la pénitence corporelle, le mépris du monde et des besoins physiques domine sa spiritualité et son éthique, ce n'est pas son attitude dominante quand il s'agit de guider et de diriger ses disciples, les « fanciulline » (« jeunes filles ») du monastère qu'elle a fondé. En ces occasions, Domenica se montre capable d'attentions pleines de sollicitude pour leur salut. On lit qu'elle sautait de joie, comme David sautait devant l'arche, et qu'elle se sentait aussi folle que Jacopone, qui « buffoneggiava tutte buffonerie di amore[36] ».

---

35 Dans A. Valerio, *Domenica da Paradiso*, *op. cit.*, p. 151-152.

36 « bouffonnait des bouffonneries d'amour », Domenica dal Paradiso, *Scritti spirituali*, *op. cit.*, II, p. 160 ; I. Gagliardi, *Sola con Dio*, *op. cit.*, p. 103.

Cependant, les invitations à la conversion par la pénitence sont un thème récurrent dans ses textes. Domenica s'adresse en particulier aux prélats, les accusant de négliger les « agnellini » (« petits agneaux ») qui dépendent d'eux. Déjà le *Dialogo* met dans la bouche du Père éternel un jugement sévère sur l'iniquité des temps et prononce une dure condamnation des religieux :

> [...] *è tempo di damnazione et di redempzione et chi sarà senza fede perirà. Truovasi de saldi cristiani et pieni di vizi, et maximamente e Prelati et perseguitano i buoni. Terremoti saranno maxime dov'è el capo. Questo farà el mio figliuolo, perché egli ha voluto patire.* [...] *O capi, o pastori, e' saranno ritrovati et tutto 'l mondo sarà conquassato. Et così è fermato che la spada tagli et fra pestilenzia et fame sarà et molte città saranno assediate et ancora de le vostre*[37].

Elle se prononce plus sévèrement encore contre l'Église temporelle :

> *O Chiesa, o Chiesa, cos'è ella divenuta, che fanno questi pastori pieni di peccati scelerati ? Vivono delicatissimi nel mondo : pazi. Questi pastori hanno distrutto le pasture, le pecore affamate. O quanti sono che hanno in odio el bene ;* [...] *o quanti preti, o quanti frati sono che non gustano né hanno odore di questo Sacramento* [*eucarestia*], *et lui si degnia discendere a loro nel altare. Ma benché el figliuol mio venga nelle lor mani, nientedimeno sappia che le loro orazioni nel cospetto mio puzano et nessun frutto riportano, perché son tanto scelerati e la lor vita è con le donne disoneste.* [...] *Loro non amano Dio et non hanno alcuna devozione et ancora non conoscono se medesimi,* [...] *leggono la Scriptura e non intendono col sentimento di quella, et questo adviene pei loro peccati, perché non hanno zelo pel figliuol mio*[38].

---

37 « [...] voici le temps de la damnation et de la rédemption, et quiconque n'a pas la foi périra. On trouve des chrétiens solides qui sont pleins de vices, surtout les prélats, et qui persécutent les bons. Les tremblements de terre auront lieu surtout là où se trouve la tête. C'est ce que fera mon fils, car il a voulu souffrir. Ô chefs, ô pasteurs, ceux-là seront retrouvés et le monde entier sera mis sans dessus dessous. Et il est décidé que l'épée tranchera, que le monde sera pris entre la peste et la faim et que de nombreuses villes seront assiégées, y compris les vôtres », Domenica da Paradiso, *Scritti spirituali*, *op. cit.*, II, II, p. 116.

38 « Ô Église, ô Église, qu'est-elle devenue, que font tous ces pasteurs pleins de péchés scélérats ? Ils vivent des vies bien délicates dans le monde : fous. Ces pasteurs ont détruit les pâturages, ont affamé les brebis. Oh combien sont ceux qui haïssent le bien ; [...] oh combien sont les prêtres, oh combien sont les frères, qui ne goûtent ni ne sentent ce Sacrement [l'eucharistie], et lui, il daigne descendre vers eux sur l'autel. Mais bien que mon fils vienne entre leurs mains, sachez cependant que leurs prières devant moi sont puanteur et ne porte aucun fruit, car ils sont tellement scélérats et ils passent leur vie auprès de femmes sans vertu. [...] ils lisent l'Écriture et n'en comprennent pas le sens, et ceci à cause de leurs péchés, car ils n'ont aucun zèle pour mon fils », *ibid.*, II, p. 136-139. Mais on peut prendre en compte de nombreux autres passages. Par exemple, « Tutta la

La condamnation des abus de certains prélats, frères et moniales de son temps, est sans voile ni pudeur. Domenica va jusqu'à adresser des lettres au pape Clément VII pour l'inviter à la pénitence, seul moyen d'éviter les châtiments que Dieu prépare pour une Église pleine de vice. Elle lui parle des tribulations, des désordres, des discordes et des guerres qui se préparent pour les princes et les peuples chrétiens. Elle l'invite alors à construire la paix et la concorde et à invoquer l'aide de Dieu par la prière et la pénitence, en prenant pour exemple le cas de Ninive, sauvée grâce aux indications du prophète (Jonas 3 :1-10)[39]. Qui plus est, la lettre du 14 février 1527 (datée de 1526 d'après le calendrier florentin), qui précède de peu le sac de Rome, lequel eut lieu début mai 1527, invite précisément à s'engager dans le jeûne, les confessions, les prières et les sacrements, afin d'éviter les châtiments qui se préparent[40].

Dans le *Dialogo*, on perçoit même la menace divine contre cette Église : « Però el figliuol mio vuol piantare un'altra vigna, la quale sia fruttifera, perché questa già è guasta », car les pasteurs qui doivent en être les sarments sont corrompus : « queste vite son maculate, in

loro cura è nel mondo fallace ; la loro orazione è zolfo puzolente, non l'ascolta el Signiore, ma la scaccia » (« Tout leur soin s'attache au monde mensonger ; leur prière est comme du souffre puant, le Seigneur ne l'écoute pas, mais la chasse ») ; « Ma tutti questi prelati ogni cosa hanno corrotto. Et così le monache et hanno molta familiarità di seculari et parole et fatti rendono come le mondane. Et quello che non fanno è perché non possono, ma perch'elle consentono son macchiate et quello ch'elle possono fanno. [...] a che termine è venuta la religione et quanta fia la malizia dove esser doveva tutta la santità. Ma viene el tempo che sieno flagellati. Allora pregheranno san Benedetto, san Domenico, san Francesco e gli altri santi et loro non li vorranno udire, ma gli scacceranno da sé [...] » (« Mais tous ces prélats ont corrompu toute chose. Les nonnes aussi, qui sont en familiarité avec les gens du siècle, et parlent et agissent comme des femmes du monde. Et tout ce qu'elles ne font pas, c'est parce qu'elles ne le peuvent pas, mais, puisqu'elles y consentent, elles sont tâchées, et tout ce qu'elles peuvent faire, elles le font. [...] à quelle extrémité est la religion et combien grande est la malice là où il ne devait y avoir que sainteté. Mais vient le temps où ils seront flagellés. Alors ils prieront saint Benoît, saint Dominique, saint François et les autres saints, et eux ne voudront pas les entendre, et ils les chasseront loin d'eux [...] »), *ibid.*, II, p. 141-142.

39 Voir l'édition moderne des lettres au pape dans A. Valerio, *Domenica da Paradiso*, *op. cit.*, p. 154-158. Voir aussi A. Valerio, « Le lettere di Domenica da Paradiso tra Bibbia e profezia », *Hagiographica*, VI, 1999, p. 235-256.

40 Le sac de Rome est prédit avec précision dans l'une des prophéties de Domenica que l'on peut lire dans A. Valerio, « L'altra rivelazione. L'esperienza profetica femminile nei sec. XIV-XVI », *op. cit.*, p. 139. Sur le prophétisme de Domenica, voir aussi la bibliographie n. 7.

modo che manca seme[41] ». Cependant, les reproches ne sont jamais des invitations à se rebeller contre l'autorité pontificale, au contraire, son respect est exigé[42], même si la grave séparation du monde protestant, définie comme un « grande scisma » (« grand schisme »), est annoncée :

> *Grande fame sarà del verbo di Dio, perché la Chiesa è quella che ha commesso tanti errori, la quale sarà affamata e molte pene sentirà. Et grande scisma sarà. Oh quante tribolazioni si preparano ! Tutti ne sentiranno.* [...] *Vedranno sì grande scisma nella Chiesa che temeranno e tremeranno. Et innanzi che abbino revelazione da Dio, non sapranno a che parte abbino accostarsi. Ma presto Dio provvederà et illuminerà e buoni et darà forteza a tutte l'ore*[43].

Les visions contribuent à donner de l'autorité à Domenica, car elles établissent une relation avec le monde de la vérité : c'est la parole divine qui l'investit de la mission de parler. À maintes reprises, les textes affirment que Domenica prétend ne parler que pour rapporter des messages divins et que la parole qui lui est donnée n'est pas la sienne. À la fin du *Dialogo*, on lit : « Fa che la tua lingua, la tua bocca parli de le virtù del tuo dolce Sposo, et quel che tu dirai di lui non mentirai[44] ». À la fin de la lettre contre les « murmureurs », qui est tout entière une justification du fondement divin de sa parole, on lit encore : « Parlo perché el Signiore mi fa parlare quello che io non intendo et ch'io non so, et ch'io non conosco, perché mentre ch'io dico non l'ho considerato et non lo considero per proferirlo. Lascio fare a Iesu Christo et quello che mi fa dire quel dico[45] ».

---

41 « Mais mon fils veut planter une autre vigne, qui sera féconde, parce que celle-ci est déjà abîmée », « ces vignes sont tachées, de sorte qu'elles manquent de semence », Domenica da Paradiso, *Scritti spirituali*, *op. cit.*, II, p. 155.

42 Sur la réforme de l'Église et le souhait qu'un pape saint soit élu, voir I. Gagliardi, *Sola con Dio*, *op. cit.*, p. 111-116.

43 « Il y aura une grande faim de la Parole de Dieu, parce que l'Église est celle qui a commis tant d'erreurs, et elle aura faim et ressentira tant de peines. Et il y aura un grand schisme. Oh combien de tribulations se préparent ! Tout le monde s'en ressentira. [...] Ils verront un si grand schisme dans l'Église qu'ils auront peur et trembleront. Et avant qu'ils ne reçoivent la révélation de Dieu, ils ne sauront quel parti suivre. Mais bientôt Dieu pourvoira, il éclairera les bons et il donnera de la force à toutes les heures », Domenica da Paradiso, *Scritti spirituali*, *op. cit.*, II, p. 153.

44 « Que ta langue, ta bouche parlent des vertus de ton doux Époux, et ce que tu diras de lui ne sera pas mensonger », *ibid.*, II, p. 180.

45 « Je parle parce que le Seigneur me fait parler de ce que je ne comprends pas et de ce que je ne sais pas, car, au moment où je parle, je n'ai pas examiné ce dont je parle et je ne l'examine pas. Je laisse faire Jésus-Christ, et je dis ce qu'il me fait dire », Domenica, *Epistola del 1519*, dans A. Valerio, « "Et io expongo le Scripture" », *op. cit.*, p. 531.

Forte de cette autorité, elle fut ainsi écoutée au moins par la ville de Florence, qui parfois imposait des pénitences et des prières publiques pour éviter les dommages que Domenica annonçait. Ses contemporains lui accordèrent en effet un rôle à jouer dans l'histoire de la ville, son crédit ayant rapidement augmenté suite aux visions où elle avait prédit des événements tels que l'inondation de l'Arno en 1495 et l'épidémie pestilentielle qui suivit, ce qui l'avait rendue immédiatement crédible[46]. Quel que fût son degré d'adhésion au message de Savonarole – une question très débattue dans la bibliographie qui porte sur elle –, Domenica associait le renouveau religieux au renouveau social et politique. La vie morale et la vie civile apparaissent étroitement liées dans ses messages, au point de proposer le recours à Dieu y compris pour des décisions politiques. Dans les *Annali*, qui résument sa vie, son directeur spirituel a ainsi consigné les visions qui concernent Florence : la perte de la liberté florentine et le retour des Médicis en 1512 y sont considérés comme une conséquence des péchés des Florentins[47] ; le siège de la ville en 1530 est également présenté comme un châtiment divin à leur encontre, Domenica les invitant à la pénitence[48].

Malgré son don prophétique, les mises en garde contre ceux qui prophétisent les malheurs se répètent, en particulier contre les dominicains qui, dans le sillage de Savonarole, avaient continué pendant

46 I. Gagliardi, *Sola con Dio*, *op. cit.*, p. 20-21.

47 A. Valerio, *Domenica da Paradiso*, *op. cit.*, p. 66. Pour d'autres témoignages sur Domenica dans l'histoire de Florence, voir *id.*, « Le prediche di Domenica da Paradiso », *op. cit.*, p. XXXIV-XXXVII.

48 *Ibid.*, p. 73. Isabella Gagliardi souligne quatre caractéristiques de son don prophétique : « la profezia compare nel suo significato più complesso e completo, quindi sia quale narrazione delle cose future, sia quale restituzione della parola ricevuta direttamente da Dio ; il fatto che il profeta non può non adempiere alla volontà divina e dunque il suo operato è assolutamente carismatico ; il profeta è posto quale guida delle azioni umane nella storia affinché siano dentro la volontà di Dio ; il nesso tra profezia e discernimento degli spiriti perché il profeta conosce, attraverso Dio, gli animi umani. Il tutto condotto secondo gli schemi della più rigorosa "filologia" tomista » (« la prophétie apparaît dans son sens le plus complexe et le plus complet, donc à la fois comme narration des choses futures et comme restitution de la parole reçue directement de Dieu ; le fait que le prophète ne peut manquer d'accomplir la volonté divine et que son œuvre est donc absolument charismatique ; le prophète est placé comme un guide des actions humaines dans l'histoire, afin que celles-ci soient dans la volonté de Dieu ; le lien entre prophétie et discernement des esprits, car le prophète connaît, par Dieu, l'âme humaine. Le tout conduit selon les schémas de la "philologie" thomiste la plus rigoureuse »), I. Gagliardi, *Sola con Dio*, *op. cit.*, p. 204.

des années à avancer des hypothèses apocalyptiques[49]. Le don de prophétie est ramené à la volonté divine. Ainsi, dans la lettre défensive de 1519, il est dit que Domenica a été appelée par Dieu alors qu'elle était enfant : « mi chiamò ch'io non havevo anchora cinqu'anni, ch'io servissi a·llui et non mi mostrò mai né disse ch'io havessi havere qua riposo, ma a patire e a combattere con le demonia et con gl'homini, mostrandomi che lui non ci si riposò mai et io non mi sbigottii, ma offersimi a·llui[50] ». Sa première réaction face aux expériences mystiques est rationnelle, de mise en doute : ces visions pourraient-elles être des tentations démoniaques ? C'est pourquoi elle exerce sur elles un contrôle dont il est dit qu'il lui a été enseigné par la Vierge : elle apostrophe l'apparition à trois reprises avec la formule : « Adiuro te ex parte Dei ut dicas mihi quis es », puis invoque la bénédiction de Dieu « trinus et unus », la priant afin de comprendre s'il s'agit d'une vision diabolique ou céleste[51]. Ses paroles révèlent aussi les craintes qu'éveille cette faculté, qui l'oblige à un témoignage sans relâche : « Quando mi è letto quel ch'io ho dittato, tremo, perché veggo e

49 La bibliographie sur le prophétisme de Savonarole et de ses disciples est vaste. Voir surtout l'introduction de Claudio Leonardi dans Girolamo Savonarola, *De veritate prophetica dyalogus. Verità della profezia*, éd. C. Leonardi, trad. O. Bucci, Florence, SISMEL, 1997 ; L. Lunetta, « La figura del profeta in Angelo da Vallombrosa, Girolamo Savonarola e Giorgio Benigno Salviati », *Studi Savonaroliani*, *op. cit.*, p. 85-92 ; S. Toussaint, *Profetare alla fine del Quattrocento*, ivi, p. 167-181 ; *Verso Savonarola : misticismo, profezia, empiti riformistici fra Medioevo ed età moderna*, éd. G. C. Garfagnini, G. Picone, Florence, SISMEL-Edizioni del Galluzzo, 1999 ; pour les différentes positions de Domenica, voir T. Herzig, *Le donne del Savonarola*, *op. cit.*, p. 46-49.

50 « Il m'a appelé alors que je n'avais pas encore cinq ans afin que je le serve, et il ne m'a jamais montré ou dit que j'aurai ici du repos, mais plutôt à souffrir et à me battre contre les démons et les hommes, me montrant que Lui ne se reposait jamais, et je ne fus pas effrayé, mais m'offrit à Lui », A. Valerio, « "Et io expongo le Scripture" », *op. cit.*, p. 514. Voir aussi I. Gagliardi, *Sola con Dio*, *op. cit.*, p. 20-21.

51 « Je t'adjure au nom de Dieu de me dire qui tu es », Dieu « trine et un », Domenica da Paradiso, *Scritti spirituali*, *op. cit.*, II, p. 63 ; *cf.* I. Gagliardi, *Sola con Dio*, *op. cit.*, p. 20-21. Un exemple de cette précaution enregistrée à un âge avancé, une vision de 1526, se trouve dans le sermon VII dans R. Librandi, A. Valerio, *I sermoni di Domenica da Paradiso*, *op. cit.*, p. 68-69 : « Entrorno dentro tutti vestiti lungi a uso dottori. Entrati dentro, feci la scongiurazione e dissi : "Io vi scongiuro da parte de l'onipotente Dio che voi mi diciate chi voi siate e quel che andate facendo" » (« Ils entrèrent tous vêtus comme des docteurs. Une fois à l'intérieur, je prononçais la formule de conjuration et dis : "Je vous conjure au nom de Dieu Tout-Puissant de me dire qui vous êtes et ce que vous faîtes" ». Dans le *Dialogo* aussi, elle examine à plusieurs reprises la frontière entre événements divins et démoniaques, *cf.* Domenica da Paradiso, *Scritti spirituali*, *op. cit.*, II, p. 117, 132, 159.

conosco ch'io non arò scusa alcuna, perché sono tenuta a mettere in opera quel che Dio mi fa parlare[52] ».

Mais le contrôle se fait aussi par la confrontation avec les Saintes Écritures. Il est dit qu'elle se faisait lire l'évangile la veille de ses prêches. De fait, comme nous l'avons vu, les Saintes Écritures apparaissent souvent dans les discours qui lui sont attribués, parfaitement amalgamées avec d'autres arguments, comme si elles avaient été profondément intériorisées :

> *Però non vi meravigliate di qualche expositione fatta per me di nuovo perché Dio eterno non ha fatto le cose sue a un tratto. Non detto contra la Bibbia, non tocco i testi de la Scriptura, non gli biasimo, non gli danno, ma laudogli, perché son dettati da Lui ; è pane di Christo, mangio anch'io perché trovo che m'invita, perché egli invita ogniuno. Vorrebbe che ognuno parlasse di lui et hallo caro. Et io parlo di lui, non danno, ma qualche parola et senso che lui mi mette in bocca, lo dico : è adornamento, non è falsare la Scriptura. Quando e predicatori predicano, predicano eglino semplicemente gli evangelli et le epistole che occorrono et non altro ? No, né predicherebbono parecchi per mattina. Ma tocco che gl'hanno e sensi di quelli, fanno poi le allegorie, expiannano el pane*[53]*, spezonlo et tolgono e corbegli de la multiplicatione che è detta di sopra, et danno a mangiare a populi con nuove allegorie, nuovi sensi, chiamano le pecorine et a chi danno un'erba et a chi un'altra.* [...] *Potrestemi dire : « Che ti bisognia di scrivere, chi ti stringe ? Essendoci tanti dottori che hanno scripto ? ». Rispondo che mi strigne la fame et la sete del mio Signior* [...] *Bisogna porre richiamo a lui et se lui mi darà silentio, tacerò, obbedirò. Et farò come il bue, andrò ragumando quel che ho mangiato, et penserò a la bontà sua et a lui chinerò el capo*[54].

---

52 « Quand on me lit ce que j'ai dicté, je tremble, car je vois et sais que je n'ai aucune excuse, car je suis tenue de mettre en œuvre ce que Dieu me fait dire », A. Valerio, « "Et io expongo le Scripture" », *op. cit.*, p. 530 ; *cf.* I. Gagliardi, *Sola con Dio*, *op. cit.*, p. 169.

53 *Cf.* I. Gagliardi, *Sola con Dio*, *op. cit.*, p. 230.

54 « Mais ne vous étonnez pas des expositions que je continue de faire, car Dieu éternel n'a pas fait les choses en un instant. Je ne parle pas contre la Bible, je ne touche pas aux textes de l'Écriture, je ne les blâme pas, je ne les condamne pas, mais je les loue, car ils sont dictés par Lui ; c'est le pain du Christ, je le mange moi aussi, car je considère qu'il m'invite, car il invite chacun. Il voudrait que tout le monde parle de lui et le chérisse. Et moi, je parle de lui, je ne condamne pas, mais certaines des paroles et des significations qu'il met dans ma bouche, je le dis : c'est de l'ornement, cela ne fausse pas l'Écriture. Quand les prédicateurs prêchent, prêchent-ils simplement les évangiles et les épîtres du jour et rien d'autre ? Non, sinon ils ne prêcheraient pas en si grand nombre en une matinée. Mais, une fois qu'ils en ont abordé la signification, ils en donnent une interprétation allégorique, ils aplanissent le pain, le rompent et en retirent les corbeilles de la multiplication susdite, et ils donnent à manger au peuple avec de nouvelles allégories, de nouveaux sens, ils appellent les brebis et donnent à celle-ci une herbe et à celle-là une autre. [...] Vous pourriez me dire : "Quelle nécessité as-tu d'écrire, qu'est-ce qui t'y pousse, puisque tant de docteurs ont écrit ?". Je réponds que la faim et la soif de mon Seigneur m'y poussent [...] C'est lui qu'il faut appeler et si lui me dira de me taire, je me tairai, j'obéirai. Et je ferai comme le bœuf, j'irai ruminant ce que

Pour Domenica, ceux qui veulent apprendre doivent lire et étudier, elle recommande à ses disciples de « leggere e meditare le divine Scritture, e queste ogni persona ancorché rozza e ignorante le può leggere, cioè scrutare e meditare[55] ». Les constitutions de l'ordre qu'elle a fondé indiquent que les sœurs doivent apprendre à lire, quiconque ne le fait pas tous les jours est même puni : « Ogni dì andate tre volte ad imparare a leggiere a chi vi sarà ordinato et per ciascun dì chi manchassi senza licentia habbi a mangiare in terra pane e acqua[56] ». La conscience que l'Écriture sainte doit être connue et interprétée apparaît profonde. Accusée de ne pas être autorisée à interpréter l'Écriture, Domenica utilise le passage bien connu de saint Paul, « Mulieres in ecclesia taceant » (I Co 14, 34), défendant au contraire le droit de parole des femmes à l'église, malgré le fait qu'un interdit théologique et juridique pesait sur la prédication féminine (*Decretum Gratiani*, I, 23-29)[57] :

---

j'ai mangé, et je penserai à sa bonté et devant lui je baisserai la tête », A. Valerio, « "Et io expongo le Scripture" », *op. cit.*, p. 530-531 ; *cf.* I. Gagliardi, *Sola con Dio*, *op. cit.*, p. 211.

55 « lire et méditer les divines Écritures, et toute personne, bien que rustre et ignorante, peut les lire, c'est-à-dire les scruter et les méditer », A. Valerio, « "Et io expongo le Scripture" », *op. cit.*, p. 528.

56 « Chaque jour, allez trois fois apprendre à lire aux personnes qu'on vous dira et chaque jour ceux qui y manqueront mangeront par terre du pain et de l'eau » : cette règle est la cinquième des *Costituzioni* qu'on peut lire dans I. Gagliardi, *Sola con Dio*, *op. cit.*, p. 355-358 : 356. Sur les femmes lectrices et éditrices à Florence, voir A. Valerio, « Le prediche di Domenica da Paradiso », *op. cit.*, p. XXXIV-XXXV ; K. Gill, *Women and the Production of Religious Literature in the Vernacular, 1300-1500*, dans *Creative Women in Medieval and Modern Italy. A Religious and Artistic Renaissance*, éd. E. A. Matter, J. Coakley, Philadelphie, University of Pennsylvania Press, 1994, p. 64-104. Sur l'apprentissage de la lecture et de l'écriture de la part des femmes à cette époque, on peut lire : Chr. Klapisch-Zuber, « Le chiavi fiorentine di Barbablù. L'apprendimento della lettura nel secolo XV », *Quaderni storici*, 57, 1984, p. 111-171 ; L. Miglio, « Leggere e scrivere il volgare : sull'alfabetismo delle donne nella Toscana tardomedievale », dans L. Miglio, *Governare l'alfabeto. Donne, scrittura e libri nel Medioevo*, Rome, Viella, 2008, p. 57-76 ; J. Bryce, « Les livres des Florentines. Reconsidering Women's Literacy in Quattrocento Florence », dans *At the Margins. Minority Groups in Premodern Italy*, éd. S. J. Milner, Minneapolis, University of Minnesota Press, 2005, p. 133-161 ; S. Corbellini, « The Voice of Silence : Women, Books and Religious Reading in the Late Medieval European Urban Environment », dans *Ser mujer en la ciudad medieval europea*, éd. J. A. Solorzano Telechea, B. Arizaga Bolumburu, A. Aguiar Andrade, Logroño, IER, 2013, p. 457-474 ; T. Plebani, « Scritture di donne nel Rinascimento italiano », dans *Il Rinascimento Italiano e l'Europa*. Volume secondo. *Umanesimo ed Educazione*, éd. G. Belloni, R. Drusi, Trévise, Angelo Colla, 2007, p. 243-263 ; T. Plebani, *Il « genere » dei libri. Storie e rappresentazioni della lettura al femminile e al maschile tra Medioevo ed età moderna*, Milan, Franco Angeli, 2001, p. 39-40 ; X. von Tippelskirch, *Sotto controllo. Letture femminili in Italia nella prima età moderna*, Rome, Viella, 2011, p. 46-55.

57 « Que les femmes se taisent dans l'église » (I Co 14, 34), voir I. Gagliardi, *Sola con Dio*, *op. cit.*, p. 213-215. *Cf. Women Preachers and Prophets, Through Two Millenia of Christianity*, éd. E. Mayne Kienzle, P. J. Walker, Berkeley, University of California Press, 1998.

Io farò come disse san Paulo, che quando lui predicava, quelle donne che havevono udito la predica sua facevano rumore e strepito e parlavano, e san Paulo disse ch'elle tacessino in chiesa e tornassino a casa, e domandassino a' lor mariti, e facessonsi dire quel ch'elle non intendevano. Et a quel modo disse che la donna tacesse e non facesse le prediche in chiesa. Et io uso andare in casa al mio sposo, quando io sento qualche cosa ch'egli ha ditto, lui o qualcun altro [...]. Però ricorro a te, altissimo Dio e dico : « Domine, labia mea aperies et os meum annuntiabit laudem tuam : priegoti, Signore, che tu apra le labra mia, a ciò che io dica le laude tue ». Quando io vengo a te che io ho udito qualche evangelio e qualche parabola che tu hai ditta, mi si rapresenta un mare magno che corre per tutto 'l mondo ; e questo veggo che significa, perché de la bocca tua è escito un mare per dar da bere e rinfrescare e populi[58].

Le droit des femmes de parler en public, selon Domenica, est confirmé par une vision qui eut lieu après ce sermon et dans laquelle, dit-on, saint Paul apparut à Domenica pour la conforter d'avoir correctement interprété ses paroles, affirmant que Dieu utilise de nombreux outils, dont la femme, pour son œuvre de salut[59]. Elle-même se définissait « madre cicala » (« mère cigale »)[60], en raison du don de la parole qui chez elle était fluide et abondante au point de parfois devenir chant. Alors qu'en général un spasme contracte le langage mystique et le défigure[61], dans

58 « Je ferai comme a dit saint Paul, quand, alors qu'il prêchait, les femmes qui avaient écouté son sermon faisaient du bruit et criaient et parlaient, et saint Paul dit qu'elles devaient se taire à l'église et rentrer chez elles, pour questionner leurs maris, et se faire dire ce qu'elles ne comprenaient pas. C'est en ce sens qu'il dit que la femme devrait se taire et ne devrait pas prêcher à l'église. Quant à moi, j'ai l'habitude de rentrer chez moi, auprès de mon mari, quand j'entends quelque chose qu'il a dit, lui ou quelqu'un d'autre [...]. C'est pourquoi je me tourne vers toi, très haut Dieu, et je dis : "Domine, labia mea aperies et os meum annuntiabit laudem tuam : je te prie, Seigneur, d'ouvrir mes lèvres, afin que je dise tes louanges". Quand je viens à toi parce que j'ai entendu quelque évangile et quelque parabole que tu as dite, je me représente une grande mer qui traverse le monde entier ; et je vois ce que cela signifie, car de ta bouche est sortie une mer pour donner à boire aux peuples et les désaltérer », R. Librandi, A. Valerio, *I sermoni di Domenica da Paradiso*, *op. cit.*, p. 143-144. Domenica cite en latin le psaume 50, 17. Cette idée est répétée dans la lettre à Caterina Cibo, voir I. Gagliardi, *Sola con Dio*, *op. cit.*, p. 213-214.

59 R. Librandi, A. Valerio, *I sermoni di Domenica da Paradiso*, *op. cit.*, p. 157-159.

60 A. Valerio, « Le prediche di Domenica da Paradiso », *op. cit.*, p. XXVII.

61 Sur le langage mystique, voir l'introduction de C. Ossola, « La parola mistica », dans *Mistici italiani dell'età moderna*, Turin, Einaudi, 2007, p. VII-L ; P. Dinzelbacher, « Visioni e profezie », dans *Lo spazio letterario del medioevo*. I. II, éd. G. Cavallo, C. Leonardi, E. Menesto, Rome, Salerno, 1992, p. 649-687 ; C. Frugoni, « La mistica femminile nell'iconografia delle visioni », dans *Temi e problemi di mistica femminile trecentesca. Atti del convegno di Todi, 14-17 ottobre 1979*, Todi, Accademia Tudertina, 1983, p. 137-180 ; M. De Certeau, « L'enunciazione mistica », dans *id.*, *Il parlare angelico. Figure per una poetica della lingua.*

le cas de Domenica la vision engendre plutôt la glossolalie. Ses paroles se composent souvent de vers simples, qui semblent faire écho à ceux des laudes de la même époque, comme nous le lisons à la fin de la lettre contre les « murmureurs », pour ne donner qu'un seul exemple :

> *Però vi voglio tutti invitare a la croce a bere et mangiare. Deh, su forte tutti correte et la croce abbraccerete, Iesù Cristo troverete, salti e canti farete, in sempiterno goderete. Su è tempo di saltare et la croce contemplare. Ella è l'arme del Signiore, è un magno gonfalone. Su con essa vi segniate et il diavolo scacciate. Quando la croce lui vedrà, fuggirà e striderà, quando voi gran fede harete et per quella opererete, tutto 'l mondo lascerete, certo un gran tesoro harete. Questo mondo è vento e foglia, assai dà gran doglia, et chi lascia questa scoglia et piglia l'arme potente, fassi beffe della gente. Egli acquista un gran tesoro, non s'accosta punto a l'oro*[62].

Dans les visions, Domenica récupère aussi son passé, non pas pour s'attarder sur elle-même, mais pour montrer à travers ses souvenirs personnels l'action de la providence divine. Dans le *Dialogo*, la voix du Père éternel interprète un épisode de son enfance : « infin di nove anni, quando tua madre ti mandò al fiume per le legnie, volendo passare, fusti gittata nel mezzo del fiume dal demonio et fusti cavata da l'angelo[63] ». À travers ces mots placés dans la bouche du Père éternel, la vision explique un événement individuel comme le résultat d'une action démoniaque, puis d'une intervention divine, qui ont agi dans la vie de Domenica pour finalement révéler le soin que Dieu prend d'elle. Dans l'un des récits d'apparitions datant d'environ 1493-1494, c'est un épisode de sa jeunesse qui est lu à la lumière du plan que Dieu a conçu pour elle :

Secoli XVI-XVII, trad. it. D. De Agostini, préface de C. Ossola, Florence, Olschki, 1989 ; A. Bartolomei Romagnoli, *Fabula picta. Le forme visive del linguaggio mistico*, Rome, Viella, 1997.

62 « Mais je veux vous inviter tous à la croix pour boire et manger. Allez, courez tous à la croix que vous embrasserez, vous trouverez Jésus-Christ, vous exulterez et chanterez, vous jouirez éternellement. Allez, il est temps d'exulter et de contempler la croix. C'est l'arme du Seigneur, c'est une bannière magnifique. Allez, signez-vous de ce signe et chassez le diable. Quand il verra la croix, il fuira et criera ; quand vous aurez une grande foi et agirez par elle, quand vous quitterez le monde, il est certain que vous aurez un grand trésor. Ce monde n'est que vent et feuille, il n'offre que grande douleur, et quiconque quitte ce rocher et se saisit de l'arme puissante se moque des gens. Il acquiert un grand trésor, il ne s'approche pas de l'or », A. Valerio, « "Et io expongo le Scripture" », *op. cit.*, p. 534.

63 « à l'âge de neuf ans, un jour que ta mère t'envoya au fleuve pour le bois, voulant passer, tu fus jetée au milieu du fleuve par le démon et en fus retirée par l'ange », Domenica da Paradiso, *Scritti spirituali*, *op. cit.*, II, p. 124.

Ancor tu chiedi a tua madre di nasconderti in un monastero per fuggire i peccati : e piangi e sospiri, perché non fosti chiusa nel latte e nelle fasce : non pianger più. Entra in quel cambio nel monastero sacro delle braccia e del cuor mio, e lasciati governare da me. Sì, entrerai nel monastero, lo vedrai, imparerai, ma non potrai durare. Piangerai e ti lamenterai di me, vorrai fuggire ed io ti spennerò l'ali, perché tu non fugga. Sarai come gallina, che raccoglie i pulcini sotto l'ali, madre di molti, e le nutrirai con l'esempio e difenderai con le orazioni e con i consigli dagli uccelli rapaci d'inferno, ed io pagherò con un prezzo copioso e ammirabile. Intanto vola con l'ali ch'io t'ho insegnate, e riposerai in me[64].

La comparaison domestique et rurale, qui n'a certainement pas été suggérée par un père spirituel, illustre la cohérence des stratégies discursives que rapportent les transcripteurs, nous laissant à nous, interprètes, moins de doutes sur l'authenticité des paroles attribuées à la mystique. Sa parole résulte de compétences rhétoriques qui assimilent son expérience quotidienne à sa culture biblique et peut-être même en partie littéraire[65].

Un souvenir personnel, qui n'est bien sûr pas rappelé par complaisance, mais pour décrire l'ivresse mystique au moyen d'images sensibles, nous semble particulièrement émouvant :

Io vidi una volta una mia sirocchina, fanciullina piccola, la quale, trovando in su la tavola un mezo quarto di vin cotto che era molto gagliardo, et era rimaso quivi a caso con parecchi bicchier voti non se n'avedendo la brigata, andò quivi e cominciò, come fanno e fanciulli, a trassinare que' bicchieri e empiergli di quel vino, e bevve molto bene. [...] *Cadeva, percotevasi, alhora alhora si rizava e faceva el medesimo ;*

64 « Toi aussi tu demandes à ta mère de te cacher dans un monastère pour fuir les péchés : et tu pleures et soupires, pour ne pas être prisonnière du lait et des langes : ne pleure plus. Entre plutôt dans le monastère sacré de mes bras et de mon cœur, et laisse-toi gouverner par moi. Oui, tu entreras dans le monastère, tu le verras, tu apprendras, mais tu ne pourras pas durer. Tu pleureras et te plaindras de moi, tu voudras t'échapper, mais moi j'arracherai tes ailes, pour que tu ne fuies pas. Tu seras comme une poule qui recueille ses poussins sous ses ailes, la mère de nombreux petits, et tu les nourriras par l'exemple et tu les défendras par tes prières et tes conseils des rapaces de l'enfer, et je paierai un prix fort et admirable. En attendant, vole avec les ailes que je t'ai enseignées, et repose-toi en moi », Domenica da Paradiso, *Pedagogia divina*, dans *id.*, *Scritti spirituali*, *op. cit.*, II, p. 284. *Cf.* I. Gagliardi, *Sola con Dio*, *op. cit.*, p. 18.

65 Il s'agit bien là d'une culture dérivée de l'oralité. Il ne faut pas oublier que Florence à cette époque était le théâtre de nombreux spectacles de sujet biblique, dont la fréquence est attestée par une riche production éditoriale, mais aussi par la récitation de *cantari* place San Martino, dont le sujet pouvait être biblique, outre que chevaleresque, tiré de nouvelles, mythologique. Voir P. Ventrone, *Lo spettacolo religioso a Firenze nel Quattrocento*, Milan, Università Cattolica del S. Cuore, 2008.

> *bench'ella percotessi el capo, la fronte o la bocca, non se ne curava, non sentiva. Noi ci maravigliavamo; ponemo mente : trovammo là e bichieri col vino ch'el'haveva mesciuto e quel mezo quarto posti quivi in su la tavola, a caso qua e là. Avedemoci ch'el'haveva bevuto molto bene e che era inebriata, portamola in sul letto; e quivi dormì lungamento un gran sonno. Ecco quel che fa l'essere ebrio*[66].

L'ivresse dont Domenica veut rendre les sensations n'est même pas une ivresse mystique, mais simplement celle que lui dicte l'amour de Dieu : « favellerete con nuove lingue, con lingue di fuoco canterete nuovi canti, nove laude con altro gusto, con magior fervore [...] escirete di casa, escirete di voi, correrete, non penserete altro che a Iesù[67] ». La liste des effets de l'amour de Jésus se poursuit dans une touchante accumulation avant de déboucher sur la considération de la légèreté qu'elle apporte, qui fait que l'on ne ressent ni fatigue ni douleur, « perché chi è ebrio non sente nulla[68] ».

Une caractéristique toute personnelle de cette femme, qui s'adonna aux travaux manuels, surtout agricoles, est un langage dense, gros de comparaisons et de métaphores. Nous pourrions donner de nombreux exemples, nous n'en choisirons qu'un seul, dérivé de la *Vision du tabernacle*, où elle fait parler le Christ, en amplifiant la métaphore évangélique des brebis comme disciples :

> *Le povere pecorelle mentre che le si vedono esser guidate ne le pasture buone et le son condotte all'inferno, perché tutti i pastori con i lor principe insieme sono infermi e fanno assai male e della infirmità loro le sua pecorelle ancora infettano talmente che così inferme abbandonano la allegra et buona pastura, perché l'hanno perso il gusto*

66 « Je vis un jour une de mes petites sœurs, une toute petite enfant, qui, trouvant sur la table un quart de vin cuit très fort, qui était resté là par hasard avec plusieurs verres vides, sans que les autres ne s'en aperçoive, s'en approcha et commença, comme font les enfants, à tirer à elle les verres pour les emplir de vin, et elle but abondamment. [...] Elle tombait sans cesse, se cognait et se relevait aussitôt : bien qu'elle se cognât la tête, le front ou la bouche, elle ne s'en souciait pas, elle ne sentait rien. Quant à nous, nous nous étonnions : nous trouvâmes là-bas les verres, avec le vin qu'elle avait versé, et le demi-quart, posés sur la table. Nous nous aperçûmes qu'elle avait bu abondamment et qu'elle était ivre, nous la portâmes dans son lit, et elle dormit longtemps d'un sommeil profond. Voilà l'effet de l'ivresse », R. Librandi, A. Valerio, *I sermoni di Domenica da Paradiso*, *op. cit.*, p. 42-43.

67 « vous parlerez avec de nouvelles langues, avec des langues de feu vous chanterez de nouvelles chansons, de nouvelles laudes avec un autre plaisir, avec une plus grande ferveur [...] vous quitterez votre maison, vous vous quitterez vous-mêmes, vous courrez, vous ne penserez à rien d'autre qu'à Jésus », *ibid.*, p. 43.

68 « car qui est ivre ne sent rien », *ibid.*, p. 41.

loro. Io sono quella buona et allegra pastura, ma non gustono et non pascono l'erbe mia, ma erbe aride et corrotte pascono et fradice [...][69].

Les observations sur la vie animale nourrissent aussi des allégories qui peuvent dériver de textes littéraires, comme les bestiaires, qui apparaissent en filigrane dans la lettre aux « murmureurs », au moment d'interpréter les figures présentes dans l'épisode de l'arche, le corbeau et la colombe : « el corvo significa l'homo sensale et appicato al mondo », « questa colomba significa el servo, la serva di Dio[70] », qui semblent reprendre les interprétations de l'*Esopo toscano dei frati e dei mercanti* (*Ésope toscan des moines et des marchands*), un texte largement diffusé à Florence du fait aussi de l'usage qu'en faisait les prédicateurs en chaire[71].

Ainsi, Domenica apparaît comme un exemple de la relation directe des laïcs au texte sacré qui était l'objectif de l'humanisme, surtout à Florence. Sa simplicité ne l'a d'ailleurs pas empêchée de côtoyer les intellectuels de l'époque : autour de la communauté féminine qu'elle constitua gravitaient des humanistes comme Sante Pagnini et Domenico Benivieni, lesquels prêtaient attention à la « dimensione mistica della fede, che relativizza le speculazioni dotte degli intellettuali[72] ». Toutefois, elle dût faire face à de nombreuses persécutions, à commencer par l'interdiction de se rendre à l'église du monastère de Santa Brigida en 1499, peut-être du fait qu'on la considérait comme une disciple de Savonarole[73]. En 1501, elle fut convoquée par le tribunal

69 « Les pauvres brebis, tandis qu'elles sont menées dans les bons pâturages, sont conduites en enfer, parce que tous les pasteurs ainsi que leur prince sont indisposés et pleins de maux, et que de leur mal ils infectent leurs brebis au point que, toutes malades, elles abandonnent leur bon et gai pâturage, car elles ont perdu le goût. Je suis ce bon et gai pâturage, mais ils ne goûtent pas mon herbe, ni ne la paissent, mais broutent des herbes desséchées, gâtées et pourries [...] », Domenica dal Paradiso, *Scritti spirituali*, II, p. 229.

70 « le corbeau représente l'homme sensuel et attaché au monde », « cette colombe représente le serviteur ou la servante de Dieu », A. Valerio, « "Et io expongo le Scripture" », *op. cit.*, p. 526.

71 *Esopo toscano dei frati e dei mercanti*, éd. V. Branca, Venise, Marsilio, 1989, p. 38.

72 « dimension mystique de la foi, qui relativise les spéculations savantes des intellectuels », A. Valerio, « Le prediche di Domenica da Paradiso », *op. cit.*, p. XX. Sur ses rapports avec une disciple d'exception, Caterina Cibo, voir A. Valerio, « Caterina Cibo e la spiritualità savonaroliana attraverso il magistero di Domenica da Paradiso », dans *Munera parva. Studi in onore di Boris Ulianich*, éd., G. Luongo, Naples, Fridericiana Editrice Universitaria, 1999, II, p. 141-154.

73 Ses rapports avec Savonarole sont étudiés dans I. Gagliardi, *Sola con Dio*, *op. cit.*, p. 3-99 ; T. Herzig, *Le donne del Savonarola*, *op. cit.*, *passim* ; L. Polizzotto, « When Saints Fall Out »,

archiépiscopal car on la soupçonnait d'hétérodoxie[74] et, en 1507, on lui refusa la communion[75]. Si l'on sait peu de choses sur ces accusations, même si elles peuvent être reconstituées à partir des écrits portant sur elle, l'épisode au cours duquel elle fut accusée de porter abusivement l'habit dominicain, en 1509, est mieux connu. L'accusation, portée devant l'évêque, donna ensuite lieu à la constitution de son ordre, qui reprend en effet l'habit dominicain, mais avec une croix rouge sur la poitrine comme distinction[76].

Plus significative est l'attention qu'elle reçut du camaldule Pietro Querini, qui, à l'occasion du chapitre métropolitain de son ordre, tenu à Florence en 1513, devint si méfiant à l'égard de Domenica qu'il voulut qu'elle soit poursuivie par l'Inquisition. Seule la mort de Querini, survenue soudainement en 1514, sauva la femme d'un procès qui aurait pu être très dangereux[77]. Mais Domenica ne se soucia pratiquement pas de cet événement. L'événement qui la vit davantage impliquée fut sa dénonciation pour hérésie auprès du tribunal diocésain par le dominicain Tommaso Caiani en 1519[78]. Certaines de ses propositions furent jugées hérétiques et elle subit un procès. Ce fut à cette occasion qu'elle écrivit la longue défense qui constitue la réponse à ses « murmureurs », que nous avons plusieurs fois citée. Toutefois, elle sortit à nouveau indemne de ces accusations.

Le renouveau spirituel auquel Domenica appelait s'adressait à la communauté ecclésiale dans son ensemble, qu'elle souhaitait voir guidée par de bons pasteurs, comme le demande l'Évangile. Les accusations adressées à l'Église de son temps, qui s'inscrivent bien dans le sillage des prophéties de Savonarole, résultaient d'un jugement précis porté sur les erreurs commises par l'Église au cours de l'histoire, lesquelles avaient nourri la prophétie depuis ses origines. Mais les textes que Domenica dicta présentent aussi un intérêt spécifique, lié à sa personnalité propre : les passages où les souvenirs de son enfance et les évocations du labeur agricole viennent s'unir

op. cit., p. 504-520.

74 *Cf.* I. Gagliardi, *Sola con Dio*, *op. cit.*, p. 38.

75 *Cf. ibid.*, p. 76 et s.

76 *Cf. ibid.*, p. 91 et s. ; T. Herzig, *Le donne del Savonarola*, *op. cit.*, *passim*.

77 *Cf.* Gagliardi, *Sola con Dio*, *op. cit.*, p. 186-191.

78 *Cf. ibid.*, p. 191-197.

à l'herméneutique biblique rendent en effet singulière une parole révélatrice de la force de cette femme, qui, bien qu'ayant grandi sans instruction, était capable d'articuler de manière convaincante des questions théologiques complexes.

Erminia Ardissino
Università degli Studi di Torino

MADAME ACARIE, UNE FONDATRICE SANS FONDATION

Le nom de Barbe Acarie – Madame Acarie – occupe objectivement une place éminente dans l'Histoire du Carmel thérésien de France, comme en témoigne notamment une abondante littérature de référence : elle est, en effet, la première fille de sainte Thérèse d'Avila à connaître les honneurs de la béatification (1791). Pourtant, la figure de Madame Acarie se trouve aujourd'hui nettement occultée, recouverte d'un voile d'ignorance voire d'indifférence : inconnue du grand public, elle est quasiment oubliée ; il suffit de rappeler que Sainte Thérèse de l'Enfant-Jésus (1873-1897), de Lisieux, tout comme la bienheureuse Élisabeth de la Trinité (1880-1906), de Dijon, ne citent pas une seule fois, du moins dans leurs écrits parvenus jusqu'à nous, leur « vraie mère et fondatrice ». Dans leurs monastères dits de « l'Ordre en France », elles devaient, normalement chaque 18 avril, fêter sous une forme ou une autre, la bienheureuse Marie de l'Incarnation, unique carmélite française béatifiée jusqu'alors. Or, il n'en est rien : d'autres figures, dont celle du cardinal de Bérulle, ont sans doute contribué à éclipser celle qui avait œuvré discrètement à la venue des carmélites en France[1].

Si son rôle de fondatrice a pu être contesté, en revanche, ce qui ne l'a jamais été fut son intense vie mystique, ouvrant et sur l'extraordinaire – elle fut la première française stigmatisée reconnue officiellement, et sur l'ordinaire – : celui des vertus. Comme le souligne Henri Bremond :

> Les contemporains de Mme Acarie ont *trouvé* en elle la vive image de cette vie sublime vers laquelle, en ce temps-là, des âmes sans nombre se sentaient confusément appelées. Ses extases n'étaient pour les uns et pour les autres

1 Elle est dotée en outre d'une homonyme qui lui est contemporaine (1599-1672), Marie Guyart, ursuline tourangelle partie évangéliser le Québec, canonisée par le pape François le 3 avril 2014. À son sujet, voir dans ce volume la communication de T. Nadeau-Lacour, p. 167.

> qu'un signe, ce qu'est une lumière au voyageur qui cherche son chemin dans la nuit[2].

De fait, sa vie spirituelle contient une face extraordinaire : des extases proches de celles de Thérèse d'Avila, les stigmates, et une face ordinaire : un début mondain qui la rapproche de sainte Jeanne de Chantal, dont elle est la stricte contemporaine, puis une mise en place de vertus héroïques, dont l'humilité apparaît fondamentale et rejoint quelque peu la dimension néantiste de la mystique abstraite. Elle offre ainsi un portrait assez complet des facettes de la mystique féminine.

LA VIE

QUELQUES TRAITS BIOGRAPHIQUES

Barbe Avrillot naît le 1er février 1566, à Paris, dans une famille d'ancienne noblesse. Pensionnaire à l'abbaye de Longchamp (1577-1580), elle y ressent une vocation religieuse, à laquelle s'opposent ses parents. À 16 ans et demi, elle épouse Pierre Acarie, seigneur de Montbrost et de Roncenay, conseiller à la Chambre des comptes, dévot intransigeant, adhérent fervent de la « Sainte Ligue » pendant les dernières guerres de Religion. Six enfants (trois garçons et trois filles) naissent de ce mariage d'obéissance devenu mariage d'amour.

Son mari, ayant été exilé par le roi Henri IV en 1594, elle connaît pendant les quatre années suivantes de nombreuses épreuves. En 1598, elle obtient, du Roi, la grâce de son mari, et dès 1599, l'hôtel Acarie, rue des Juifs, devient l'un des centres les plus importants du réveil de la spiritualité catholique au XVIIe siècle. Il attire tout le Paris dévot. Avec l'aide de son entourage et grâce à ses relations, elle introduit le Carmel réformé en France (deux anciennes compagnes de Thérèse d'Avila, Anne de Jésus et Anne de Saint-Barthélemy). Le premier carmel français est établi à Paris au faubourg Saint-Jacques,

2 H. Bremond, *Histoire littéraire du sentiment religieux en France, depuis la fin des guerres de religion jusqu'à nos jours*, 12 tomes, Paris, Bloud & Gay, 1915-1933, t. II, 1923, ch. IV : « Madame Acarie et le Carmel », p. 260.

le 18 octobre 1604, et moins de trois mois après, celui de Pontoise, le 15 janvier 1605.

Au moment du décès de son mari, en novembre 1613, ses trois filles sont déjà carmélites depuis plusieurs années, son fils aîné est marié et ses deux autres fils entrés en religion. Libre de tous liens familiaux, Madame Acarie sollicite et obtient la grâce de devenir sœur converse au carmel d'Amiens, sous le nom de Marie de l'Incarnation. Transférée, officiellement pour raison de santé, au carmel de Pontoise, elle y meurt le 18 avril 1618, ayant vécu 48 ans dans le monde et quatre ans en religion. Rapidement, des faits miraculeux se produisent en abondance à son tombeau. Aussi son fils Pierre, qui est prêtre, demande dès 1622 l'ouverture d'une enquête pouvant mener à la canonisation de sa mère. Ce procès n'aboutira qu'en 1791, faisant de la sœur Marie de l'Incarnation la première fille de sainte Thérèse d'Avila à connaître les honneurs de la béatification.

LE SALON ACARIE : UN SALON NON PAS LITTÉRAIRE MAIS SPIRITUEL

Durant les années 1599-1604, ce salon représente un cas unique, qu'on a pu définir comme une « centrale » de la restauration catholique ; il est, en effet, fréquenté par une palette de riches personnalités tant par leur niveau religieux que social. S'y côtoient des religieux (bénédictins, chartreux, capucins, feuillants), des théologiens, docteurs en Sorbonne, des clercs séculiers, voire même un évêque nommé François de Sales, des magistrats, des dames influentes à la Cour, de pieuses femmes de la bourgeoisie, plus tard le confesseur du roi. Nous y trouvons ainsi réunis Monsieur de Bérulle, son cousin, fondateur de l'Oratoire en France ; le docteur en Sorbonne, André Duval (1564-1638), prêtre zélé et savant, grand évangélisateur des pauvres, confesseur de saint Vincent de Paul, auteur d'une riche et complète biographie de Marie de l'Incarnation ; Jacques Gallemant (1559-1630), curé d'Aumale, ami de Jean de Brétigny et grand admirateur des carmels thérésiens, dont il sera le premier visiteur ; le père Coton (1564-1626), jésuite, prédicateur, confesseur d'Henri IV à partir de 1608, et Jean de Brétigny (1566-1634), premier traducteur des œuvres spirituelles de Thérèse d'Avila.

Michel de Marillac fréquente également ce salon ; membre du parlement et proche d'Henri IV, puis membre du Conseil du roi Louis XIII (après la mort de Luynes), nommé Garde des Sceaux, qui connaît ensuite une terrible disgrâce de la part de Richelieu pour sa fidélité à la reine mère après la journée des dupes (10 novembre 1630). On y rencontre enfin les dames de la haute noblesse : les princesses d'Orléans, Catherine de Longueville et sa sœur Marguerite d'Estouteville, madame de Bréauté qui finira carmélite, la marquise de Meignelay... Parmi les projets étudiés dans le salon, il en est un, porté depuis des années par plusieurs proches de Madame Acarie, celui d'introduire en France l'Ordre du Carmel réformé en Espagne par la Mère Thérèse.

LA PRÉSENCE DE SAINTE THÉRÈSE : LECTURE ET VISIONS

Jean de Brétigny avait travaillé à la traduction des trois traités de la sainte espagnole à Aumale, chez l'abbé Jacques Gallemant. Or, depuis leur rencontre à Saint Gervais vers 1597, Jacques Gallemant était l'un des directeurs de conscience de Madame Acarie ; celle-ci lui avait rendu visite, avec son mari, Pierre Acarie, à Aumale, en 1599, et elle avait, à cette occasion, fait connaissance avec Jean de Brétigny. De plus, en 1601, Madame Acarie n'ignorait ni l'existence de Thérèse d'Avila, ni son œuvre de réforme au sein de l'ordre du Carmel. Elle savait que Jean de Brétigny voulait introduire en France cette réforme thérésienne dès 1585, et qu'il avait échafaudé à cet effet, de nombreux projets qui avaient tous échoué jusque-là. Madame Acarie admirait l'œuvre de la réformatrice espagnole mais la présence de tant de phénomènes mystiques la tenait sur la réserve.

Au printemps 1601, une lecture en français des œuvres de Thérèse d'Avila, permit donc à Madame Acarie de découvrir directement, et non plus à travers les propos des uns et des autres, la pensée et la spiritualité de Thérèse d'Avila. Selon le père Duval, sa lecture fut double. Dans un premier temps, elle resta insensible : « Elle les écouta attentivement et n'y prenant pas tant de goût au commencement, et s'étonnant de ce que cette sainte Mère avait pu fonder un si grand ordre en l'Église[3]. » Ces « dégoûts et refroidissements » étonnèrent les témoins, nous précise Duval, « vu qu'à la moindre parole de Dieu, ou de l'Écriture Sainte, quelle qu'elle fut, elle était toujours ravie ». C'est pour cette raison d'ailleurs

3 A. Duval, *La Vie Admirable de la bienheureuse sœur Marie de l'Incarnation, religieuse converse en l'ordre de Notre Dame du Mont Carmel, et fondatrice d'iceluy en France, appelée au monde la Damoiselle Acarie*, Paris, Taupinart, 1621, p. 166.

qu'elle ne lisait pas elle-même les livres mais qu'elle se les faisait lire. Le père Duval éprouva ainsi quelques difficultés, à l'heure de rédiger la biographie de Barbe Acarie et chercha, de manière plus ou moins convaincante, à donner une explication spirituelle à ce dégoût initial : « C'était sans doute le diable, qui, prévoyant ce qui est arrivé depuis, lui causait ces dégoûts et refroidissements[4] ».

L'hypothèse était judicieuse mais elle supposait que Madame Acarie ait été grossièrement trompée par le diable en cette occasion, ce qui n'est guère flatteur, surtout lorsqu'il s'agit d'écrire une vie en vue d'obtenir une canonisation. C'est certainement la raison pour laquelle le même père Duval supprime cet épisode dans sa déposition, donnée par écrit et en latin, lors du procès de canonisation en 1630 :

> Récemment nous furent transmises la vie admirable et les œuvres de la bienheureuse Thérèse. Cette lecture intéressa merveilleusement Marie ; elle admirait surtout la force et les vertus de la vierge qui avait pu élever un ordre si remarquable depuis les fondements jusqu'à la cime[5].

Dans ce second récit revu et corrigé, les premières réactions de Madame Acarie sont en tout à l'opposé de celles du récit de 1621, puisque le dégoût a laissé la place à l'intérêt et l'étonnement incrédule à l'admiration.

Dans une lettre insérée après sa mort dans le même procès de canonisation de 1630, le père Coton, jésuite et confesseur de Madame Acarie, donne une autre explication à cette première réaction :

> Elle sentait de la difficulté à cause des visions et révélations qui sont décrites en la vie de Thérèse d'Avila desquelles elle avait une grande aversion [...] à cause qu'en ce temps la plupart des personnes qui s'adonnaient à la spiritualité, elle les voyait engagées dans la tromperie et illusion diaboliques[6].

---

4 *Ibid.*

5 Déposition du père Duval, *Archivio Segreto Vaticano* (*ASV*), Congregazione dei Riti, Processus 2236, proc. Apost. Rouen, *s. virt.* Acarie, 1630-1633, f° 330r°. Les premiers procès de canonisation de Marie de l'Incarnation se sont déroulés au diocèse de Rouen entre 1622 et 1623 (*ASV*, *Riti* 2233-2241). La procédure a été reprise au XVIIIe siècle avec le procès *super non cultu* en 1784 (*ASV*, *Riti* 2242). La béatification a eu lieu le 5 juin 1791. Nous renvoyons à l'article de Christian Renoux, « Madame Acarie *lit* Thérèse d'Avila au lendemain de l'édit de Nantes », dans *Carmes et Carmélites en France du* XVII*^e^ siècle à nos jours*, dir. Bernard Hours, Paris, Cerf, 2001, p. 117-154.

6 Déposition du père Duval, *ASV, Riti* 2236, proc. Apost. Rouen, *s. virt.* Acarie, 1630-1633, f° 743v°.

Le père Coton fait sans doute ici allusion à Nicole Tavernier, cette mystique de Reims, dont Madame Acarie avait découvert l'esprit « faux » quelques années auparavant[7], et peut-être aussi à Marthe Brossier[8] dont la possession diabolique avait occupé le cercle Acarie en 1599. Ce dégoût pour les visions avait pu être aussi inculqué à Madame Acarie par les nombreux religieux, défenseurs de la mystique dite abstraite, qu'elle fréquentait. Cette école abstraite, inspirée par les maîtres de la mystique rhéno-flamande, voulait que l'âme ne s'arrête pas aux concepts et aux images, y compris à celles de l'humanité du Christ, dans son chemin d'union à Dieu. Les nombreux récits de visions du Christ qui se trouvent dans l'autobiographie de Thérèse d'Avila avaient donc de quoi rebuter les adeptes de cette école spirituelle.

En revanche, le *Chemin de perfection*, qui paraît en dernier, à la fin du mois de mars 1601, rendait un son différent des deux ouvrages précédents et contenait des éléments qui ne pouvaient pas laisser Madame Acarie insensible. Cet ouvrage commence, en effet, par le rappel des causes directes de la réforme du Carmel en 1562. On lit ainsi dans la traduction de 1601 :

7 « Nicole Tavernier, native de Reims, vivait à Paris pendant les troubles de la Ligue, et elle avait la réputation d'être une très sainte fille et d'opérer des miracles. Elle expliquait les passages difficiles de l'Écriture de manière à étonner les plus fameux docteurs. Elle avait des extases, des visions et des révélations ; elle prédisait les choses futures, et avertissait les moribonds des péchés qu'ils n'avaient pas confessés ; et ce qu'elle avait dit paraissait véritable [...] Un prêtre qui avait eu intention de consacrer un pain pour la communion, ne trouva pas l'hostie qu'il lui destinait, quand le moment de la communion fut venu ; elle assura qu'un ange la lui avait apportée. Étant à côté de Mme Acarie, dans l'église des capucins de Meudon, elle disparut pendant plus d'une heure. Lorsqu'elle revint, cette sainte femme lui demanda ce qu'elle était devenue ; elle répondit qu'elle était allée à Tours pour détourner quelques grands seigneurs d'exécuter un projet qui devait nuire à la religion [...] Malgré l'estime générale dont jouissait cette fille, Madame Acarie et M. de Bérulle n'avaient aucune confiance en elle. Au surplus, la raison foncière et décisive, c'est la dernière : en cette personne excentrique, elle n'a pas reconnu l'esprit de Dieu. Mme Acarie persistait à dire cela avec tant d'assurance qu'on commença d'avoir des doutes sur la vertu de cette fille ; et ses doutes se changèrent en une entière certitude, lorsque la bienheureuse qui l'avait reçue dans sa maison, l'eut mise à différentes épreuves, et convaincue de plusieurs mensonges. », *Histoire de la Bienheureuse Marie de l'Incarnation*, par J. B. - A. Boucher, [1800], Paris, édition Lecoffre, 1854, tome I, p. 274-276.

8 En 1598, Marthe, l'une des quatre filles de Jacques Brossier, marchand de Romorantin, se prétend démoniaque. Sur les conseils d'un curé et d'un médecin, son père l'emmène à Notre-Dame de Cléry pour la « délivrer du mal ». Sans succès. Puis, après avoir sillonné le Val de Loire, ils échouent à Paris au début de l'année 1599. Les troubles provoqués par les « diableries » de Marthe contraignent bientôt l'évêque à convoquer dans l'abbaye de Sainte-Geneviève des théologiens et des médecins pour l'examiner.

> Au commencement de la fondation de ce Monastère de Saint Joseph [...] les pertes, dommages et massacres que les luthériens faisoyent en France veindrent à ma cognoissance, et comme cette malheureuse secte prenoit accroissement, ce qui me donna un grand ennuy[9].

Thérèse d'Avila explique alors comment, « femme et miserable », elle ne voyait pas ce qu'elle pouvait faire pour éteindre cet incendie de l'hérésie, si ce n'est d'aider, par la prière, les docteurs et les prédicateurs qui défendaient l'Église catholique. Pour cela, il lui semblait qu'il fallait réunir des amies véritables de Jésus qui suivraient les conseils évangéliques à la perfection.

Or, cette même année 1601, un jour qu'elle est en prière, la Mère Thérèse apparaît à Barbe Acarie et « l'avertit que telle était la volonté de Dieu en ces termes : "de même que j'ai enrichi l'Espagne de cet Ordre très célèbre, de même, toi qui restaures la piété en France, tâche de faire bénéficier ce pays du même bienfait"[10] ». Madame Acarie rapporte cette vision à son confesseur, le chartreux dom Beaucousin, qui la juge authentique et réunit un conseil pour savoir quelle suite lui donner. La réponse est nette. L'entreprise n'est pas envisageable alors, et Madame Acarie est invitée, sinon à abandonner ce dessein, du moins à le laisser en suspens. Mais sept à huit mois plus tard, la Mère Thérèse récidive et cette fois lui ordonne et la presse de remettre en consultation son ancien projet, lui promettant qu'il se réalisera. À nouveau, Madame Acarie confie ce message à dom Beaucousin[11] qui réunit un conseil d'élite. Il se compose, outre de lui-même, d'André Duval, du jeune prêtre Pierre de Bérulle et, fait remarquable, Madame Acarie y est aussi invitée. Après une discussion serrée, la décision est prise d'implanter les carmélites de la Mère Thérèse en France. Mais nul ne sait encore quels

9 Thérèse d'Avila, *Chemin de Perfection*, trad. J. de Brétigny, Paris, G. de la Noue, 1601, f° 1r°.

10 Déposition du père Duval au procès, *Riti* 2236, f° 2236-2330r°.

11 Le chartreux dom Beaucousin (1561-1610), contemporain d'Henri IV et du père Coton, a d'abord été avocat et entre à la chartreuse de Vauvert à l'âge de 30 ans. À cette époque, la chartreuse de Vauvert, située dans l'actuel jardin du Luxembourg, devient l'un des foyers de la réforme catholique, où se décide la réforme de beaucoup d'abbayes, dont celle de Fontevrault. Dom Beaucousin a également favorisé avec Benoît de Canfeld, la réforme de l'abbaye de Montmartre par Marie de Beauvilliers, celle de l'abbaye de Chelles par Marie de Lorraine et enfin celle de l'abbaye de Charonne. Dom Beaucousin ne vient pas chez Madame Acarie et beaucoup de réunions avaient lieu dans sa cellule à Vauvert. C'est en suivant ses conseils que Madame Acarie et Bérulle feront venir les carmélites en France.

moyens adopter pour réaliser cette implantation. Aussi d'autres séances de concertation vont se tenir et s'ouvrir progressivement à d'autres personnes : tout d'abord aux deux prêtres normands déjà cités, Jean de Brétigny et Jacques Gallemant, qui pouvaient se considérer comme les premiers porteurs du projet, au jeune évêque nommé coadjuteur de Genève, François de Sales, qui séjourne plusieurs mois à Paris en 1602, puis peu à peu à tous ceux qui fréquentent le salon Acarie.

Dans la réalisation du projet, plusieurs personnes vont, tour à tour et chacune pour leur part, apporter une aide appréciable : Catherine d'Orléans, duchesse de Longueville, désignée à Madame Acarie, par « révélation », comme celle qui va accepter d'assumer la responsabilité du projet, devant le roi et devant le pape, et contribuer par ses deniers à l'installation d'un premier carmel à Paris ; Michel de Marillac, alors conseiller au parlement de Paris et maître des requêtes ; François de Sales, qui adresse au pape une lettre de recommandation pour accompagner la supplique rédigée par la duchesse de Longueville ; une jeune veuve, Madame Jourdain, née Louise Gallois ; puis, Monsieur de Brétigny, qui porte le projet depuis une vingtaine d'années et Monsieur de Bérulle.

Ici deux témoignages de la Mère Angélique Arnauld, qui soulignent son effacement en tant que fondatrice, se révèlent fort précieux :

> Quand j'allai à Pontoise (en 1618) peu après la mort de cette bonne femme [sœur Marie de l'Incarnation], les Mères [du carmel] de Pontoise me dirent que M. de Bérulle était venu la trouver, [...] son esprit était changé, et il n'était plus dans la pensée, comme autrefois, de la rendre fondatrice en France, comme il disait en avoir eu quelque vision. Il s'était plus lié avec les filles de Paris, et avec celles qui avaient relégué cette sainte femme à Pontoise, qu'avec elle, quoique ce fût son ancienne amie[12].

Et enfin :

> Quand Monsieur Duval a écrit sa vie [de Madame Acarie], il l'a voulu faire passer pour fondatrice des Carmélites en France. Mais celles de Paris le trouvèrent mauvais et voulurent attribuer cet ouvrage à la mère Magdeleine, [...] très

12 *Mémoires pour servir à l'histoire de Port-Royal et à la vie de la Révérende Mère Marie-Angélique de Sainte Magdelaine Arnauld, réformatrice de ce monastère*, par Pierre Thomas Du Fossé et Barbeau de La Bruyère, Utrecht, Aux dépens de la Compagnie, 1742, 3 tomes, t. II, IIème partie, p. 313.

> bonne fille et pleine d'esprit, qu'elles appellent même aujourd'hui leur mère et non la sœur Marie de l'Incarnation, avec laquelle elles ont été brouillées[13].

Forte de l'injonction de la Mère Thérèse, Madame Acarie n'a jamais douté de sa mission mais il semble que celle-ci soit restée un secret entre fondatrices du Carmel.

LA VIE MYSTIQUE DE MARIE DE L'INCARNATION

LES EXTASES

La vie mystique de Marie de l'Incarnation a été reconnue par tous, en premier lieu en raison des phénomènes extraordinaires qui la composent. Pour décrire ces phénomènes hors du commun dont la sainte fut l'objet, laissons parler le père Binet, lequel s'explique en ces termes sur les dons surnaturels de Madame Acarie :

> Je n'ay jamais cogneu personne, écrit-il, en qui on vid plus clairement ce que saint Denis appelle : *divina patiens*, c'est-à-dire qu'elle souffroit plustot qu'elle n'agissoit, – nous aurons bientôt à préciser, à modifier quelque peu cette distinction, – estant prévenue continuellement de telles lumières et de si abondantes faveurs du ciel, et ayant Dieu si présent en son âme, que si elle ne se fût divertiee, elle fût souvent tombée en extase, et ravie hors d'elle-même[14].

Il disait aussi « avec grande raison, que l'application de cette bienheureuse à Dieu par le moyen de son oraison, était "*in modum fulguris coruscantis*", non seulement à cause de la promptitude et vivacité avec laquelle elle s'y appliquait, mais aussi parce qu'ayant une très grande privauté et familiarité avec Dieu, son visage, de même que celui de Moïse, en devenait tout lumineux[15] ». Ces attractions soudaines, irrésistibles, lui rendaient toute prière vocale extrêmement difficile.

13 *Ibid.*, p. 315.
14 A. Duval, *op. cit.*, p. 734.
15 *Ibid.*, p. 622.

> Je l'ai vue, continue Duval, allant aux champs avec elle, comme elle commençait, avec sa fille aînée son chapelet, elle n'en disait pas le premier Ave, qu'aussitôt elle n'était plus à elle, un recueillement intérieur la saisissait incontinent, qui l'empêchait de continuer. Sa fille ne s'en étonnait nullement, pource qu'elle savait que cela lui était ordinaire ; elle disait bien à ses oreilles deux ou trois mots de ce qu'elle devait dire ; mais voyant qu'elle ne lui répondait rien, elle se mettait à l'achever seule. C'est pourquoi ses confesseurs avaient peine à lui donner pénitence en ses confessions, de sorte que quelqu'uns sachant combien l'oraison vocale lui était pénible, ne lui enjoignaient que ces deux paroles : *Jésus, Maria* ou bien quelque aumône, ou se prosterner à terre[16].

La lecture ne lui était pas plus possible que la prière vocale. « À la première rencontre, son esprit s'élevait tellement en Dieu qu'elle ne pouvait passer outre. » C'était bien un livre pourtant qui avait été la cause première de son attraction mais ensuite toute lecture lui devint impossible, tant les extase étaient absorbantes. Elles devinrent d'ailleurs ordinaires, tant elles étaient fréquentes. Mais son biographe précise :

> Nous ne mettons pas, écrit-il, les ravissements et les extases au nombre des grâces gratifiantes, parce qu'ils se retrouvent chez les méchants aussi bien que chez les gens de bien et de vertu. Même quelques philosophes platoniciens les ont expérimentés, par une forte et véhémente application de leur esprit à quelque chose, et par la tromperie de l'esprit malin, qui en conduisait plusieurs, pour séduire les autres par l'admiration de ces choses extraordinaires[17].

LES STIGMATES

Il est bon de rappeler l'épreuve mystique de la douleur marquée par les stigmates qui touchent cette femme à partir de 1593 et qui auront lieu pendant toute sa vie. Elle souffre les douleurs de la passion du Christ aux pieds, aux mains et au côté sans qu'elles soient visibles.

---

16 *Ibid.*, p. 659.

17 *Ibid.*, p. 673. On se souvient des propos de François de Sales : « Il y a certaines choses que plusieurs estiment vertus et qui ne le sont aucunement, desquelles il faut que je vous dise un mot : ce sont les extases ou ravissements, les insensibilités, impassibilités, unions déifiques, élévations, transformations, et autres telles perfections desquelles certains livres traitent, qui promettent d'élever l'âme jusqu'à la contemplation purement intellectuelle, à l'application essentielle de l'esprit et vie suréminente. Voyez-vous, Philothée, ces perfections ne sont pas vertus ; ce sont plutôt des récompenses que Dieu donne pour les vertus, ou bien encore plutôt des échantillons, des félicités de la vie future », *Introduction à la Vie Dévote*, éd. A. Ravier, Paris, Gallimard, coll. « La Pléiade », 1969, IIIème partie, ch. II, p. 131.

La bienheureuse a relaté ce qu'elle avait expérimenté au cours d'une de ses rencontres avec le Seigneur, dans une lettre au cardinal de Bérulle datée de 1615 :

> Le Samedi-saint y étant, je me sentis reprise d'avoir eu les jours précédents si peu de sentiments des douleurs et tourments qu'avait soufferts notre seigneur Jésus-Christ pour mes péchés, et pour ceux de tous les hommes. Mon ingratitude et insensibilité me donna grande douleur. Quelque temps après, jetant l'œil extérieur sans dessein sur un crucifix, l'âme fut touchée si subitement, si vivement, que je ne pus pas même l'envisager davantage extérieurement, mais intérieurement[18].

Les souffrances de Barbe ne cesseront de croître tout au long de sa vie. Mais il semble que c'est à partir de 1593 qu'elle reçut pour la première fois les stigmates de la Passion de Jésus.

Ce n'est qu'après sa mort, en 1618, que le père Coton, supérieur des jésuites pour la France et confesseur d'Henri IV, qui la connut pendant 15 ans, écrivit à Michel de Marillac :

> Elle avait les stigmates invisibles en son corps en cette manière qu'à certaines heures, et signament (sic) les vendredis, samedis et jours de carême, elle sentait des extrêmes douleurs ès pieds, ès mains, au côté et en la tête, comme qui les aurait percés et l'aurait suspendue, secret que je n'ai dit ni révélé à personne jusqu'à maintenant [...] Je voudrais bien savoir si aucun autre que moi ne vous a rien dit des stigmates. Si M. de Bérulle ne le sait, à peine aucun le saura[19].

La mère Madeleine de Saint-Joseph affirme que le père de Bérulle avait connaissance des stigmates de Barbe et qu'il avait même cru devoir en vérifier la réalité :

> Le Cardinal de Bérulle m'a dit qu'il était véritable que ladite sœur Marie de l'Incarnation (Barbe) avait aux mains, aux pieds et au côté les stigmates invisibles de Notre Seigneur et qu'il l'avait ainsi reconnu pour ce que ladite bienheureuse lui en avait parlé comme à celui qui gouvernait son intérieur.

18 Lettre mentionnée dans la conférence du frère Ephrem Yon, prieur du prieuré de La Croix sur Ourcq, *Sens de la communion à la passion du Christ dans la vie de madame Acarie, première stigmatisée française reconnue*, consultable sur le site (https://www.madame-acarie.org/) consulté le 19/01/2021.

19 Lettre du père Coton du 25 mai 1618, donnée en annexe de l'ouvrage de Michel Picard, *Madame Acarie. Un portrait d'après ses contemporains*, Paris, éd. Pierre Téqui, 2004, p. 231-234 [Témoignage du Père Coton, f° 2264 v°]. Ainsi, seuls Benoît de Canfeld, les pères Coton et Bérulle sont au courant.

> Il trouva à propos, pour la plus grande gloire de Dieu, d'en expérimenter la vérité, et qu'à cet effet il avait touché par plusieurs et diverses fois sur l'endroit des stigmates des mains de la bienheureuse et avait reconnu qu'elle ressentait des grandes douleurs par ces attouchements[20].

Le père André Duval précise :

> Et encore que durant sa vie (excepté le père Coton) ceux qui la hantaient privément, mesmes ses domestiques, n'en ayent rien cogneu ; si est-ce qu'au récit qu'ils ont fait d'elle après sa mort, l'on y en remarque des conjectures fort apparentes : car pour le regard des mains, ils testifient qu'elle les avait si affaiblies en certains temps qu'elle n'eût pas pu porter la moindre chose sans la laisser tomber, jusques là qu'il semblait quelquefois qu'elles fussent paralytiques[21].

Ces jours-là, elle mangeait peu et parlait très peu. Curieusement, selon le témoignage de la sœur converse qui s'occupait d'elle au carmel, Marguerite de Saint-Joseph, « ces maux-là s'en allaient comme ils étaient venus ». Barbe Acarie semble avoir porté ces stigmates pendant vingt ans.

EFFACEMENT DES SIGNES EXTRAORDINAIRES PAR LES ORDINAIRES

Mais cette femme qui avait tous les signes extraordinaires de la mystique : extases, rapts, stigmates, s'est scrupuleusement attachée toute sa vie à gommer les phénomènes extraordinaires pour donner toute leur importance aux vertus ordinaires. Le premier marqueur d'une vie sainte ordinaire est celui de la vie sacramentelle ; or, Marie de l'Incarnation avait un grand amour de l'eucharistie, expression à ses yeux de l'anéantissement divin. Si l'on oppose parfois la voie contemplative à la voie sacramentelle et liturgique, chez Madame Acarie, l'eucharistie se présente au contraire comme le principe sacramentel de l'expérience mystique. L'eucharistie est le lieu où se concentrent les deux aspirations

20 Mère Madeleine de Saint-Joseph, *ASV*, *Riti* 2233, proc. ord. Rouen, *s. virt.* Acarie, f° 2236-579v°. Madeleine du Bois de Fontaines-Marans (1578-1637) devint sœur Madeleine de Saint-Joseph au carmel de l'Incarnation où elle prit l'habit le 11 novembre 1604, y fit profession le 12 novembre 1605, et fut élue prieure pour la première fois en 1608.

21 A. Du Val, *op. cit.*, p. 136.

à l'anéantissement et à la communion. Annihilée devant Dieu et vivifiée en Jésus, son âme trouve la forme de son expérience spirituelle dans ce lieu qui exprime et réalise tout à la fois le sacrifice, l'adoration et la communion. L'eucharistie est le mystère d'une présence réelle, qui est également absence. Madame Acarie l'écrit dans un petit opuscule parvenu jusqu'à nous :

> Hélas ! mon Dieu, quand sera-ce, que ceste union et conjonction d'amour sera telle que je ne puisse plus supporter votre absence ? Mon Dieu, venez en moi et entrez en mon âme. L'altération et désir que j'ay d'accroître l'amour de Jésus-Christ en moi, m'excite aussi à me présenter à ceste saincte table, par la fontaine de toutes grâces, d'autant que le sacrement contient en soy la vive source des dons du S. Esprit et l'autheur de nostre salut vostre cher fils Jesus-Christ[22].

Ce sens de la vie cachée et de l'anéantissement en Dieu s'exprime dans la vie de Madame Acarie, dont Duval s'est complu à célébrer l'humilité, l'amour du néant et le désir d'anéantissement :

> La parfaite humilité consiste autant en la soumission de l'esprit, par laquelle l'âme se voit et s'estime un pur néant, qu'en l'abaissement de la volonté [...] Son néant lui était si présent et elle le voyait si clairement, rapporte le Père Sans, que si tout le monde l'eût proclamée sainte, elle ne s'en fût pas plus émue de vanité ou de complaisance qu'une muraille [...] De cette vile et basse estime qu'elle avait d'elle-même naissait un abaissement si profond en son âme, qu'elle ne cherchait que le mépris et à se mettre au dessous de tous[23].

Le père Duval qui la fréquenta plus de vingt ans le dit :

> Pour le *regard* des visions et des révélations qui lui arrivaient pendant ses extases, jamais on n'en a rien pu scavoir, bien qu'elle en aye eu de grandes [...] qu'elle appelait veues d'esprit plutôt que visions, usant de mots simples et bas pour avilir et deprimer ce qui était très grand et divin en elle[24].

De même, le père Binet, provincial des jésuites, autre personnalité marquante de l'époque, estime que « sa profonde et très solide humilité a été le voile qui a couvert le *Sancta Sanctorum* de son âme où Dieu

22 *Les Vrays Exercices*, donnés dans l'ouvrage *La Belle Acarie, bienheureuse Marie de l'Incarnation*, du P. Bruno de Jésus Marie, Paris, Desclée de Brouwer, 1942, p. 733. Les *Exercices* sont donnés et commentés aux pages 717 à 750.

23 A. Duval, *op. cit.*, p. 508-509.

24 *Ibid.*, p. 683-684.

prenait un singulier plaisir [...] le plus savant n'en a guère su, pour le soin incroyable qu'elle avait de couvrir les grâces, que Dieu lui faisait sans cesse, mais grâces fort éminentes et par dessus le commun[25] ».

La Mère Agnès de Jésus, une des premières prieures de Pontoise, qui accompagna en qualité d'infirmière la Bienheureuse dans sa dernière maladie, poursuit en ce même sens. Elle affirme que « la rare et très grande humilité qu'elle avait a fait qu'elle a caché tout ce qu'elle a peu de ses vertus, et n'en montrait que le moins qu'elle pouvait, et rien que vertu commune, ayant en toutes ses actions un très grand soin que l'on ne vît en elle que le commun[26] ». Aussi Bremond a-t-il pu écrire :

> De toutes les grandes mystiques, je n'en connais pas de plus silencieuse que madame Acarie et c'est là, me semble-t-il, le trait le plus original de sa merveilleuse histoire[27].

Bien qu'elle eût reçu de grandes lumières sur la vie spirituelle (« tout ce qui regarde la vie purgative, illuminative et unitive », selon monsieur Duval[28]), sœur Marie de l'Incarnation n'a laissé que quelques écrits très courts – essentiellement des prières composées par elle – qui ont été publiées quelques années après sa mort, en 1622, sous le titre : *Les Vrais Exercices*. À une sœur qui le déplorait, elle répondit :

> Autrefois je l'ai fait, mais j'ai tout brûlé parce que tout ce qui part de moi me semble être si faible et si bas. Il y a tant de grands saints qui ont écrit sur ces choses, et qui suis-je moi, pour en parler[29] ?

On sait par ailleurs, qu'elle hésite à faire profession, se sentant indigne d'un si grand honneur et de l'exigence de pureté qu'elle représente :

> Une religieuse doit porter en son intérieur cet esprit qui est humble, petit, soumis à tous, qui n'a point de raison, ni paraît rien et obéit à tous. De quoi, me voyant si éloignée, je ne puis aucunement me résoudre à faire profession[30].

Au cours de cette maladie, peu après Pâques, elle fit profession.

25 *Ibid.*, p. 734.

26 *Ibid.*, p. 738.

27 H. Bremond, *Histoire littéraire du sentiment religieux en France*, t. II, p. 233.

28 A. Duval, *op. cit.*, p. 469.

29 Déposition de sœur Marie du Saint-Sacrement, de Marillac, (Pontoise) P.A. témoin 102, f° 727r°.

30 *Ibid.*

Parmi les témoignages à ce sujet, c'est encore celui de sœur Marie du Saint-Sacrement, fille de Michel de Marillac, carmélite au monastère de Pontoise, qui est le plus explicite :

> Une fois, elle en vint à nous parler de l'humilité : comme elle retient toujours l'âme en son devoir, lui fait sentir son néant, sa petitesse (qu'elle ne peut rien, qu'elle n'est rien, et choses semblables). [...] Puis elle se leva comme en sursaut de dessus son siège : « Oh, l'âme humble est toujours vigoureuse, toujours courageuse, toujours prête à entreprendre de grandes choses, mais c'est en la vue de Dieu et non de soi, car de soi-même elle n'attend rien, mais tout de Dieu. La confiance qu'elle a en Dieu lui fait faire de grandes choses[31] ».

En fait ces "plongées" deviennent une unité vécue où contemplation et action sont indissociables :

> En ce mesme temps et longues années depuis elle voioit sans veoir, escoutoit sans escouter et respondoit sans apperceuvoir ses responses, faisant toutes ces choses tellement en Dieu et avec Dieu qu'elle n'en eut sceu rendre compte après pour ce qu'elles estoient faictes sans réflexion ny destour de la veue *actuelle* et action de Dieu. Et ce néantmoings etoient telles qu'on n'y eut sceu remarquer aucune défectuosité ny presque apercevoir la différence de sa conversation avec les aultres sy ce n'est en la suavité d'esprit, modestie composition du visage [...] Ceste disposition intérieure de l'âme avec Dieu faisoit qu'elle estoit en extaze sans y estre[32].

Elle ne pouvait souffrir que les personnes qu'elle aidait de ses conseils vinssent à se décourager de quelque imperfection qu'elles eussent et il n'y avait rien dont elle reprit si fort. Ainsi s'en explique la mère Marie du Saint-Sacrement :

> Il ne faut jamais perdre courage, et quoi que sommes-nous de nous-mêmes, pensez-vous qu'il y puisse avoir quelque bien en nous si Dieu ne l'y met. Il faut être bien aises de nous voir tels que nous sommes, il nous faut faire comme quand un petit enfant est tombé et a tout gâté sa robe en la rue, encore qu'il voit plusieurs personnes, il n'a pourtant recours qu'aux bras de sa mère où il se jette, encore qu'il s'attende bien qu'elle le châtiera, ainsi nous faut-il toujours à tous moments et en toutes rencontres jeter entre les bras de notre bon père qui est Dieu et nous abandonner à sa miséricorde[33].

---

31 *Ibid.*

32 Déposition du père Pierre Coton, *ASV*, *Riti* 2233, proc. ord. Rouen *s. fama* Acarie, 1622-1627, f° 62r°.

33 Déposition de Marie du Saint-Sacrement, de Marillac, (Pontoise) P.A. témoin 102, f° 727r°.

Pour Marie de l'Incarnation, il ressort qu'il faut intérioriser la parole de Dieu, se laisser travailler afin d'être totalement en Dieu, mais tout ceci repose essentiellement sur une confiance totale en Dieu. Si chacun doit être conscient de ses faiblesses, il ne convient aucunement de s'appesantir sur elles. L'homme ne doit rien vouloir mais désirer que Dieu l'aide dans sa quête de recherche des vertus.

Une autre lumière, moins éblouissante mais non moins étonnante dont jouissait cette mystique, si peu curieuse de sa grâce propre et si désireuse de la soustraire à la curiosité d'autrui, était son discernement exceptionnel dans la direction spirituelle. Elle avait ce qu'on appelle le « discernement des esprits », cette faculté de critique surnaturelle qui « par une vue interne et pénétrante [...] se porte jusqu'au fond de l'âme et y reconnaît évidemment le principe de ses mouvements[34] ». Ce don avait alors son emploi, les mystiques, vrais ou prétendus, commençant à paraître un peu de tous les côtés, notamment dans la capitale, au grand étonnement des confesseurs, surpris par cette invasion soudaine. Comment Madame Acarie devint-elle assez promptement une des autorités les plus écoutées en ces matières délicates ? La plupart de ces prêtres éminents qu'elle recevait et que l'on regardait comme les arbitres du monde mystique n'étaient d'abord venus chez elle que pour l'aider dans l'organisation de ses œuvres charitables et religieuses. Insensiblement, ils se mirent à la consulter sur leurs propres besoins et sur les âmes dont la vocation mystique les préoccupait.

> On parlait un jour en sa présence, et en celle du R. P. Coton, de deux âmes qu'on tenait fort dévotes et en rapportait-on des choses admirables, jusque là que l'on les préférait à quelques personnes qui de toute antiquité étaient tenues pour saintes. La compagnie s'étant départie, et le P. Coton étant demeuré seul, elle lui dit : « Si ces deux âmes étaient en ma conduite, je renverserais de fond en comble leur intérieur, l'amour-propre, les recherches secrètes et la sensualité de la dévotion leur fait faire la plupart des choses que l'on estime et admire en elles ». Et elle ajouta qu'elle n'aurait garde de dire cela à un autre, tant pource que ces âmes étaient fort estimées en la ville, comme aussi de ce qu'il fallait lui dire ce qui en était, à cause qu'il pouvait les ayder[35].

Cette anecdote singulièrement instructive, puisqu'elle évoque à nos regards tout un milieu avide, inquiet, un peu crédule, nous vient en

34 A. Duval, *op. cit.*, p. 445.
35 A. Duval, *op. cit.*, p. 447.

droite ligne du père Coton, qui semble bien avoir partagé l'illusion commune sur les deux visionnaires, et qui se rendit compte par la suite que seule Madame Acarie avait vu juste.

Résumons notre propos. Marie de l'Incarnation est une fondatrice, dotée d'une mission reçue par révélation qui s'est peu à peu effacée dans l'histoire. Une professe de Pontoise, devenue fondatrice des carmels d'Orléans et de Reims, la mère Marie du Saint-Sacrement (de Saint-Leu) écrit :

> Il est notoire à toute la France que Dieu a choisy ceste bienheureuse pour establir et fonder l'Ordre des carmélites en France [...]. Toute la bénédiction et accroissement que l'on y voit aujourd'huy, luy doit estre attribué après Dieu car elle y a servy en toute sorte, au spirituel et temporel [...] pour l'Ordre, elle estoit la vraye mère et fondatrice[36].

C'est une mystique dotée des deux grandes marques distinctives, extases et stigmates, mais à une époque où fleurissent vrais et faux mystiques comme les vrais et faux dévots, d'où une méfiance généralisée et un attrait limité de la part des autorités ecclésiastiques ; enfin, c'est une sainte dont la vertu majeure vécue et exaltée est l'humilité, promue sous la forme extrême de l'anéantissement : autant de traits qui annulent en quelque sorte les acquis.

Fondatrice sans fondement, mystique extatique au moment où les extases ne signifient plus rien, sainte dont la vertu consiste à clamer qu'elle en est dépourvue, Marie de l'Incarnation peut bien être proclamée la sainte du silence et de l'anéantissement. À l'heure où certaines extériorisent leur rapport à Dieu sous la forme bruyante des prophéties ou des possessions, Madame Acarie demeure une référence d'une sainteté dont le mérite semble avoir été de rechercher l'effacement.

Hélène MICHON
Centre d'études supérieures
de la Renaissance,
Université de Tours

---

36 *ASV*, *Riti* 2236, proc. ap. Rouen *s. virt.* Acarie, 1630-1633, f° 190r° et 203r°.

L'AIGLE, LE MOUCHERON ET SA DIVINE MAJESTÉ

Marie Guyart de l'Incarnation et la chronique d'un discernement inédit

Celle à laquelle nous allons consacrer ces réflexions a reçu les titres les plus prestigieux, tant dans le domaine religieux que civil, à une époque où nous savons à quel point ces deux ordres sont tissés serré – comme l'on disait au XVIIe et comme l'on dit encore au Québec. L'éloge, le plus ancien peut-être, est celui que le Père Dablon, supérieur des Missions depuis 1671, envoie au provincial de France en lui annonçant le décès de Mère Marie de l'Incarnation ; il l'appelle la « femme forte telle que nous la représente Salomon[1] » ; l'éloge le plus connu est celui que prononce Bossuet, reprenant un mot du jésuite Jérôme Lallemant dans l'*Instruction sur les états d'oraison* en 1697 : « Thérèse de nos jours et du nouveau monde » ; au lendemain de sa béatification en 1980 elle reçoit de Jean-Paul II le titre de « Mère de l'Église en Canada » ; le titre le plus récent est celui par lequel le Pape François la déclare sainte le 3 avril 2014 : « Apôtre des Amériques. »

L'hommage le plus audacieux revient certainement à Charles Journet, dans la préface de la nouvelle édition de la *Correspondance* de la mystique, écrite en 1971 : « Si, toutes les distances marquées et les transpositions requises opérées, l'on osait proposer la comparaison, on dirait que le témoignage de Marie de l'Incarnation ajoute, au témoignage des martyrs missionnaires du Canada, à la manière dont l'Évangile de saint Jean ajoute aux trois Évangiles synoptiques. »

Mais l'éloge, le plus délicieux, qui consacre Marie Guyart de l'Incarnation personnage de la grande Histoire de France vécue sur les rives d'un monde nouveau en ce début de XVIIe – période des grandes

1 Marie de l'Incarnation, *Correspondance*, nouvelle édition par Dom Guy-Marie Oury, Abbaye Saint-Pierre, Solesmes, 1971, p. 1027.

âmes s'il en est, paraît dans le journal de Québec, *Le Soleil*, le 16 mars 1997 ; le chroniqueur Louis-Guy Lemieux intitule son article sur Marie Guyart : « Le grand homme de la Nouvelle-France est une femme ». Il écrit :

> Sans elle et ses compagnes, la petite colonie française fondée à Québec, en 1608, n'aurait pas tenu le coup. Dix fois, 20 fois elle a toutes les raisons du monde de tout abandonner ; pourtant, elle s'accroche en dépit du bon sens. Le feu réduit en cendres son monastère neuf ; elle reconstruit. La menace iroquoise se fait si pressante que le retour en France apparaît comme la seule solution raisonnable ; elle s'accroche toujours au Cap aux diamants. Le vicaire apostolique et plus tard évêque, François de Laval, lui fait des misères ; elle négocie fermement et ne cède rien sur l'essentiel. La politique de la métropole dessert son œuvre ; elle s'accroche encore et toujours au rêve fou de convertir à la foi catholique les jeunes Amérindiennes et de les instruire en même temps que les filles des colons[2].

Et il termine ainsi :

> Plus que Champlain, le fondateur, plus que Louis Hébert, le premier habitant enraciné, plus que Jean Talon, le solide intendant, plus que Louis Jolliet, l'explorateur et découvreur du Mississippi, plus que ces aventuriers de robe ou d'épée, flamboyants ou profiteurs, c'est elle, Marie Guyart qui incarne le mieux le courage et la ténacité des premiers Canadiens. Ses contemporains se reconnaissent en elle. Sans quitter son couvent, elle aura été le ciment de la Nouvelle-France[3].

Ces titres mettent en évidence le caractère quasi oxymorique d'une existence, tout ensemble de mystique et de fondatrice, de pionnière et de maîtresse de spiritualité, d'ursuline cloîtrée et de missionnaire, entre ce qu'elle appelle « les embarras des affaires » et « les affaires de son divin Époux ». Cette sorte d'écartèlement humainement prévisible sera l'horizon de cette réflexion. Il s'agit de tenter de comprendre comment Marie y trouve plutôt le terreau d'un processus de cohérence dynamique dont nous connaissons aujourd'hui l'exceptionnelle fécondité.

---

2 Lemieux, Louis-Guy, « Le grand homme de la Nouvelle-France est une femme », *Le Soleil* du 16 mars 1997 ; il s'agit du quotidien le plus important de la ville de Québec.

3 *Ibid.*

QUESTION DE MÉTHODE

Ce thème pourrait faire l'objet d'un traitement théorique qui relève des *topos* bien connus de la Théologie de la vie mystique, tels que la dialectique contemplation/action ou encore celui de la fécondité apostolique comme fruit de l'Esprit. Je choisis ici d'aborder la richesse paradoxale de cette existence d'un point de vue expérientiel. Ce choix n'est pas arbitraire. Comme de nombreuses mystiques, Marie Guyart de l'Incarnation répète à l'envie que ce dont elle doit parler est l'indicible ; mais elle écrit non pas pour ne rien dire mais pour dire le *rien* et à la fois le *Tout* qui aime ce rien. En fait, rejoignant en cela Thérèse d'Avila, elle parle de son expérience, terme dans lequel il faut comprendre non seulement le vécu mais aussi sa claire conscience de ce vécu, lecture et relectures que porte un corpus littéraire exceptionnel. Je vais donc essayer de me saisir de l'apparent paradoxe de cette existence à partir d'un moment de son histoire, à même des textes qui le portent.

QUEL ÉVÉNEMENT ?

Spontanément, on pourrait penser que l'événement idéal pour aborder, dans la vie de cette femme, la co-existence de réalités paradoxales – par exemple coexistence de la mystique et de la missionnaire, est l'année 1639, plus précisément les moments du départ de Dieppe (4 mai) ou de l'arrivée en Nouvelle-France (1er août). La plupart des ouvrages de références aussi bien que les dictionnaires les plus populaires, se saisissent de cette année 1639 par laquelle ils résument et réduisent l'apport historique et religieux de Marie Guyart de l'Incarnation en coupant son existence en deux : deux périodes, deux lieux, deux mondes, deux vocations, somme toute, deux vies séparées par l'Océan d'une nouveauté radicale.

Dans l'*Index* de l'autobiographie qu'elle envoie à son fils Claude en octobre 1653, Marie déploie les 55 premières années de sa vie selon treize « états d'oraison » qui manifestent les moments de son existence, aussi bien extérieurs qu'intérieurs. Or elle ne retient pas 1639 comme significatif de l'évolution de sa vie. Dans le résumé du « *Onzième état d'oraison* » qui devrait mentionner cette date ou du moins l'événement de la traversée, aucune trace. L'autobiographie en parlera, bien entendu, mais non l'*Index* chargé pourtant de la résumer.

L'interprétation la plus plausible de cette absence est révélée par Marie elle-même dès le début de l'autobiographie, telle une véritable clé de lecture qu'elle fournit à son destinataire exclusif, son fils Claude ; la mystique y affirme que seule son expérience intérieure est déterminante pour comprendre ce qu'elle vit à l'extérieur[4]. Ainsi, quelque spectaculaire et inédit que soit le départ de Marie et de ses compagnes pour la Nouvelle-France, l'essentiel est ailleurs, dans les réalités intérieures qui le fondent.

L'examen de l'*Index* confirme cette interprétation ; Marie se plaît à y déployer (9è, 10è et 11è états d'oraison) d'autres moments qui préludent au départ. Elle les distingue comme déterminants pour que son fils puisse comprendre comment la mystique de Tours est devenue fondatrice en Nouvelle-France, sans cesser d'être mystique et, peut-être aussi, comment elle était déjà missionnaire bien avant son départ. En voici le texte :

> *Neuvième état d'oraison*
> 39. Qui porte une grâce particulière d'aider spirituellement le prochain.
> 40. Vocation particulière pour procurer le salut des âmes.
> 41. Dieu lui manifeste sa volonté, lui révélant qu'il se veut servir d'elle dans la mission de Canada.
> 42. Les moyens dont Dieu se sert pour venir à l'exécution de cette vocation.
> 43. Désirs qui consomment l'âme touchant le salut du prochain et l'exécution de la volonté de Dieu sur ce dessein.
>
> *Dixième état d'oraison*
> 44. Par lequel Dieu fait mourir l'âme à ses désirs et à ce zèle qui semblait la dévorer, voulant triompher d'elle en lui ôtant sa volonté.

---

4 Dès le premier chapitre de son autobiographie, on découvre que l'opposition intérieur/extérieur est non opératoire pour comprendre l'unité dynamique de cette existence : « *Mais l'on ne voyait, ce que j'expérimentais dans l'intérieur* », non qu'il faille les confondre mais accepter qu'il existe un lien organique entre les deux tel que c'est la vie intérieure qui seule peut rendre compte de ce qui apparait à l'extérieur. En d'autres termes, c'est l'invisible de sa vie spirituelle qui peut éclairer le visible de ses actions, de ses comportements, de ses réalisations : « l'Esprit qui m'occupait intérieurement, me remplissant de foi, d'espérance et de confiance, me faisait venir à bout de tout ce que j'entreprenais. » Marie de l'Incarnation, *Écrits spirituels et historiques (T. 2, Québec)*, Éditions des Ursulines, Québec, 1985, p. 49 et p. 59. Cet ouvrage est plus connu sous le nom de *Relation de 1654*. Il sera désormais répertorié sous cette appellation.

45. Elle demeure heureusement captive dans les volontés de Dieu qui lui fait voir qu'il veut être le Maître dans l'exécution du dessein de Canada.
46. Révélations que Dieu donne à un saint homme touchant la vocation de le servir au salut des âmes dans la mission de Canada : ce qui s'accorde avec les opérations que la divine Majesté fait en N. à ce sujet.

Onzième état d'oraison
47. Par lequel Dieu oblige l'âme de poursuivre l'exécution de son dessein.
48. Ce qui se passe en l'âme dans cette poursuite, Dieu exécutant ce dessein après l'examen et l'approbation des Supérieurs.
49. Disposition et visite de Dieu qui fait voir à l'âme ce qu'elle aura à souffrir en Canada, et comme il lui manifeste sa sainte volonté.
50. L'amour avec lequel elle s'abandonne aux dispositions et ordonnances divines ; et l'inclination qu'elle ressent de se consommer pour Jésus-Christ en revanche de ses faveurs[5].

Parmi ces dix chapitres qui composent les trois états d'oraison et déclinent les préparations intérieures du passage en Nouvelle-France, j'ai choisi d'explorer un événement qui en est le cœur et dont l'élan vient d'ailleurs du *cœur* au sens biblique dont use le XVIIe : seul un événement d'ordre intérieur – il vaudrait mieux dire avènement, pouvait bouleverser l'ordre désiré dans lequel Marie était établie depuis 1631 : l'ordonnancement du cloître de Tours qui avait enfin unifié le corps et le cœur.

Cet événement-avènement est complexe ; il couvre une année et demie, de janvier 1634 au début du mois de mai 1635, et culmine dans la « consultation[6] » par laquelle elle soumet sa vocation pour le Canada au jugement d'un directeur spirituel. Dans l'*Index* de l'autobiographie de 1654 – quelques 19 ans plus tard, l'objet de notre réflexion correspond aux chapitres 43 et 46.

43. Désirs qui consomment l'âme touchant le salut du prochain et l'exécution de la volonté de Dieu sur ce dessein.
46. Révélations que Dieu donne à un saint homme touchant la vocation de le servir au salut des âmes dans la mission de Canada : ce qui s'accorde avec les opérations que la divine Majesté fait en N. à ce sujet.

Le texte est très elliptique. Nous disposons d'une autre source pour en connaître le déroulement et en comprendre la portée : la *Correspondance*. Nous savons que le personnage du directeur spirituel que Marie cache

5 *Relation de 1654*, *op. cit.* p. 40-41.
6 Selon le terme utilisé au XVIIe siècle.

sous la lettre N. – il était encore en vie en 1654 et occupait un poste très important, est Dom Raymond de Saint-Bernard. L'échange épistolaire entre Marie et Dom Raymond représente le sommet des années 1634-1635 et peut se présenter aisément sous la forme théâtrale d'un drame. Il fournit l'essentiel du corpus de référence. Nous y saisissons Marie au plus près de l'événement de sa vie, le *secret du Roi* qu'elle pressentait déjà dans son enfance.

PREMIÈRE PARTIE : UN PROCÈS EN DEUX ACTES

La correspondance entre Marie et Dom Raymond est présentée désormais sous la forme d'une pièce théâtrale en deux actes encadrés par un prologue et un épilogue.

PROLOGUE : UN DEUXIÈME SONGE ET UNE 'ANNONCIATION'

Dans l'Octave de Noël 1633, Marie fait un songe. Il s'agit là d'un deuxième songe 'inaugural' dans la vie de Marie ; le premier fait à l'âge de sept ans avait déclenché en elle le désir de s'unir au plus beau des enfants des hommes, rien moins que « Notre-Seigneur ». Dans le songe de 1633 – elle a 34 ans, elle se voit en compagnie d'une dame amie ; il lui est montré un étrange et vaste pays brumeux et assez hostile. Dans ce pays une petite chapelle ; sur le toit de cette chapelle un trône et sur ce trône une femme et son bébé dans lesquels elle reconnaît la Vierge Marie et Jésus enfant. Marie de l'Incarnation court alors vers la Vierge qui se retourne et l'embrasse par trois fois, semblant discuter d'elle avec son enfant.

Marie pressent qu'il y a là un secret qui la concerne mais qu'elle ne comprend pas.

Lorsque l'ursuline se réveille, l'impression produite par ce songe l'habite durablement et les baisers de la Vierge ont éveillé puis attisé en elle un désir qu'elle avait, dit-elle, depuis longtemps, le désir ardent du salut des âmes. L'effet produit concerne tout son être :

> Je portais dans mon âme un feu qui me consommait pour cela. [...] C'était une émanation de l'esprit apostolique, qui n'était autre que l'Esprit de

> Jésus-Christ, lequel s'empara de mon esprit pour qu'il n'eût plus de vie que dans le sien et par le sien, étant toute dans les intérêts de ce divin et suradorable Maître et dans le zèle de sa gloire, à ce qu'il fût connu, aimé et adoré de toutes les nations qu'il avait rachetées de son Sang précieux. Mon corps était dans notre monastère, mais mon esprit qui était lié à l'Esprit de Jésus, ne pouvait être enfermé. [...] Mon esprit était toujours hors de moi-même ; mon corps devenait comme une [sic] squelette[7].

Le supérieur du couvent s'inquiète mais rien ne semble pouvoir restreindre cette ardeur ; elle est sous-maitresse des novices et s'emploie à prier et faire prier pour les « ouvriers de l'évangile » de par le monde. L'effet produit est tel qu'elle en parle à son nouveau directeur, le père Dinet, jésuite de renom, recteur du nouveau collège de la Compagnie à Tours. Le père Dinet « approuve sa disposition intérieure[8] » et dit reconnaître le Canada dans le pays entrevu en songe : « il disait que ce qui m'avait été montré en ce pays pouvait être effectué en moi, au sujet de la mission de Canada[9] », pays dont elle n'avait jamais entendu parler.

Un an plus tard exactement, en l'octave de Noël 1634, alors qu'elle prie devant le Saint-Sacrement, en extase, elle entend clairement « sa divine Majesté » lui dire : « C'est le Canada que je t'ai fait voir ; il faut que tu y ailles faire une maison à Jésus et à Marie[10] ». Le récit de l'autobiographie de 1654, structurellement proche du récit de l'*Annonciation* dans l'évangile de Luc est un modèle de récit vocationnel. Comme cela arrive souvent à Marie Guyart, sa réponse à l'invitation divine est spontanément modelée sur celle de la Vierge Marie, ici Marie de l'Annonciation. Sans comprendre comment cela pourra se faire, elle se dit prête.

À la fin de l'hiver 1635, son *désir du salut des âmes* et son incapacité à le taire plus longtemps sont devenus irrépressibles ; continuellement alimenté et activé, ce désir envahit Marie. Le discernement est devenu absolument nécessaire.

S'agit-il d'un appel authentique, d'une vocation à l'intérieur de sa vocation ? Oui, semble-t-il, puisque le Père Dinet a reconnu que l'ursuline est appelée à œuvrer pour le salut des âmes et pour la mission du Canada. Mais le Père Dinet n'a pas parlé de partir en Canada.

---

7 *Relation de 1654*, *op. cit.* p. 198.

8 *Relation de 1654*, *op. cit.* p. 201 ; voir aussi *Correspondance*, *op. cit.* p. 49, *Lettre XX, à Dom Raymond.*

9 *Ibid.*

10 *Relation de 1654*, *op. cit.* p, 204.

Le discernement devenu maintenant nécessaire porte sur la réalisation « effective » de la vocation. La moniale est-elle appelée à un déplacement physique vers le Canada, situation canoniquement impossible et totalement inédite, ou bien est-elle appelée à vivre cet appel dans le cloître de Tours, comme le pense le Père Dinet qui « estime que Notre Seigneur ne me veut en Canada que d'affection, et qu'il croit [*sic*] que je ne verray jamais la nouvelle France que du Ciel, après que Notre Seigneur aura accompli ce qu'il veut de moy dans l'état où je suis[11] » ? Comment répondre concrètement à l'appel missionnaire reçu ? La demande de « sa divine Majesté » indiquait-elle aussi le lieu de la réalisation de sa mission ? Et puis, question spirituelle mystique par excellence : comment être certain qu'il s'agit bien de la volonté de Dieu et non de sa volonté propre ? Marie s'épuise à ne pas savoir. Le prologue se termine donc sur une situation devenue humainement et spirituellement intenable.

Un événement, entre péripétie et coup de théâtre, va permettre au processus du discernement de s'enclencher.

ACTE I. UNE INFORMATION ÉTONNANTE ET UNE PERMISSION INOUÏE (RÉSUMÉ DE L'ARGUMENT)

Deux personnages : Mère Françoise de Saint-Bernard, supérieure du couvent des ursulines de Tours et Mère Marie de l'Incarnation

Marie croit que Mère Françoise, sa supérieure et amie, l'a convoquée pour parler avec elle de la *Relation* des jésuites de Nouvelle France récemment envoyée à Marie par le jeune père Poncet, un professeur de Claude.

Mère Françoise lui réserve deux surprises.

Elle a convoqué Marie pour l'informer d'une nouvelle qui lui a été communiquée par un confrère de Dom Raymond de Saint-Bernard : Dom Raymond projetterait de partir très prochainement pour le Canada, projet tenu secret jusqu'à cette date. Pour comprendre la répercussion de cette nouvelle sur Marie, il faut connaître les liens qui l'unissent depuis longtemps à Dom Raymond.

Qui est Dom Raymond ? Il s'agit du deuxième directeur spirituel de Marie Guyart Martin. Vraisemblablement en 1621, il prend le relai de Dom François de St Bernard qui s'était occupé de Marie au lendemain du célèbre événement du 24 mars 1620 dont le récit qu'en fait Marie

11 *Correspondance*, *op. cit.* p. 49, *Lettre XX, à Dom Raymond.*

est souvent cité comme emblématique d'une expérience mystique. On se souvient que ce matin-là, alors que, jeune veuve, Marie se rendait à l'entreprise de son défunt mari pour y régler la faillite quasi imminente de l'affaire, elle est subitement arrêtée, se voit comme plongée dans du sang qu'elle reconnaît être celui de Jésus, sang versé pour racheter ses péchés qu'elle voit défiler en même temps devant elle. Au même moment elle se sent emportée en Dieu qui lui manifeste son amour. Événement mystique qu'elle appellera plus tard, sa véritable « conversion » et que les familiers de la mystique appellent « la vision du sang ».

Dom Raymond accompagnera la jeune femme durant toute sa vie de laïque – plus de 10 ans, jusqu'à son entrée chez les ursulines de la rue du Poitou, en janvier 1631 : dix années déterminantes, d'ascèse, de quête et recherche d'une union à Dieu en plein cœur des « embarras des affaires ». Mariage spirituel, à 27 ans, lors d'une deuxième vision trinitaire. Puis, appel de plus en plus pressant à réaliser son vœu de vie religieuse cloîtrée – être toute à Dieu ! Dom Raymond l'aidera spirituellement à discerner et à prendre la décision, humainement difficile, de franchir la porte du cloître malgré les oppositions naturelles, en elle et en dehors d'elle.

Mais peu de temps après son entrée chez les ursulines, Dom Raymond quitte Tours, appelé à d'autres fonctions dans son ordre, l'ordre des Feuillants, cisterciens réformés.

Marie doit se résoudre à prendre un autre directeur. Désormais et jusqu'à la fin de sa vie, les jésuites s'occuperont de son âme, bien qu'ils ne soient pas encore totalement installés à Tours. Ainsi, se succèderont : le Père de la Haye, le Père Dinet, le Père Salin, puis au Canada, le Père Vimont, le Père Ragueneau et surtout le Père J. Lallemant, pendant presque trente ans.

Lorsqu'elle rencontre pour la première fois le Père de la Haye (1633), il est prédicateur du carême à Tours. Il apaisera alors son âme particulièrement perturbée par des tentations et lui commandera sa première biographie.

Le père Dinet, recteur du premier collège de Tours, arrive en 1633, à la fin du printemps ou pendant l'été ; il devient son directeur pour deux années absolument capitales dans la vie de l'ursuline. Nous avons vu qu'il est le premier confident du songe de Noël 1633 et le premier aussi à avoir reconnu le Canada dans le pays qui avait été montré à Marie. Il approuvera les dispositions apostoliques de Marie et authentifiera sa vocation apostolique tout en la comprenant dans les limites du cloître.

On imagine la bombe que représente pour Marie la nouvelle du départ prévu de Dom Raymond pour le Canada.

Mère Françoise n'avait pas convoqué Marie dans le seul but de l'informer de l'événement-coup de tonnerre. Anticipant sa réaction, celle qui est aussi son amie voulait lui signifier son autorisation à correspondre avec celui qui l'avait si bien aidée à discerner sa vocation religieuse : Dom Raymond. Complicité entre ces deux femmes, liées par une amitié profonde jusqu'à la mort de mère Françoise vraisemblablement en 1662.

Aussitôt autorisé, aussitôt fait.

ACTE II. DIFFICILE DISCERNEMENT

Sous l'autorité bienveillante de Mère Françoise, commence alors un épisode unique dans l'histoire de la mystique et que j'appellerais « un cas de harcèlement spirituel autorisé ».

Personnages : Dom Raymond et Marie. Temps : entre la fin du mois de mars 1635 et le début du mois de mai 1635. Mode d'entretien : échange épistolaire. Source : les lettres de Marie de l'Incarnation à Dom Raymond. Le fait que l'ancien directeur de Marie ait gardé cette correspondance montre l'importance qu'il leur accordait ; il les remettra à Claude, le fils de Marie, avant sa mort (hiver 1662). Il s'agit d'une dizaine de lettres qui sont comme un bouquet de plaidoiries enflammées dans un procès en discernement vocationnel. Je n'étudie ici que les trois premières lettres des 20 mars, 1er avril et 5 avril, à l'issue desquelles Dom Raymond donnera une réponse que l'on devine claire, car seule la réaction de Marie nous est connue.

Il y a du Corneille dans ces lettres toutes habitées de passion et de raison.

Comment ne pas souligner le fait que Dom Raymond qui, entre-temps, est devenu prieur à Paris, ait répondu à chacune de ces lettres malgré l'étonnement[12] qui a dû être le sien en apprenant que son projet de départ pour le Canada était connu et, qui plus est, par son ancienne dirigée.

Scène 1. Lettre du 20 mars

Une lecture des premières lignes donne le ton et aurait de quoi inquiéter n'importe quel directeur spirituel autre que Dom Raymond :

12 Au sens très fort que le XVIIe siècle donnait à ce mot.

> Mon très Révérend Père. Il me seroit impossible de ne vous pas témoigner ce qui me presse. [...] C'est donc, mon très Révérend Père, que j'ay un extrême désir d'aller en Canada, et comme ce désir me suit par tout, je ne sçay à qui je me dois addresser pour le dire et pour demander secours, afin de l'exécuter. Mais on m'a appris que vous êtes en dessein de vous exposer à une si haute entreprise, et que l'affaire est si avancée, que vous devez passer par cette première flotte qui va partir après Pâques.
>
> Bon Dieu ! Cela est-il vray ? S'il est vray, de grâce, ne me laissez pas, et menez-moy avec vous. J'aime ardemment toutes ces petites Sauvages, et il me semble que je les porte dans mon coeur. Que je m'estimerois heureuse de leur pouvoir apprendre à aimer Jésus et Marie[13] ! .

Qui est donc Dom Raymond aux yeux de Marie pour que, d'une part, elle se permette un tel débordement, véritable explosion d'un désir devenu irrépressible, et que, d'autre part, elle sache qu'elle ne sera pas rejetée, tenue pour folle ou capricieuse ?

Une lettre de 1649 adressée à une de ses sœurs dirigée par Dom Raymond répond exactement à cette question :

> Je bénis Dieu de tout mon coeur de vous avoir donné un Directeur si saint, et si capable de vous conduire dans les voyes de Dieu. Je luy ay des obligations infinies pour les grandes assistances que j'ay reçues de luy. Il m'a élevée dans la vie spirituelle, il m'a mise en sa sainte Religion, il a pris le soin de mon Fils dans ses plus grandes nécessitez, enfin c'est la personne du monde à qui j'ay le plus d'obligation. (...) si vous sçavez conserver les bons avis qu'il vous a donnez, ce vous sera une leçon pour toute votre vie[14].

Le champ lexical de l'excès éclate dans toute la lettre de mars 1635 : les superlatifs abondent. Un style syncopé par l'émotion et par la violence du désir : exclamations, interrogations, phrases brèves ou mal construites tranchent avec le style déjà classique auquel Marie habitue ses correspondants.

Comment Marie peut-elle espérer convaincre Dom Raymond, avec de tels débordements ?

Mais il la connaît.

Le ton de la lettre, inédit chez Marie, signe justement la gravité de l'état spirituel dans lequel se trouve l'ursuline. La permanence de ce désir en accentue encore l'effet.

Tout va reposer sur la juste identification de ce désir et de son origine.

---

13 *Correspondance*, *op. cit.*, p. 24, *Lettre XI, à Dom Raymond.*

14 *Correspondance*, *op. cit.*, p. 368, *Lettre CXXII, à une de ses sœurs.*

Dom Raymond connaît trop Marie pour y voir l'effet d'un caprice, d'un attrait pour une nouveauté rompant la monotonie de la vie cloîtrée ou, pire, un attachement inconsidéré à sa personne. Il sait aussi combien cette femme d'expérience est réaliste. Mais il a déjà pu assister à l'emprise du désir de Dieu sur cette âme – par exemple les excès de l'ascèse dans les premières années de sa vie mystique. Et il est clair que Marie ne cherche pas à convaincre mais plutôt à « témoigner » de l'ampleur de « ce qui la presse », devant un directeur à qui elle fait totalement confiance.

Le « Je » omniprésent montre à quel point l'identité toute entière de cette femme est compromise dans ce qui lui arrive. Il y est question de bonheur, de vie.

Le lecteur attentif et expérimenté – Dom Raymond a sous les yeux les mêmes données que nous – remarque bientôt que Marie est en proie à un désir qui ne vient pas d'elle, ou du moins, pas seulement d'elle, un désir dont elle est consciente depuis longtemps mais qu'elle parvenait à satisfaire jusqu'à présent dans ses états de vie successifs.

Un point importe plus que tout pour Dom Raymond. Ce désir, qui tend rien moins qu'à la faire participer au mystère de la Rédemption, ne fait pas disparaître la claire conscience de sa faiblesse, sa *chétivité* et son indignité. Le paradoxe éclate néanmoins. La deuxième partie de la lettre oscille entre un souhait sincère de se plier à la décision de Dom Raymond reconnue comme l'écho de la volonté de Dieu, et sa prière insistante réclamant une réponse favorable à sa double demande : partir en Canada et partir avec lui.

La réponse à cette lettre explosive ne se fait pas attendre. Selon le modèle bien rodé des directeurs spirituels de l'époque, elle manifeste d'abord une extrême sévérité, accompagnée parfois de brimades. Nous ne savons pas s'il y eut brimades ! Mais le début de la 2e lettre de Marie montre toutes les réserves que Dom Raymond manifeste à son ancienne dirigée.

Pourtant il ne s'agit pas d'une fin de non-recevoir. Marie n'est pas dupe ; elle sait que sa lettre a ébranlé Dom Raymond. Elle comprend aussi que, au-delà du *pathos*, il a saisi le sérieux du travail spirituel dans le cœur de Marie. Après l'avoir renvoyée à la toujours nécessaire vertu d'humilité qui l'assigne à une juste place, Dom Raymond demande des éclaircissements sur l'origine et la manifestation de ce désir. La réponse ne tarde pas. Elle se déploie sur les lettres des 1er et 5 avril.

Scène 2. Lettre du 1er avril : le troisième personnage !

Si Marie insiste à nouveau sur la violence du désir qui la pousse, le ton a totalement changé, et, avec lui, le genre littéraire de son propos : la fébrilité, l'impatience, la violence intérieure y sont parfaitement maîtrisées dans un exposé très exact de l'état de sa relation à Dieu, qui tient la moitié de la lettre. Dom Raymond y apprend les progrès de son ancienne dirigée et comment le Verbe incarné l'instruit sur les vérités fondamentales de la foi et de l'Évangile. Elle livre le fond de son âme et conclut cette confidence spirituelle en montrant comment le « désir de la vie apostolique » est né spontanément des connaissances infuses, mises par Dieu dans son âme, comment, depuis lors, ce désir s'est accru constamment, attisé par la lecture récente de la *Relation* des jésuites de Nouvelle-France. Il faut néanmoins noter un non-dit étrange sur lequel nous reviendrons : Marie ne parle ni du songe, ni de la traduction du songe !

La pointe de cette lettre est bien l'entrée en scène d'un troisième personnage, convoqué par Marie pour rendre compte de la présence en elle de ce désir. Le champ lexical de l'initiative divine est omniprésent dans la lettre : « Il a mis dans mon âme… il a tenu mon esprit dans… il me versait dans le cœur… il me fait voir, etc. ». La contemplation de la beauté d'une telle mission, à laquelle Dieu la conduit n'a d'égale que la claire conscience de sa pauvreté, autre champ sémantique du texte. Cette dialectique tout/rien éveille en elle une double disposition : l'abandon à une volonté qu'elle est incapable de réaliser par ses seules forces et le désir toujours plus grand de la réaliser.

Dom Raymond notera en tout cela un autre effet, véritable signature de l'Esprit de Dieu : une grande paix dans le fond de l'âme et un déplacement de l'objet de la contemplation, comme si Dieu faisait passer la mystique de l'amour qu'elle éprouve pour Dieu à l'amour des âmes aimées par Dieu. En plein cœur de la lettre surgit l'argument biblique irrécusable, objet central de la foi chrétienne et bras de levier de la Mission, ce verset de l'Apôtre des nations : « *Jésus-Christ est mort pour tous (2 Co. 5, 15)* » :

> J'ay fort présent ce passage de Saint Paul : que Jésus-Christ est mort pour tous ; et je vois avec une extrême douleur que tous ne vivent pas encore, et que tant d'âmes sont plongées dans la mort. J'ay tout ensemble de la confusion d'oser aspirer, et même de penser pouvoir contribuer à leur faire trouver la

> vie. Je demande pardon de ma témérité, et avec tout cela je ne puis retirer la veue de dessus elles, ny perdre un désir qui me suis par tout[15].

La boucle est bouclée ; ce texte qui manifeste un équilibre classique étonnant nous ramène à la première raison d'être de cet échange épistolaire : le désir irrépressible de Marie. Rien n'a changé. Mais Dom Raymond en connaît et reconnaît désormais la source divine parfaitement décrite par l'ursuline.

La dernière partie de cette lettre capitale est tout aussi importante dans l'évolution du procès. Marie montre que le processus de discernement a déjà été largement entrepris par elle-même. Le procès se passe d'abord en elle ; le désir y est passé au laminoir de la raison naturelle. Cette femme réaliste montre qu'elle connaît les dangers et les obstacles naturels d'une telle entreprise en pays « barbare ». Mais rien ne résiste à l'argument des grâces divines accordées à ceux qui sont choisis pour ces missions, à vue humaine impossibles.

L'obstacle que lui présente la raison est plus spirituel : le vieil ennemi de la volonté propre et de la témérité qui fait espérer des biens sans rapport avec son indignité.

Là encore, la réponse de Marie est l'affirmation de la toute-puissance de Dieu et son désir de ne faire que sa volonté. La lettre se termine sur ces mots : « Je ne veux rien que la volonté de sa divine Majesté à laquelle je veux que tous mes désirs soient soumis et subordonnés[16]. »

À la fin de cette scène, il est possible de dire que le processus de discernement est bouleversé et prend un tour nouveau et décisif par l'entrée en scène de ce troisième personnage : sa divine Majesté. Marie fournit les arguments spirituels permettant à Dom Raymond d'authentifier l'origine du désir et de soupeser la faisabilité de sa réalisation, dirions-nous aujourd'hui.

Il est très étonnant de constater que Marie n'évoque toujours pas ce qui a bouleversé sa vie toute entière depuis un an : le songe et la traduction du songe.

Scène 3. Lettre du 5 avril 1635 : un coup de théâtre

La lettre datée du 5 avril a de quoi satisfaire Dom Raymond.

Marie y apporte des éléments nouveaux qui plaident en faveur de la réalisation effective du désir :

---

15 *Correspondance*, *op. cit.*, p. 27, *Lettre XII, à Dom Raymond.*

16 *Correspondance*, *op. cit.*, p. 28.

- Elle convoque de nouveaux témoins de poids : Mère Françoise de Saint-Bernard (qui joint une lettre) et le Père Dinet, proposant à Dom Raymond de se renseigner auprès de lui.
- Elle manifeste un réalisme et une lucidité qui lui sont habituels en matière de gestion des réalités matérielles et sociales. Elle reconnaît volontiers que l'objet du désir qu'elle porte est une « chose qui est en apparence contre toute la raison humaine. » Elle manifeste son souhait de s'en remettre aux conseils de personnes avisées et sages.
- Elle rappelle à Dom Raymond ses dispositions spirituelles et l'état actuel de son oraison : paix accomplie, nudité d'esprit, union d'amour renouvelée et désir de rendre amour pour amour à son divin Époux par la réalisation même de sa volonté. En ce sens, tout se passe comme si, dans le procès qui se déroule d'abord en Marie, elle tendait à convaincre Dieu lui-même de lui accorder la réalisation du désir qu'Il a mis en elle.

Mais l'argument qui déclenchera la réponse définitive de Dom Raymond est encore d'un autre ordre. Consciente que, quels que soient sa sincérité et son réalisme, tous les arguments qu'elle avance peuvent *in fine* être suspectés d'illusion, elle s'en remet directement à son divin Époux et à l'Esprit-Saint, le Paraclet qu'il a promis, pour éclairer son directeur :

> Si donc mon divin Époux vous découvre sa volonté, ne m'aiderez-vous pas ?

L'apparat émotif, et quelque peu exalté, qui entoure ces considérations ne saurait en masquer l'importance mystique déterminante.

Véritable coup de théâtre dans leur échange, la convocation de l'Esprit-Saint dans le processus de discernement porte son effet. La réponse de Dom Raymond authentifie l'origine de ce désir bien qu'il n'ait pas rencontré le Père Dinet ; nous le savons par la lettre que Marie écrit le 19 avril :

> Mon très-Révérend Père. Je ne pouvois attendre qu'une favorable réponse de votre bonté, et je sçavois bien que le bien-aimé de nos coeurs toucheroit le vôtre, et luy feroit trouver bon de nous aider pour son amour. L'ouverture des vôtres nous fit tressaillir de joie[17].

Tel est l'heureux dénouement de ce drame.

---

17 *Correspondance*, *op. cit.*, p. 33, *Lettre XIV à Dom Raymond.*

Rien ni personne ne pourront lui ôter la paix qui l'habite.

Désormais, Marie sait que, à la manière et selon le temps de Dieu, ce désir se réalisera.

Elle pourra découvrir émerveillée que « La divine Bonté disposait le tout suavement », selon le mot qui termine le 10e état d'oraison[18].

ÉPILOGUE. L'AIGLE ET LE MOUCHERON

Mais, par ce verdict, « La chose est faite et n'est pas faite », selon la très juste formule d'un poète quelques siècles plus tard.

À peine Marie a-t-elle pris acte de la validation de Dom Raymond que, selon le tempérament de feu que nous lui connaissons, elle rebondit sur la réalisation concrète de ce désir maintenant authentifié. La demande est simple : Dom Raymond doit emmener Marie avec lui.

> Ne seriez-vous pas bien aise que ces paroles qui sont de saint Paul, fussent accomplies en nous ? La divine Majesté en a bien fait d'autres. Et pour moy je suis pleine d'espérance, et je croy fermement qu'elle nous versera à cet effet des grâces surabondantes. Nous nous voyons comme de petits moucherons, mais nous nous sentons avoir assez de coeur pour voler avec les aigles du Roy des Saints ; si nous le pouvons suivre, ils nous porteront sur leurs ailes, comme les aigles naturels portent les petits oiseaux[19].

La correspondance entre eux sera toute aussi intense pendant un mois mais les résultats bien différents : l'aventure de Dom Raymond s'arrête là ; il est appelé à d'autres fonctions.

On sait néanmoins qu'il contribuera à l'organisation du départ de Marie quatre ans plus tard, exactement. Leur correspondance se poursuivra jusqu'à la mort de Dom Raymond. Il restera pour elle le modèle du directeur spirituel ; de Jérôme Lallemant, son directeur en Nouvelle-France, dont elle veut faire les louanges, elle dira plus tard : c'est un autre Dom Raymond !

Ainsi, un processus de discernement qui engageait deux personnages, une mystique et son directeur, s'est transformé d'abord en processus de discernement intérieur entre Marie et elle-même, puis par une remontée à la source, en un drame à trois personnages : Marie, son directeur et sa divine Majesté dans lequel le recours à l'Esprit-Saint

---

18 *Relation de 1654*, *op. cit.*, p. 207.

19 *Correspondance*, *op. cit.*, p. 40, *Lettre XVI à Dom Raymond.*

devient déterminant, lui qui est aussi, dit Marie, l'Esprit apostolique et l'Esprit de Jésus-Christ.

On devine les enjeux sous-jacents à ce processus.

DEUXIÈME PARTIE : PERSPECTIVES… SUR QUELQUES ENJEUX

Quels sont ces enjeux qui texturent les relations d'une mystique avec ses directeurs spirituels et ce qu'ils représentent en ces temps de Réforme catholique ? Enjeux théologiques bien entendu, mais aussi questions portant sur l'autorité de l'expérience mystique, de l'institution ecclésiale, de la Bible et de la tradition, et encore, dans ce cas précis, du rôle socio-politique de spirituelles d'exception, qui furent aussi des pionnières et des fondatrices.

UNE FEMME DES PARADOXES

Chez la mystique, les paradoxes vécus sont évidents. Marie est dans la paix et la joie, y compris au milieu des épreuves les plus crucifiantes. Son rapport à l'institution ne sera pas toujours facile ; pourtant elle deviendra elle-même une institution. Elle est appelée à bâtir une maison, et pourtant elle n'a pas l'esprit d'établissement. Elle est douée pour une obéissance qu'elle vit sans état d'âme et qu'elle enseigne à ses conseillés tout en étant une femme étonnamment libre dont les audaces bousculent les réalités canoniquement instituées.

C'est que Marie Guyart de l'Incarnation s'intéresse plus à l'Instituant divin – l'Esprit inspirateur, qu'à l'institué humain.

De ce fait, ces paradoxes la conduisent à effectuer des *déplacements* dans tout ce qui tend à clôturer l'Esprit.

Dès lors aussi, certains paradoxes sont levés, tel celui qui lui fait dire que la docilité à l'Esprit-saint est le principe de la vraie liberté.

De telles pensées et attitudes ne sont pas sans poser, une fois de plus, la question de l'autorité.

AUTORITÉ ET OBÉISSANCE

Qu'est-ce qui fait véritablement autorité dans la vie et le discernement de la mystique ? La relation aux directeurs spirituels est symptomatique de la réponse.

Elle affirme son obéissance à celui qui lui tient lieu de la volonté de Dieu. Que se passe-t-il lorsque la volonté du directeur semble s'opposer à la volonté exprimée dans une révélation privée, une expérience extraordinaire ? La *Relation de 1654* montre que ce cas de figure arrive plusieurs fois dans la vie de Marie.

La réponse est claire. Elle la donnera plus tard à son fils Claude : il faut obéir sauf si le salut de son âme est en jeu.

Pourtant dans le cas étudié, Marie dépasse l'obéissance en conviant son directeur à se soumettre lui-même aux motions de l'Esprit. L'hommage rendu par le Père J. Lallemant à la mort de Marie est significatif en ce sens : « Je luy ay été en tout et par tout un serviteur inutile, me contentant d'estre l'observateur des ouvrages du Saint-Esprit en elle, sans m'ingérer d'aucune chose, la voyant en si bonne main, de crainte de tout gâter[20]. »

Il s'agit de toujours préférer la foi de l'Église plutôt que le contenu des expériences extraordinaires. Marie ne concède aucune autorité dirimante aux expériences dont elle est gratifiée : c'est pour cela qu'elle attend que Dom Raymond ait terminé son processus de discernement avant de lui raconter le songe et la traduction de ce songe, reçue en extase. Il y a chez elle une crainte d'être trompée : le malin n'est pas, pour Marie, une hypothèse intellectuelle, comme elle peut l'être pour son exact contemporain, Descartes.

Par contre, sa relation au Verbe incarné, lui confère un rapport très singulier à l'Écriture qu'elle convoque et qui l'inspire spontanément.

UNE CHRÉTIENNE DE LA RÉFORME TRIDENTINE

Et pourtant, son histoire va déplacer ou réinterpréter la mission des religieuses, accueillir et déplacer la dévotion mariale, autant de lignes de force de cette réforme.

---

20 *Correspondance*, *op. cit.*, p. 1020, *Appendice XXXVI.*

UNE MODERNE MAIS D'UNE AUTRE MODERNITÉ

Comme les modernes, elle affirme l'importance d'un libre-arbitre, noblesse de l'âme que Dieu n'enlève jamais à sa créature, même au cœur des purifications passives les plus extrêmes. Cette liberté n'y est pas réduite mais purifiée jusqu'à sa quintessence : le consentement au plus haut point de l'amour.

Comme les modernes, tout en elle privilégie la personne, le sujet. Mais le sujet n'est pas pour elle un être insulaire enfermé dans la prison de son « *cogito* », bientôt égocentré. Marie est toujours, d'emblée dans l'intersubjectivité.

Comme les modernes, elle affirme la nécessité de la raison : chef d'entreprise, fondatrice dans un pays où tout est à construire, elle connaît l'importance de l'intelligence et de la raison pratique. Mais la mystique en elle sait d'expérience que l'ordre de la raison n'est pas celui du cœur – au sens biblique du mot, et que certaines « folies » au regard de la raison naturelle, se révèlent plus sages – et parfois prophétiques, que les seuls arguments rationnellement évidents ; ainsi, c'est folie que de penser traverser l'Atlantique et s'engager dans un pays de barbares ! Et d'ailleurs un de ses directeurs spirituels, le Père Salin qui succède au Père Dinet, sera catégorique sur ce point.

Comme les modernes elle affirme la grandeur de la nature humaine. Mais son anthropologie n'est pas dualiste. L'homme n'est pas seulement un animal raisonnable. Son anthropologie est triadique. Pascal, en ce sens, la rejoint tout à fait. C'est dans ce sens aussi qu'il faut comprendre le commentaire remarquable de Dom Claude Martin, le fils de Marie Guyart, devenu moine bénédictin : « On peut excéder dans le désir de connaître, mais non dans celui d'aimer[21] ».

MAÎTRESSE DE VIE SPIRITUELLE

Nombreuses sont les réflexions de Marie qui ont un caractère universel, par exemple sa quête de sens et de bonheur dont elle donnera une clé à sa nièce : « Ah, mon Dieu, si nous avions une fois obéi comme il faut aux mouvements et aux attraits de la grâce que nous serions heureux[22] ! ». Rendre « amour pour amour » pourrait être sa devise et son critère de

21 *Relation de 1654*, *op. cit.*, note 2, p. 186.

22 *Correspondance*, *op. cit.*, p. 831, *Lettre CCXLV, à sa nièce.*

discernement. C'est d'ailleurs cette détermination qui lui fait désirer ardemment se consacrer au salut des âmes qui au bout du monde ne savent pas de quel amour elles sont aimées. C'était aussi la devise du plus célèbre des martyrs canadiens, Jean de Brébeuf.

Pour répondre aux interrogations de son fils, cette mystique réinvente les relations entre contemplation et action. Est-ce possible après une Thérèse d'Avila ? Les lettres que nous avons parcourues en fournissent un premier indice. Et, d'une certaine manière, le concept *d'état d'oraison* qu'elle invente pour essayer d'ordonner sa biographie va certainement dans ce sens. Ce qui est en jeu est bien le rapport vie mystique / vie apostolique. Elle a été amenée non à les vivre successivement comme deux états de vie mais conjointement ; ce qui les unit est toujours son intimité avec Dieu, pas seulement le Verbe incarné mais le Dieu trine. Si le fond de l'âme est uni à Dieu dans ce qu'elle appelle un *état foncier*, alors tout ce qui jaillit de ce fond participe de l'oraison – commerce d'amitié avec Dieu, selon le mot de Thérèse d'Avila, que ce soit l'activité liturgique, le soin des petites amérindiennes, la réception des marchandises à minuit sur les quais de la Loire, ou le temps passé devant le Saint-Sacrement.

Ce qui importe à Marie Guyart de l'Incarnation est de « rouler dans les volontez[23] » amoureuses de Dieu. « Tout m'est croix, hors de ce centre[24] » dira-t-elle à la fin de sa vie.

Au cœur de ce *centre*, tout lui est joie !

Thérèse Nadeau-Lacour
Faculté de Théologie et Sciences
Religieuses, Université Laval
de Québec (Canada)
Département des Sciences Humaines,
Université du Québec à Trois-Rivières
(Canada)

23 *Correspondance*, *op. cit.*, p. 506, *Lettre CLI, à Mère Françoise de St Bernard.*
24 *Correspondance*, *op. cit.*, p. 920, *Lettre CCLXXI, à son fils.*

TROISIÈME PARTIE

GÉOGRAPHIE ET HISTOIRE DES CHARISMES FÉMININS À L'ÉPOQUE MODERNE

MÉMOIRE ET INDICES DES RÉVÉLATIONS

Veronica da Binasco, Arcangela Panigarola, Paola Antonia Negri, entre textes et images

Une ambiguïté de fond subsiste dans nombre d'écrits hagiographiques italiens des XVe et XVIe siècles entre la certification du don de prophétie alors requis pour la construction de la sainteté féminine et la fréquente limitation des implications pratiques de ce don par les auteurs mêmes qui semblaient le promouvoir. À plus forte raison dans les imprimés destinés à soutenir un procès de béatification ou de canonisation, les accès prophétiques annoncés se replient souvent sur des ressorts plus dévotionnels voués à encadrer la mystique féminine. Quant aux illustrations réalisées pour ces ouvrages, elles ne se concentrent jamais que sur quelques visions ou objets choisis comme signes d'identification et de ralliement à l'intention de la communauté, favorisant une réification des visions sous une forme prédicative que l'on pourrait nommer « visions attributs ». Ces difficultés à restituer la part prophétique hors du contexte précis où elle s'est exercée poussent à interroger plus avant les proximités que les révélations rapportées indirectement entretiennent avec les arts de la mémoire et à considérer les récits et images de révélations construites *a posteriori* à la fois comme artefacts mnémoniques et indices partiels, fragmentés et lacunaires d'expériences inatteignables.

Afin d'approfondir la compréhension des images qui les représentent, j'aborderai ensemble les révélations de trois « saintes vives » milanaises présentes à quelques années d'écart dans le couvent augustinien de Sainte-Marthe, pour lesquelles existe un *corpus* déjà bien étudié quoiqu'il soit composé de textes très divers (lettres et recueils manuscrits, vies et révélations imprimées…) encore en bonne part inédits. Il s'agira surtout de démontrer la proximité de certaines visions d'Arcangela Panigarola (1468 ; 1525) avec celles attribuées à Veronica da Binasco (1445 ; 1497), rédigées en 1517, soit vingt ans après la mort de cette dernière, alors qu'Arcangela était abbesse de Santa Marta. Les *Lettres spirituelles* de Paola Antonia Negri (v. 1508 ; 1555), plus tardives car contemporaines du concile de Trente, seront elles aussi évoquées en vue de questionner la possibilité d'une filiation spirituelle entre ces trois femmes[1].

DU DISCOURS INDIRECT À L'AUTOGRAPHIE : ÉTAT DES SOURCES

En 1518, pour célébrer le procès de béatification de Veronica da Binasco, le théologien et polémiste dominicain Isidoro Isolani publie une *Vie* de la sainte composée à partir de trois tomes écrits en vulgaire par deux compagnes de Sainte-Marthe, Benedetta da Vimercate et Taddea Bonali da Ferrara : ce manuscrit étant perdu, il n'est plus possible d'estimer l'écart entre ce recueil original et sa réélaboration latine[2].

1 Cette étude non exhaustive présente une recherche menée dans le cadre d'une thèse d'histoire de l'art sur la circulation de la prophétie doctrinale de l'*Apocalypsis nova* et les œuvres réalisées pour les franciscains amadéistes en Lombardie et dans le Latium (vers 1460 – 1568). Depuis la journée d'études du 3 octobre 2014, des parutions importantes sont à signaler : A. Bartolomei Romagnoli, E. Paoli, P. Piatti (éd.), *Angeliche visioni: Veronica da Binasco nella Milano del Rinascimento*, Florence, SISMEL – Edizioni del Galluzzo, 2016 ; R. Bacchiddu, « Panigarola, Margherita », *Dizionario Biografico degli Italiani*, vol. 80, Rome, Istituto dell'Enciclopedia Italiana, 2014, p. 777-780 ; A. Bartolomei Romagnoli, « Arcangela Panigarola e le donne del Santa Marta. Azione politica e magistero spirituale nella Milano del Cinquecento », dans *Il convento di Santa Maria delle Grazie a Milano. Una storia dalla fondazione a metà Cinquecento*, éd. S. Buganza, M. Rainini OP, *Memorie Domenicane*, vol. 47, Florence, Nerbini, 2016, p. 187-228 ; C. T. Gallori, « Las revelaciones de Arcangela Panigarola : entre profetismo y devoción », dans *Visiones imperiales y profecía. Roma, España, Nuevo Mundo*, éd. S. Pastore, M. García-Arenal, Madrid, Abada, 2018, p. 219-243.

2 I. Isolanus, *Inexplicabilis mysterii gesta B. Veronicæ virginis præclarissimi monasterii S. Marthæ urbis Mediolani, sub observatione regulæ divi Augustini*, Mediolani, Gotardum Ponticum, 1518. Texte édité dans les *Acta sanctorum*, Janvier, Venise, 1734, p. 887-929 et Bruxelles, 1864, p. 169-211. Traduction italienne : I. de Isolanis, *Vita della beata Veronica da Binasco*, éd. G. Ravizza, Pavie, Seminario vescovile, 2006. L'étude des écarts entre la version latine d'Isolani et son adaptation française restée manuscrite, *La vie et les miracles de saincte Véronique* dédiée à Louise de Savoie par l'augustin Louis Chantereau, a démontré à quel point ces deux auteurs orientaient leurs compositions en fonction de leur ordre et des dédicataires : J.-M. Matz, « La Vie en français de la bienheureuse Véronique de Binasco († 1497). Sainteté, politique et dévotion au temps des guerres d'Italie », *Mélanges*

Isolani reçut pour réaliser cet ouvrage une paye mensuelle versée par le sénat milanais sur la volonté de François Ier et de la reine Claude[3]. Quoiqu'il commence sa *Vie* de Veronica da Binasco dans la louange répétée des vertus prophétiques de cette religieuse analphabète et d'extraction paysanne, l'auteur se focalise ensuite, hormis de brèves allusions, sur des expériences mystiques et visionnaires, sans véritablement rapporter de prophéties détaillées. Par son attachement à inciter aux vertus d'humilité, d'obéissance et d'abnégation, Isidoro Isolani, alors même qu'il exalte les dons de prophétie comme les nombreuses visions extatiques accordées à Veronica, dresse le portrait paradoxal d'une prophétesse silencieuse et rougissante, qui n'ose pas transmettre d'enseignements révélés à ses consœurs à moins que ses supérieurs ne l'aient expressément sommée de le faire[4]. Dans le livre traitant des rapts extatiques de la religieuse, seul un court chapitre d'un paragraphe, intitulé *De cognitis futuris flagellis Dei non post multos annos*, placé de façon suggestive après une vision du Christ flagellé, pourrait rappeler les prophéties aux échos savonaroliens d'Arcangela Panigarola s'il ne consistait principalement dans la défense faite par l'Ange du Seigneur de divulguer la nature des punitions à venir[5]. Les révélations de Veronica confirment les savoirs institués : ses visions coïncident avec les fêtes du calendrier liturgique ; un ange lui explique le bien-fondé de la liturgie de la Curie romaine ; Dieu lui apprend à lire le psautier ; les enseignements moraux que le Christ, la Vierge et les saints lui demandent d'enseigner à ses consœurs répètent

de l'École française de Rome. Moyen Âge, 109-2, 1997, p. 603-631 ; *id.*, « Construction et reconstruction du stéréotype de la prophétesse mystique : La *Vita* et la Vie de Véronique de Binasco († 1497) », dans *Le stéréotype : outil de régulations sociales*, éd. M. Grandière, M. Molin, Rennes, Presses universitaires de Rennes, 2004, p. 43-56. Plus récemment, sur Isolani et le livre de Benedetta : A. Bartolomei Romagnoli, « Due biografi per Veronica da Binasco. Il bilinguismo nella scrittura mistica tra Quattro e Cinquecento », dans *Angeliche visioni, op. cit.*, p. 247-282.

3 S. Giordano, « Isolani, Isidoro », *Dizionario Biografico degli Italiani*, vol. 62, 2004 ; G. Zarri, « Profezia politica e santità femminile in Santa Marta: un modello », dans *Prima di Carlo Borromeo: istituzioni, religione e società agli inizi del Cinquecento*, éd. A. Rocca, P. Vismara, Rome, Bulzoni, 2012, p. 187-202 ; M. Rainini OP, « Frati predicatori, apocalittica e profetismo agli inizi del XVI secolo: a partire dagli scritti di Isidoro Isolani », dans *Il convento di Santa Maria delle Grazie a Milano, op. cit.*, p. 229-243.

4 I. Isolanus, *Inexplicabilis mysterii, op. cit.*, livre I, chap. X. L'allusion au rougissement apparaît au livre VII, chap. VII.

5 *Ibidem*, Livre III, chap. VI. Le chapitre suivant porte sur la négligence des sœurs de Sainte-Marthe et oriente donc la lecture politique de ces prédictions dans un sens disciplinaire interne au couvent.

les règles de la vie conventuelle ; enfin, tandis qu'elle assiste à chacun des moments de la Passion, si Isolani affirme que l'ange Gabriel lui enseigne des mystères tus par les évangélistes, il reconnaît ensuite que Veronica s'en tient dans ses déclarations au Nouveau Testament[6].

Les neuf gravures du livre contribuent cependant à incarner de manière plus explicite la particularité des révélations accordées à Veronica, et l'ajout à la préface du bref pontifical de Léon X autorisant les sœurs de Sainte-Marthe à produire des images de la bienheureuse justifie d'ailleurs l'usage copieux des xylographies pour cet ouvrage[7]. La plus connue d'entre elles, reproduite deux fois en pleine page et fréquemment commentée pour sa machinerie visionnaire spectaculaire proche d'un décor de *sacra rappresentazione*, montre une communion miraculeuse reçue des mains du Christ dans d'abondantes nuées[8]. Les huit autres gravures, plus petites, accompagnent une à une le titre de chacun des huit livres : les communions fréquentes de Veronica sont l'occasion de visions eucharistiques de l'Enfant en marche sur l'autel, sa relation privilégiée avec l'au-delà et sa qualité de médiatrice se voient consacrées par le truchement visible d'objets-attributs remis par l'intermédiaire d'anges, de sorte que cette opération éditoriale favorable aux révélations individuelles confère finalement une visibilité assez audacieuse aux expériences visionnaires de la sainte, que l'on voit à plusieurs reprises se tenir face à face aux côtés d'un ange, du Christ et de la Vierge[9].

Comme il a été dit, les conditions d'écriture de la *Vie* de Veronica da Binasco sont étroitement liées à l'une de ses successeuses, Arcangela Panigarola, abbesse du couvent de Sainte-Marthe de 1512 à 1525, elle-même gratifiée de nombreuses visions et commanditaire auprès des peintres les plus reconnus de son temps pour une série d'œuvres destinées

---

6 Au livre IV, chap. XVI, Isolani reconnaît pourtant avoir raccourci le texte original ; *cf.* A. Valerio, « Lettura e rivisitazione del testo sacro in Veronica da Binasco (1445-1497) », dans *Angeliche visioni*, *op. cit.*, p. 327-340.

7 Comme l'a noté Gabriella Zarri, ce livre rappelle l'usage programmatique que Savonarole avait su faire des xylographies pour l'édition de ses sermons : G. Zarri, *Le sante vive. Profezie di corte e devozione femminile tra '400 e '500*, Turin, Rosenberg & Sellier, 1990, p. 93 et suiv.

8 Livre VII, chap. III. G. Cassegrain débute sa thèse sur les visions et apparitions célestes par cette gravure, en écho aux propositions de : H. Damisch, *Théorie du nuage. Pour une histoire de la peinture*, Paris, Seuil, 1987.

9 Outre la version numérisée de Gallica, les neuf gravures sont publiées dans : D. Sedini, *Marco d'Oggiono : tradizione e rinnovamento in Lombardia tra Quattrocento e Cinquecento*, Milan, Jaca Book, 1989 ; I. de Isolanis, *op. cit.*, éd. G. Ravizza.

à son église[10]. Arcangela entretint de 1514 à 1521 une correspondance avec l'un de ses principaux fils spirituels, Denis Briçonnet, l'évêque de Saint-Malo et ambassadeur de François Ier qui négocia auprès du pape le procès de béatification de Veronica da Binasco. L'autorité spirituelle d'Arcangela s'exerçait sur un groupe de nobles et d'ecclésiastiques influents réunis autour d'elle à Sainte-Marthe, désigné comme le cercle de la Sagesse Éternelle – parmi lesquels comptait Isidoro Isolani, dont le nom apparaît dans les manuscrits conservés à la Bibliothèque Ambrosienne[11]. Outre l'unité d'inspiration de plusieurs visions des deux saintes femmes, avec la miniature peinte dans le principal recueil des révélations d'Arcangela rédigé par ses consœurs à partir de textes de Giorgio Benigno Salviati et Giovanni Antonio Bellotti, on remarque aussi les proximités formelles explicites des images qui les représentent, livrant sans doute à elles seules les particularités d'un modèle de sainteté féminine promu durant les années du Royaume français de Milan[12]. Mais on constate

10 Le couvent de Sainte-Marthe a bénéficié durant les années 1514-1521 du soutien financier des gouverneurs français. Son église fut alors reconstruite, décorée à fresque par Bernardino Luini, agrémentée de retables de Bernardo Zenale et Marco d'Oggiono ainsi que de la tombe de Gaston de Foix sculptée par Bambaia entre 1517 et 1522. M. T. Binaghi, « L'immagine sacra in Luini e il circolo di Santa Marta », dans *Sacro e profano nella pittura di Bernardino Luini*, catalogue de l'exposition, éd. P. Chiara, Milan, Silvana, 1975, p. 49-76 ; C. Quattrini, « Il cantiere di Santa Marta fra secondo e terzo decennio del Cinquecento », dans *Le Duché de Milan et les commanditaires français (1499-1521)*, éd. F. Elsig, M. Natale, Rome, Viella, 2013, p. 237-265 ; *Bernardino Luini e i suoi figli*, catalogue de l'exposition (Milan, Palazzo Reale, 10 avr. – 13 juin 2014), éd. G. Agosti, J. Stoppa, vol. I, Milan, Officina Libraria, 2014, chap. « Santa Marta » ; C. Quattrini, « Artisti e committenti a S. Marta al tempo di Arcangela Panigarola », dans *Angeliche visioni*, *op. cit.*, p. 481-502.

11 Giovanni Antonio Bellotti rapporte comment Arcangela vit Veronica au purgatoire et convoque Isidoro Isolani du couvent de S. Maria delle Grazie comme témoin honorable confirmant les mérites d'Arcangela peu avant le décès de celle-ci : fii 4r° et 23v°, ms. O 165 sup., Biblioteca Ambrosiana, Milan ; cit. T. Herzig, *Savonarola's women. Vision and Reform in Renaissance Italy*, Chicago-Londres, The University of Chicago Press, 2008, p. 164.

12 Ce lien entre les deux œuvres est renforcé par Cristina Quattrini (*op. cit.*, p. 242 et 257) qui en attribue le dessin au même artiste, identifié au Maître de l'Antiphonaire DR-1 de Busto Arsizio. Sur ce peintre enlumineur proche de Luini, Zenale et Oggiono, *cf.* P. L. Mulas, « I Francesi nel Ducato: riflessi nei libri miniati », dans *Le Duché de Milan et les commanditaires français (1499-1521)*, *op. cit.*, p. 79-106 ; P. L. Mulas, « Maestro dell'Antifonario DR-1 di Busto Arsizio », dans *Dizionario biografico dei miniatori italiani: secoli IX-XVI*, éd. M. Bollati, préf. M. Boskovits, Milan, Mondadori, 2004, p. 549-550. Attribution différente : R. Cara, notice n. 37, dans *Bernardino Luini e i suoi figli*, *op. cit.*, p. 196-200. A.-M. Lecoq suggérait une recherche sur les allégories dédiées à François Ier en Lombardie : ses travaux sur les valeurs mnémoniques et prophétiques des enluminures réalisées pour Louise de Savoie pourraient être étendus aux modes de représentation de

la postérité historique limitée de ce modèle avec les remaniements importants de ces sources originales par la littérature hagiographique ultérieure : des révélations dont le propos n'est plus jugé pertinent se voient alors consciencieusement vidées de toute portée signifiante. Les visions d'Arcangela sont ainsi édulcorées au XVIIe siècle par le jésuite Ottavio Inviziati qui passe sous silence ses invectives savonaroliennes contre la curie romaine et le contexte politique de ses prophéties[13].

Ces révisions historiographiques pourraient être mises en perspective avec l'édition posthume des *Lettres spirituelles* de Paola Antonia Negri par son disciple Giovanni Battista Fontana de' Conti en 1576, d'autant plus apologétique qu'une première édition avait été interdite en 1563 et qu'un procès inquisitorial déniait l'autorité des lettres[14]. À Sainte-Marthe, Paola Antonia eut probablement pour confesseur Giovanni Antonio Bellotti à partir de 1520 ; elle assuma une fonction directrice dès 1535 dans la nouvelle congrégation des sœurs angéliques et des frères barnabites. Elle fut vénérée comme sainte de son vivant par ses disciples puis dénoncée comme « *spirito diabolico* » quelques années avant sa mort en 1555. Un tel revers entraîna une série de sanctions et d'interdits qui expliquent l'absence d'images conservées célébrant ses révélations. Ces extrémités fascinantes invitent à supposer que la succession de trois saintes femmes reconnues pour leur charisme au sein d'un même couvent dut certainement favoriser une fonction prophétique directrice dans l'économie de cette communauté et provoquer une gradation, une augmentation progressive de la liberté d'action et du pouvoir décisionnel féminin, culminant en la personne controversée de Paola Antonia Negri[15].

---

la sainteté à Milan durant ces années : A.-M. Lecoq, *François Ier imaginaire, symbolique et politique à l'aube de la Renaissance française*, Paris, Macula, 1987, p. 20.

13 O. Inviziati, *Vità, virtù e rivelazione della venerabile madre Arcangela Panigarola priora dell'insigne nobilissimo monistero di S. Marta in Milano dell'ordine di S. Agostino*, Milan, Ghisolfi, 1677. *Cf.* T. Herzig, *op. cit.*, p. 166-167. En revanche, Inviziati affirme qu'Arcangela aurait prophétisé la création de la Compagnie de Jésus : C. T. Gallori, « Las revelaciones de Arcangela Panigarola », *op. cit.*, p. 231.

14 G. B. Fontana de' Conti, *Lettere spirituali della devota religiosa angelica Paola Antonia de' Negri Milanese, Vita della medesima*, Roma, Stamperia del Popolo Romano, 1576.

15 G. Zarri, « Profezia politica e santità femminile in Santa Marta: un modello », *op. cit.*, 2012, p. 187-202 ; E. Bonora, *I Conflitti della Controriforma. Santità e obbedienza nell'esperienza religiosa dei primi barnabiti*, Florence, Le Lettere, 1998, p. 32-33 ; R. Bacchiddu, « 'Hanno per capo et maestra una monaca giovane': l'ascesa e il declino di Paola Antonia Negri », *Religioni e società*, vol. 20, 2005, p. 58-77.

Sans être exactement des prophétesses de cour, ces femmes ont assumé un rôle politique important : à en croire son biographe, Veronica se serait rendue en ambassade auprès du pape Alexandre VI ; Arcangela rassemblait autour d'elle les principaux alliés des gouverneurs français de Milan ; Paola Antonia était en relation permanente avec les autorités espagnoles de la Lombardie borroméique, et passa sa vie en transit entre ses diverses fondations lombardes et vénètes, jusqu'à être accusée d'espionnage par la République de Venise, puis condamnée à observer la clôture et le silence. Arcangela Panigarola comme Paola Antonia Negri étaient liées à des théologiens animés par une volonté de réforme[16]. La rencontre d'Arcangela Panigarola avec le franciscain Giorgio Benigno Salviati, auteur des *Propheticae solutiones*, publiées en 1497 en défense de Savonarole, fut décisive pour sa découverte des prophéties de l'*Apocalypsis nova* attribuées au bienheureux Amadeo Menez de Silva et son attente d'un pasteur angélique destiné à réformer l'Église. Les *Lettres spirituelles* et la vocation à la prédication de Paola Antonia Negri procèdent quant à elles en grande part de l'enseignement de Battista da Crema, prédicateur charismatique dont les écrits furent par la suite mis à l'Index à cause de sa foi inconditionnée en l'inspiration individuelle[17]. Parce qu'elles étaient femmes, ni Arcangela Panigarola, ni Paola Antonia Negri n'ont pu assister aux conciles, mais elles ont chacune entretenu d'étroits rapports avec leurs participants, et Giovanni Battista Fontana de' Conti s'empresse d'ailleurs dans sa *Vie de Paola Antonia Negri* de raconter comment certaines de ses lettres avaient été lues publiquement lors des sessions tridentines[18].

---

16 A. Prosperi, « Dalle divini madri ai padri spirituali », in *Women and Men in Spiritual Culture, XIV-XVII Centuries : A Meeting of South and North*, ed. E. Schulte van Kessel, La Haye, 1986, p. 71-92 ; M. Firpo, « Paola Antonia Negri, monaca angelica (1508-1555) », dans *Rinascimento al femminile*, éd. O. Niccoli, 1991, Rome-Bari, Laterza, 1998, p. 32-82.

17 Bibliographie dans : A. Toffolo, « Servire a Dio in l'habito mio seculare: Ludovica Torelli e l'esperienza religiosa dei primi barnabiti », *Barnabiti Studi. Rivista di ricerche storiche dei Chierici Regolari di S. Paolo (Barnabiti)*, 30, 2013, p. 21-78, spéc. p. 25, note 12.

18 *Lettere spirituali*, *op. cit.*, 1576, chap. XXVIII.

VOIES D'ACCÈS AU TEXTE ET À L'IMAGE

LE LIVRE, SUPPORT D'AUTORITÉ

Attribut emblématique du savoir-pouvoir ecclésiastique, le livre devient un enjeu dans la bataille pour la reconnaissance du savoir paradoxal des femmes prophètes. Celles-ci n'ont de cesse de se l'approprier à la faveur de leurs visions[19]. Selon les manières dont il est représenté et mis en jeu dans la composition, le livre nous renseigne sur les modalités spécifiques du savoir mystique et prophétique : il devient une figure intermédiaire, voire transitionnelle, par laquelle s'amorce le dialogue visionnaire. Ainsi, Arcangela Panigarola voit le bienheureux Amadeo entouré de deux hommes en train d'ouvrir le manuscrit de l'*Apocalypsis nova* destiné à rester secret jusqu'à la venue d'un pape providentiel désigné comme un nouveau saint Grégoire[20]. La veille de la saint Madeleine, tenant contre elle un livre sur la vie de la sainte, Paola Antonia Negri commence à réciter en public des laudes en son honneur puis demeure une heure durant dans une immobilité extatique ; un jeune prêtre impatient tente de lui ôter le livre des mains et celui-ci reste inexplicablement soudé à elle[21]. Les livres ouvrent l'espace des apparitions célestes et deviennent ensuite les supports témoins des révélations. Pas moins de quatre gravures de la *Vie* de Veronica da Binasco se focalisent sur les lectures et dictées miraculeuses dont la bienheureuse pourtant illettrée fit l'expérience. Isolani rapporte d'ailleurs qu'un livre révélé, dicté par un ange, fut écrit par Veronica à l'aide d'une plume d'or[22]. La sainte aurait elle-même annoncé la restitution de ce livre retiré aux hommes

19 Le recours aux figures masculines de l'autorité pour légitimer le contenu des visions féminines est récurrent. Les pères de l'Église sont privilégiés : saint Augustin apparaît à Veronica, les visions d'Arcangela sont confirmées par Grégoire, et Paola Antonia Negri se réfère constamment aux Épîtres de saint Paul. Ce sont d'ailleurs les figures de l'Apôtre et celle de Barnabé (sous l'égide desquels se fait la réforme des frères de saint Paul, appelés Barnabites à cause du nom de l'édifice milanais qui les accueille) qui encadrent comme garants de ses écrits le frontispice des *Lettres spirituelles* éditées en 1576.

20 Ms. O 165 sup., f° 157r°. Vision d'Amadeo et Savonarole aux f^ii 173v°-175v° ; *cf.* T. Herzig, *Savonarola's women*, *op. cit.*, p. 161.

21 *Lettere spirituali*, *op. cit.*, chap. XXXII, p. 78-79.

22 I. Isolanus, *Inexplicabilis mysterii*, *op. cit.*, livre II, chap. XXVI.

de son vivant par la colère divine. Attestée par Isolani, l'existence de la plume d'or gardée précieusement par les sœurs de Sainte-Marthe permet d'observer comment, à plusieurs reprises au cours de ce texte, les reliques constituent autant de preuves visibles des révélations de la sainte là où la transmission de sa parole fait défaut.

L'INTERMÉDIAIRE SACERDOTAL

Autre enjeu récurrent de la mystique féminine, la communion fréquente est ardemment recherchée par ces trois femmes[23]. Après avoir essuyé le refus d'un prêtre de se rendre auprès d'elle un jour de neige pour la faire communier sous prétexte que seule une rose printanière lui ferait prendre le risque de sortir par un si grand froid, Paola Antonia Negri reçoit du ciel cette rose. Elle confond ainsi le prêtre et lui fait reconnaître sa mauvaise volonté[24]. Comme d'autres images contemporaines, les gravures des visions de Veronica mettent déjà en évidence la recherche d'un rapport exclusif et solitaire à la table d'autel, exempt de toute médiation sacerdotale. La réappropriation de l'accès à l'hostie passe également pour ces femmes par la revendication d'un droit de regard sur le ministère eucharistique et la possibilité de suspendre ce privilège masculin. La direction spirituelle de Denis Briçonnet par Arcangela Panigarola débute en effet avec un tel acte d'obédience, puisque l'abbesse initie sa correspondance avec l'évêque par une interdiction de célébrer et par l'obligation de faire pénitence, prononcées au nom de la Vierge à cause de la participation de ce-dernier au concile schismatique de Pise-Milan[25]. Plus encore, l'une des plus violentes accusations prononcées à l'encontre de Paola Antonia Negri concerne l'autorité qu'elle s'octroyait, lors des assemblées du chapitre où elle régnait en *divina madre maestra*, d'ordonner des hommes prêtres ou, au contraire, de leur retirer l'exercice de cette fonction en cas de pénitence.

---

23 Sur ces *topoi* constants, *cf.* C. W. Bynum, *Jeûnes et festins sacrés. Les femmes et la nourriture dans la spiritualité médiévale*, Paris, Cerf, 1994 [1987[1]].

24 *Lettere spirituali*, *op. cit.*, chap. xxxv.

25 Lettre du 12 mai 1512 citée par E. Giommi, *La monaca Arcangela Panigarola, madre spirituale di Denis Briçonnet (1520): l'attesa del « pastore angelico » annunciato dall'* Apocalypsis Nova *del Beato Amadeo fra il 1514 e il 1520*, mémoire, dir. prof. G. Alberigo, Université de Florence, 1967-1968, p. 4.

DU SILENCE À LA PAROLE INSPIRÉE

Communs aux trois saintes femmes, le charisme prophétique, voire le don de science infuse, ne se manifestent pourtant pas de la même manière. Paradoxalement, les textes nous confrontent parfois à l'impossibilité de transmettre les révélations dans l'ordre du discours. Aussi n'est-il pas aisé de discerner si le recours à l'inénarrable pouvait être le fait de Veronica da Binasco et de ses compagnes ou procéder des seules stratégies rhétoriques d'Isidoro Isolani vouées à dispenser de renseigner davantage le lecteur sur les propos de la sainte[26]. Veronica suit ainsi les commandements divins pour rencontrer à Côme un vieux prêtre auquel elle révèle des faits qui sont simplement qualifiés de « secrets » ; ailleurs, lorsque le Christ lui demande d'énoncer des propos qu'elle ne comprend pas et après que le Père Éternel soit intervenu pour les lui expliquer, elle persiste dans le silence et se montre incapable d'en révéler le contenu une fois revenue à ses sens[27]. En revanche, Arcangela Panigarola ne limite aucunement la mise par écrit détaillée de véritables *ekphraseis* visionnaires destinées à guider les oraisons de sa communauté. Plus encore, le don de science infuse et les fréquents accès d'inspiration sont puissamment affirmés chez Paola Antonia Negri, qui illumine ses disciples lorsqu'elle leur dicte ses lettres, à l'instar des dictées simultanées de Catherine de Sienne à plusieurs secrétaires[28].

Si les représentations des apparitions angéliques concédées aux saintes déclinent le modèle iconographique de l'Annonciation (telle la gravure montrant l'ange remettre une branche d'olivier à Veronica), la confiance de Paola Antonia Negri, appelée *Angélique*, dans le caractère inspiré de sa parole la pousse à comparer sa mission à celle du chœur des anges de l'Annonce aux pasteurs. Ainsi s'adresse-t-elle à ses disciples :

> Âmes vivifiées dans l'avent de notre Sauveur, et en lui très cordialement aimées, si j'étais ce que je devrais être, de vie angélique vivant dans la chair, je remplirais aujourd'hui l'office angélique en vous annonçant cette grande allégresse de la naissance du Sauveur ; mais parce que je ne suis pas telle, je

---

26 I. Isolanus, *op. cit.*, par ex. livre IV, chap. II et VI.

27 *Ibid.*, livre I, chap. XIV. Les mentions de révélations pourtant gardées secrètes jalonnent le livre IV.

28 *Lettere spirituali*, *op. cit.*, chap. XXII et XXIII.

> veux me garder de remplir cet office, pour ne pas empêcher aucun d'entre vous, à cause de la malheureuse sonorité de ma voix, d'écouter le doux concert de la voix angélique qui se tient dans vos esprits, les remplissant de joies célestes[29].

Malgré l'humilité revendiquée, l'évocation par cette femme du souffle angélique qui animerait idéalement sa parole est certainement, à l'ouverture d'une de ses très longues lettres, l'indicateur de la haute estime dans laquelle ses écrits étaient tenus. Cette comparaison est réitérée par l'Annonciation xylographiée placée en vis-à-vis de l'*incipit* de ses lettres dans l'édition de 1563.

DES LETTRES DEVENUES FIGURES MORALISÉES

Comme il a été dit, l'acquisition du savoir se fait pour Veronica da Binasco sur un mode extatique, de sorte que l'incertitude se maintient tout au long de sa vie quant à son analphabétisme persistant malgré un apprentissage surnaturel de la lecture, limité au seul temps des extases. L'ambivalence du rapport de Veronica aux attributs du savoir ouvre en fait le récit de sa vie car, obligée de travailler le jour, l'apparition mariale décisive pour son entrée à Sainte-Marthe advient alors qu'elle s'évertuait de nuit à apprendre à lire. La Vierge initie Veronica à l'intelligence de trois lettres colorées investies d'un sens allégorique et moral particulier, au point que l'alphabet révélé imprimé dans la mémoire de la jeune femme interrompe tout autre apprentissage. Au dernier livre de la *Vie* de Veronica da Binasco, une gravure transpose visuellement cet enseignement marial au moyen d'un livre ouvert en deux endroits afin de former trois unités distinctes dans la tranche. L'inspiration trinitaire de la vision est ainsi rendue manifeste par le détour de cette figure tripartite évoquant les trois lettres (fig. 1). Les trois couleurs moralisées délivrent d'emblée le programme de la *Vie* de Veronica :

29 *Ibid.*, lettre VI, p. 50. Cet extrait et ceux qui suivent sont traduits par mes soins.

ILL. 1 – Maître de l'Antiphonaire DR-1 de Busto Arsizio (anc. attr. Marco d'Oggiono), *La Vierge enseigne trois lettres à Veronica da Binasco*, gravure extraite de Isidoro Isolani, *Inexplicabilis*…, Milan, Gottardo da Ponte, 1518, f° 118r, B.n.F.

> N'aie pas peur ma fille et ne tente pas de connaître les lettres de l'alphabet. C'est ma volonté que tu aies pleinement conscience uniquement de trois lettres. La première sera de couleur blanche, la seconde de couleur noire et la troisième de couleur rouge. [...] l'élément blanc indique la pureté du cœur [...] La lettre noire enseigne que jamais tu ne te scandaliseras des œuvres du prochain. [...] pour ce qui regarde l'élément rouge : j'ordonne que toi, tous les jours, tu médites le plus attentivement possible au moins une partie de la passion de mon Fils. Si tu te montres incapable d'apprendre correctement et avec effort les autres lettres restantes, ces trois-ci ne quitteront jamais ton esprit. [...] L'âme de celui qui médite la cruelle mort de mon Fils deviendra rouge par le divin amour[30].

Cet enseignement oppose à la transitivité des signes écrits une vertu figurative d'un ordre supérieur. La vision permet au lecteur de mémoriser les trois pôles récurrents de la vie de la sainte, évoqués selon des images assez frappantes : l'insistance sur la blancheur désigne outre la luminosité des apparitions divines, le corps du Christ et l'hostie consacré, le rouge remémore les litres de sang déversés par le Christ durant sa Passion, tandis que le noir renvoie aux marques corporelles laissées à Veronica comme preuves visibles de l'extase – et Isolani s'attarde longuement sur les peines physiques infligées par les démons à son corps resté inerte au sol durant ses rapts. Quoique ces contreparties douloureuses soient bien moins prégnantes dans les révélations d'Arcangela, Isolani insiste pourtant dans plusieurs chapitres sur la noirceur du corps boursouflé de sa prédécesseuse et sur la convalescence qui suit chaque extase. L'auteur évoque encore ses yeux noircis à force de coups, or l'acharnement sur les yeux corporels n'est pas anodin s'il permet de les dissocier de la vision spirituelle[31]. Les souffrances endurées de la Passion aboutissent au don d'une palme portée par un ange pour retarder la mort d'une compagne de Veronica :

> Cette petite palme est d'argent, semblable à l'olivier, ornée de différentes couleurs pour indiquer les différents dons assignés par Dieu à l'âme de Taddea. Elle a une tablette comme fixée au tronc sur laquelle ont été écrits les noms divins : Jésus – Marie[32].

30 I. Isolanus, *op. cit.*, livre I, chap. III.

31 *Ibid.*, livre II, chap. IX.

32 *Ibid.*, chap. XVII ; *cf.* C. Quattrini, « Il cantiere di Santa Marta », *op. cit.*, p. 237-265.

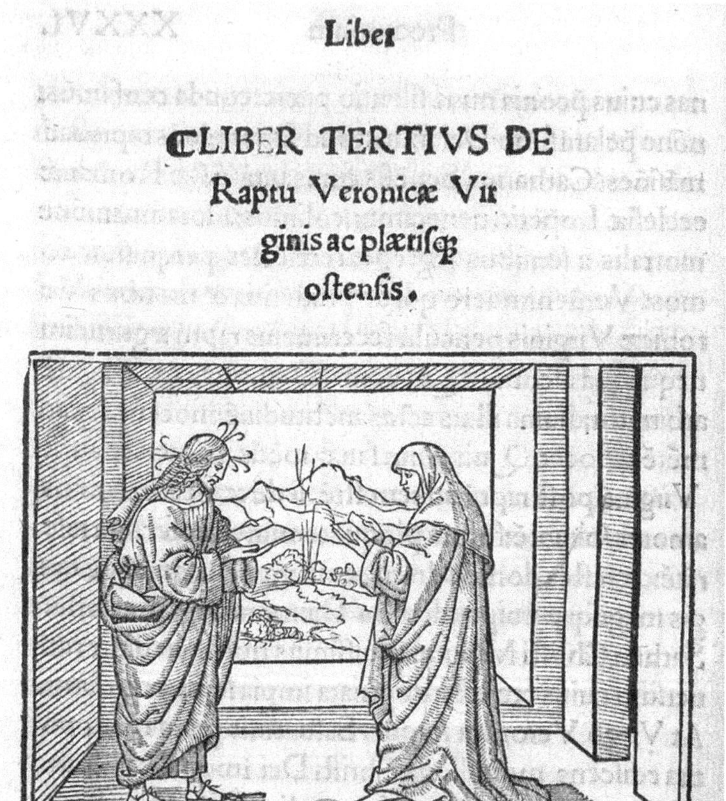
Liber

¶LIBER TERTIVS DE
Raptu Veronicæ Vir
ginis ac plæriſq;
oſtenſis.

Ill. 2 – Maître de l'Antiphonaire DR-1 de Busto Arsizio (anc. attr. Marco d'Oggiono), *Le Christ lisant aux côtés de Veronica da Binasco*, gravure extraite de Isidoro Isolani, *Inexplicabilis...*, Milan, Gottardo da Ponte, 1518, f° 36v., B.n.F.

LIRE À LA PAGE DU CHRIST

Plusieurs gravures de la *Vie* de Veronica da Binasco se passent étonnamment du recours à l'artifice formel des nuées célestes, bien que celles-ci permettent d'assigner clairement à chaque figure un espace propre pour distinguer le visionnaire de l'apparition. Il semble en revanche que les divers livres ouverts qui relient la sainte aux personnes célestes suppléent en partie à cette fonction, eux qui donnent forme à l'interstice de la rencontre, du contact et de l'échange avec la sphère divine.

Le chapitre *De Christo in eius cella inambulante* relate la récitation des Psaumes par Veronica en compagnie du Christ advenue trois jours après la Pentecôte de l'an 1496 ; il donne lieu à une gravure étonnante à l'ouverture du livre suivant, où tous deux se tiennent côte-à-côte dans la lecture (fig. 2)[33]. La cellule se change en une boîte scénique ouverte sur un arrière-plan montagneux suivant une géométrisation simplifiée de l'architecture qui évoque lointainement les solutions formelles de Léonard de Vinci pour ouvrir sa *Cène* de Santa Maria delle Grazie sur le paysage. Veronica et le Christ, tournés l'un vers l'autre, tiennent chacun un psautier. Si aucune nuée ne vient confirmer le statut d'apparition du Christ dans cette image, on remarque cependant une série de lignes difficilement identifiables qui, au beau milieu de la composition, tracent un axe médian autour duquel se répartissent de façon symétrique les deux figures. Ces lignes verticales légèrement convergentes placées à peu près entre les deux livres pourraient évoquer des éléments naturels présents au loin, mais leur forme ne permet de les identifier ni comme flammes, ni comme arbres filiformes, ni comme précipitations ou autres cours d'eau. Le paysage est certes tracé de façon très approximative et ses lignes semblent même parfois prolonger celles des pages des livres ouverts. On pourrait songer aux plis d'une tapisserie représentant un paysage, cependant, aucun élément textile n'est là pour indiquer la suspension au mur d'un tel décor. Le caractère schématique de ces grappes de lignes pourrait à la rigueur évoquer certaines solutions trouvées pour figurer les flammèches de la Descente du Saint-Esprit lors de la Pentecôte. Ces faisceaux suggéreraient alors l'union mystique et, avec l'infusion de la

33 *Ibid.*, chap. XXX.

grâce, l'enseignement des psaumes. Mais, au lieu de référer clairement la construction de l'espace au lexique architectural (à l'aide d'une colonne ou d'arcades), la répartition unitive entre les deux espaces reste délibérément plus fragile et incertaine, à la limite du discernable. Le texte rapporte que Taddea observait Veronica chanter dans sa cellule au travers des « petites fissures » (*rimula*) de la porte[34]. Aussi, quelle que soit la place, frontale ou latérale, de cette porte, peut-être ces lignes, fissures pratiquées à la surface, non assignables à un plan plutôt qu'à un autre, reportent-elles dans l'image la présence du regard d'un tiers. S'il fallait accepter de reconnaître un rôle structurant à ces lignes, on pourrait songer au champ référentiel du livre : ces traits verticaux alignés s'apparenteraient à une série de pliures et permettraient d'assimiler l'espace aux deux pages reliées d'un livre ouvert. L'apparition christique, survenue au contact du livre, donne pour un temps miraculeusement accès à l'espace de la lecture ; elle s'organise autour d'une reliure devenue ici la formule toute *contextuelle* de l'union mystique. À rebours des représentations édifiantes, il faudrait reconnaître à ce type de pratiques discrètes et insituables une valeur indicielle quant à l'expérience visionnaire. Dessinateur et graveur tentent ici de répondre à l'inouï d'un moment intransmissible par l'invention formelle de tracés témoins qui échappent partiellement aux codifications préexistantes.

LE MIROIR DU NOM DE JÉSUS ET L'ÉGRÈNEMENT RÉCITATIF DES LETTRES

À l'ouverture des révélations d'Arcangela Panigarola, une miniature anciennement attribuée à Marco d'Oggiono montre l'abbesse agenouillée en prière tandis que le Christ lui apparaît pour lui désigner une sorte de tablette sur laquelle est inscrit le signe ihs (fig. 3). L'ensemble extrêmement profus des très nombreuses révélations d'Arcangela Panigarola recueillies dans ce manuscrit se voit ainsi résumé en une concrétion objectale identifiable et mémorisable. Cette « vision-attribut » rappelle la tablette du Nom de Jésus que saint Bernardin de Sienne brandissait

34 *Ibid.*

lors de ses prédications et subsituait aux images peintes sur les autels ; image de mémoire devenue relique, elle présentait matériellement une limitation du visible, une caducité de la représentation supplantée par le signe écrit[35]. Seule la lecture des révélations de l'abbesse permet de comprendre que la tablette représente en fait ici un miroir spirituel, le miroir du Nom de Jésus, placé non pas en face de son visage charnel mais au-dessus d'elle, afin qu'elle puisse y mirer son âme et la parer de toutes le vertus qui la conformeront au Christ, son époux[36]. S'approchant de la vision des trois lettres colorées de Veronica da Binasco, le texte décline pour les quatre lettres du nom i. e. s. v. une signification morale particulière destinée à être mémorisée pour favoriser les pratiques vertueuses :

> Ici commence le livre de la révélation de la Vénérable sœur Arcangela Panigarola, Mère et prieure du monastère de Sainte-Marthe de Milan. En premier comment cette vierge fut instruite par notre Sauveur et comment l'épouse du Christ doit se confier au Nom de Jésus comme en un miroir. (f° 39r°)

Contrairement aux objets célestes remis à Veronica, le texte s'en tient ici à l'image métaphorique du miroir et ne rapporte pas qu'Arcangela ait véritablement reçu de miroir des mains du Christ. Il s'agit d'une figure mnémonique destinée à frapper les esprits et à encourager la piété des sœurs. L'auteur explique comment, alors qu'Arcangela priait :

> Elle fut élevée en esprit et lui apparut notre Sauveur disant : les épouses terrestres des hommes mettent tout leur soin à plaire à leur époux et quand elles se lèvent le matin elle commencent par mettre la chemise blanche et se vêtent ensuite d'autres vêtements qu'elles composent avec art, elles se lavent les cheveux, se lavent le visage et de mille manières étudient la façon d'accroître leur beauté et afin que rien ne puisse offenser les yeux de l'homme de nombreuses fois elles se regardent dans le miroir et si elles voient quelque tache, elles s'empressent de la nettoyer, ainsi mes épouses doivent-elles faire et mettre le nom de Jésus sur leur miroir. (f° 39v°)

---

35 D. Arasse, *Saint Bernardin de Sienne. Entre dévotion et culture : fonction de l'image religieuse au* XV*e siècle*, préf. R. Recht, Paris, Hazan, 2014 ; C. T. Gallori, *Il monogramma dei Nomi di Gesù e Maria : storia di un'iconografia tra scrittura e immagine*, Asola, Gilgamesh, 2011 ; pour les passages de l'IHS bernardinien puis jésuite au tétragramme : F. Cousinié, « Vision du Nom en Gloire : aléas du Tétragramme (XVe-XVIIIe siècles) », dans *Voir l'au-delà. L'expérience visionnaire et sa représentation dans l'art italien de la Renaissance*, éd. Ph. Morel, A. Beyer, A. Nova, Turnhout, Brepols, 2017, p. 173-194.

36 Cette explication n'était pas donnée dans M. T. Binaghi, « L'immagine sacra », *op. cit.*, p. 49-76.

Ill. 3 – Maître de l'Antiphonaire DR-1 de Busto Arsizio (anc. attr. Marco d'Oggiono), *Le Christ enseigne à Arcangela Panigarola le miroir du Nom de Jésus*, miniature, années 1530, ms. O 165 sup., f° 39r, Milan, Veneranda Biblioteca Ambrosiana.

En énumérant chacune des vertus correspondant aux lettres de son nom, le Christ continue ensuite à décrire la série des actions et mortifications à suivre quotidiennement par les moniales en mémoire de sa Passion :

> J. Elles doivent considérer que je suis le principe de toutes les choses desquelles procèdent tous les biens et sans lequel rien de bon ne peut être fait. (*Ibid.*)

ou encore :

> V. pour lequel elles doivent marcher et sans lequel elles ne peuvent parvenir au port du salut [...] je suis la Voie, la Vérité et la Vie, et parce que je suis la voie je leur montre la route par laquelle elles doivent aller, et par ma conversation je leur montre la voie pour parvenir à la vraie patrie. (f° 40r°)

Le second chapitre étend ce type d'allégorie morale aux cinq lettres du Nom de Marie : Mansuétude, Amour du prochain, Résistance aux appétits sensuels, le terme « *Inconvertendo* » introduit ensuite la notion de conversion afin d'achever ce parcours spirituel par l'Amour de Dieu. Les lettres des noms de Catherine de Sienne, de Thomas d'Aquin et de saint Jean-Baptiste sont ensuite déclinées de la même façon en privilégiant toutefois les citations de psaumes et de louanges[37], de sorte qu'à travers l'enseignement des mystères de ces *nomina sacra* et l'attachement de vertus ou de prières particulières aux formes visuelles de leurs lettres c'est toute une mnémotechnique qui se voit formulée à destination des sœurs de Santa Marta, auxquelles Arcangela demande d'ailleurs de méditer les lettres de son propre nom[38]. Les lettres sont ici égrenées comme les perles d'un chapelet et ce recours mnémonique à la logique nominale dans l'énumération des prières acquiert une connotation plus matérielle encore dans le *Giardino spirituale*[39]. Comme autant de recettes pieuses, il est proposé aux sœurs de répéter selon un ordre et un nombre précis des prières dont la récitation correspond à la fabrication et à l'offrande spirituelle d'autant de parties d'ouvrages textiles et d'ornements brodés, à l'instar de l'étendard révélé à Arcangela dans l'une de ses visions, dont elle comprend que l'image centrale et les ornements sont les œuvres des prières de ses disciples de la Sagesse Éternelle[40]. Cette comparaison

37 Respectivement aux f^ii 42v°, 47r° et 180v°.
38 Au f° 104v°.
39 Ms. H. 258 inf., Milan, Biblioteca Ambrosiana.
40 Ms. O 165 sup., f^ii 44r°-46v°.

de la prière au tissage n'est pas sans rappeler la vision d'Henri Suso rapportée à la fin du prologue de son *Livre de la Sagesse éternelle*, dans laquelle il fait état de trois fils noués entre eux et étendus par le travail de l'oraison jusqu'à recouvrir d'un vêtement le corps sanglant du Christ à la colonne[41].

Bien que les sources relatives à ces trois femmes aient été étudiées à plusieurs reprises pour leurs liens avec la peinture milanaise contemporaine, celles-ci, et *a fortiori* les innombrables visions d'Arcangela Panigarola, excèdent par leur profusion les analyses ponctuelles qui ont pu en être tirées. Par cette approche comparative de différents problèmes posés par le prophétisme féminin et au travers d'images dont le choix a volontairement été limité à quelques visions exemplaires qui cultivent l'ambiguïté entre révélation extatique et exercice méditatif de la mémoire, il s'agissait d'attirer l'attention sur la polarité dans laquelle oscillent les représentations visionnaires. Ces deux pôles consistent, d'une part, dans la construction programmatique des compositions ou des récits de vision à des fins *mémorielles* édifiantes et, de l'autre, dans la valeur *indicielle* d'aménagements plus discrets et fragiles, qui, telles les petites fissures reconnues dans la gravure du *Christ lisant aux côtés de Veronica*, sont autant de traces laissées par les peintres et graveurs pour actualiser le passage d'un seuil intensif.

Gwladys Le Cuff
Cral – Cehta, EHESS

41 Henri Suso, *Œuvres complètes*, éd. J. Ancelet-Hustache, Paris, Seuil, 1977, p. 317. Sur les liens entre la *Sagesse éternelle* de Suso et le cercle d'Arcangela : C. T. Gallori, « Las revelaciones de Arcangela Panigarola », *op. cit.*, p. 231-233.

DIVINE MOTHERS

Margherita da Russi, Gentile da Ravenna, and the Court of Mantua (1535-1540)

The Church hierarchy's distrust of prophecy and mysticism manifested itself in Italy in different ways and periods. First prophetic preaching was struck down by the eleventh decree of the Fifth Lateran Council (1516), and fifteen years later the target was the spiritual circles formed around the teachings of a master and the inspiration of women endowed with prophetic and persuasive charisma. It is true that after 1530, the year peace was made between France and Spain in the long conflict of the wars in Italy, the widespread phenomenon of itinerant preaching, with its apocalyptic and subversive overtones, lost force[1], but popular interest did not flag in charismatic figures proposing and pursuing a way to reform the Roman Catholic Church. Many of the women who had had a following in the first decades of the sixteenth century were dead, but some of the more credible of "Savonarola's women" were still alive, such as Lucia da Narni, Caterina da Racconigi and Caterina de' Ricci[2]; and the Augustinian and canonical sphere saw a burgeoning of devotional practices related to the teachings of charismatic women who were considered authoritative spiritual mothers.

Literature has long recognized just a single figure in the role of "divine mother": Angelica Paola Antonia Negri, who was revered as a spiritual guide by the early Barnabites[3]; but recent research has

---

1 See G. Zarri, *Le sante vive. Cultura e religiosità femminile nella prima età moderna*, Turin, Rosenberg & Sellier, 1990, p. 120; O. Niccoli, *Profeti e popolo nell'Italia del Rinascimento*, Rome-Bari, Laterza, 1987; id., *Prophecy and People in Renaissance Italy*, translated by L. G. Cochrane, Princeton, Princeton University Press, 1990.

2 T. Herzig, *Savonarola's women: visions and reform in renaissance Italy*, Chicago-Londres, The University of Chicago Press, 2008.

3 E. Bonora, "Negri, Virginia", in *Dizionario biografico degli italiani*, vol. 78, 2013 (http://www.treccani.it/enciclopedia/virginia-negri_(Dizionario-Biografico); (January 10, 2017).

shown that female mystics and prophets, identified by groups of devotees as mothers and teachers, gave rise to spiritual experiences intrinsically aimed at church reform. A single example serving for all was the Augustinian Laura Mignani[4] in Brescia and Arcangela Panigarola in Milan[5]; to which must be added secular women associated with the Canons Regular of the Lateran, such as Elena Duglioli in Bologna[6], Margherita da Russi (Ra) and Gentile da Ravenna[7]. Each of these figures deserves the title of "divine mother" for having been considered the leader of groups of laity and clerics that became spiritual congregations and that were ultimately transformed into new or renewed religious orders.

In the second and third decades of the sixteenth century the presence of court prophets diminished, but there was an ongoing interest by nobles and princes in people considered holy and worthy of veneration. The fine line between saintly reputation and the danger of heterodoxy and simulation was crossed in an obscure episode that took place in Mantua, about which new documentation has come to light contextualizing the actors and events involved.

I refer in the first instance to the failure to canonize the Blessed Margherita di Russi and Gentile da Ravenna, as insistently requested in Rome by the Court of Mantua in 1537. It was an important event because it marked the turning point in the Roman Church's canonization policy, now inclined to reform–under the pressure of criticism from across the Alps, and the procedures for Papal recognition of sainthood–and

4 G. Zarri, *"Et dice sor Laura…". Autorità e consiglio nel primo Cinquecento*, in *La fede degli italiani. Per Adriano Prosperi*, vol. I, ed. G. Dall'Olio, A. Malena, P. Scaramella, Pise, Edizioni della Normale, 2011, p. 371–382, now in ead., *Uomini e donne nella direzione spirituale (secc. XIII-XVI)*, Spolète, CISAM, 2016, p. 223–250.

5 R. Bacchiddu, "Panigarola, Margherita", in *Dizionario biografico degli italiani*, vol. 80, 2014 (http://www.treccani.it/enciclopedia/margherita-panigarola_(Dizionario-Biografico); (January 10, 2017); A. Bartolomei Romagnoli, "Arcangela Panigarola e le donne del Santa Marta. Azione politica e magistero spirituale nella Milano del Cinquecento", in *Il Convento di Santa Maria delle Grazie a Milano: una storia dalla fondazione a metà del Cinquecento*, Atti del convegno di studi (Milano, 22–24 maggio 2014), ed. S. Buganza, M. Rainini, Florence, Nerbini, "Memorie Domenicane", n. s. 47 (2016), 2017, p. 187–228.

6 G. Zarri, "L'altra Cecilia: Elena Duglioli dall'Olio (1472–1520)", in id., *Le sante vive*, op. cit., p. 165–196.

7 Lastly, G. Zarri, *Madri e maestre: Margherita Molli e Gentile Giusti nel primo Cinquecento ravennate*, with a Documentary Appendix, ed. G. Nigrelli, in *Storia di Russi. Dalla villa alla città*, ed. E. Baldini, D. Bolognesi, Ravenne, Longo editore, 2014, p. 499–514.

to the eradication of superstition and sorcery[8]. Up to then, the lack of Papal consent to the veneration which the two women had locally was attributed to the reasons of a general nature mentioned above, but the discovery of a *Memoriale* sent in 1535 to Cardinal Ercole Gonzaga[9], as well as some subsequent letters, opens a window onto alleged heterodox doctrines and deviant customs practiced within a spiritual congregation organized in Mantua for the purpose of obtaining the canonization of the two holy women of Ravenna. To better understand the content and value of the document referred to, it is necessary to briefly summarize the history and environment of worship organized in Ravenna around the two women linked to the spirituality of the Canons Regular of the Lateran, which had their priory in the Ravenna church of Santa Maria in Porto.

Margherita Molli, who was born in Russi in 1442 and died in Ravenna in 1505, was renowned for a life of prayer and penance, for the prophetic charism and miracles. It was she who prophesied the sack of Ravenna in 1512. Blind since childhood, she spent her life between Russi and Ravenna at the homes of relatives and friends, until one of her devotees, Lorenzo Orioli, bought her a home of her own[10]. She founded a confraternity whose rules, which have come down to us from the Canon Regular of the Lateran Serafino da Fermo, were established by Margherita herself[11]. Gentile Giusti was born in Ravenna in 1471 and died there in 1530. In 1496 she married a shoemaker of Venetian origin, a certain Pianella, by whom she had two children and was later

8 On this topic M. Gotor, *I beati del papa: santità, Inquisizione e obbedienza in età moderna*, Florence, L.S. Olschki, 2002; id., *Chiesa e santità nell'Italia moderna*, Rome-Bari, Laterza, 2004.

9 State Archive of Mantua (=ASMn), Archivio Gonzaga, folder 3358, f° 35r°-37v°: *Memoriale sulla compagnia, sotto il titolo delle beate di Ravenna, istituita presso l'Ospedale della Misericordia di Mantova.*

10 W. Ferretti, *Le Beate Margherita e Gentile di Russi e il loro processo di santità: con note e appendici*, Faenza, Lega, 1978; *Fonti, documenti e culto delle Beate Margherita Molli e Gentile Giusti*, ed. G. Orioli, G. Gordini, presented by L. Amaducci, Cesena, Centro studi e ricerche sulla antica provincia ecclesiastica ravennate, 1996; *"Fulle da Dio rivelato che piantasse una compagnia sotto il titolo del Buon Gesù"*, ed. G. Orioli, Ravenne, Fernandel, 2004; M. R. Bentini, P. Novara, G. Orioli, *Il cuore a Dio: Margherita e Gentile beate di Russi: la storia, l'iconografia, il culto*, ed. P. Bentini, Ravenne, Fernandel, 2008; G. Orioli, P. Novara, *Margherita Molli e Gentile Giusti: due donne nella Ravenna dei secoli 15. e 16.*, Ravenne, Fernandel scientifica, 2011.

11 Her rule appears in the Mantuan edition of 1545 of the *Vita di due beatissime donne...* by Serafino da Fermo, re-published in *Fonti, documenti e culto delle Beate Margherita Molli e Gentile Giusti*, op. cit., p. 43–48.

abandoned. She met Margherita and followed her teachings. After the death of her husband and her second son she organized in her home a spiritual coterie that gathered priests and laity. Her older son, Leone, became a priest. Gentile, having obtained a papal brief that allowed her to celebrate Mass at home, welcomed into the family the priest Girolamo Maluselli and was the inspiration of a congregation of regular clerics, called "of the Good Jesus" (*del Buon Gesù*), which was formed in 1526 and received canonical approval from Pope Paul III in 1538[12]. The Congregation was consolidated and grew over the following decades, without however developing beyond the regional area and without reaching a size that similar contemporary formations acquired during the period of the Counter-Reformation. Because of scarce financial means and a low number of affiliates, the Congregation was suppressed in 1651.

Beyond its final outcome, we must nonetheless note the originality of the Congregation's initial project, which aligned the spiritual coterie of the two devout Ravennese women with the more modern formations of religious renewal in the early sixteenth century. The spiritual and cultural context in which the movement came to life was analogous to the one that gave rise to the Theatines or Regular Clerics of the Divine Providence (1524), the Regular Clerics of St. Paul or Barnabites (1533), Angela Merici's Society of Saint Ursula (1535), with whose initiators there existed specific links of familiarity and convergence on the part of the Canons Regular of the Lateran, proponents of the new Ravennese institution, and some prelates who worked in Milan and Brescia. The congregation of the Regular Clerics of the Good Jesus was formed third in order of time (1538), after those of the Theatines and Barnabites, and prior to the approval of the Society of Jesus, which would be recognized in the following year (1539).

The completion of the new regular institute fueled the reputation for holiness of the devout women who had promoted it and favored the establishment of groups of the faithful that intended to promote their canonization. In Ravenna, the Church of the Good Jesus itself became the center of the spirituality inspired by their teachings, and it carried on charitable initiatives like the one promoted by Margherita Molli, to help poor young virtuous women. The affinity of the Ravennese

12 On the origin and development of the Congregation: A. Duranti, *La Congregazione del Buon Gesù e i suoi fondatori*, Rome, Pontificia Università Lateranense, 1984.

Confraternity of Charity to the new Society of St. Ursula is portrayed in a painting by Luca Longhi, a prominent painter of Forlì, dated 1555, that once hung in the church of the Buon Gesù. The subject of the Mystic Marriage of Saint Catherine in the presence of Saint Ursula and her virgins was closely connected with the entry ritual of Angela Merici's Society of Brescia, knowledge of which may have reached Ravenna through two specific channels: the Vicar General, of Ravennese origin, who had approved the Constitutions of the Brescian Society, and the Canons Regular of the Lateran who administered in Brescia the Church of Saint Afra where Merici spent the last years of her life[13].

Even in the case of Brescia, which was subject to the Venetian State, an experience of moral ecclesiastical reform developed in the third decade of the sixteenth century around the charisma of mysticism and charity of Angela Merici, a devout woman close to the Canons Regular of the Lateran. The clerics themselves were the principal means of spreading the cult of the blessed Ravennese women in areas far from the outlying territories of Romagna.

How and why did the reputation for holiness of the two devout women reach the city of Mantua? There are economic-political reasons, such as the web of interests linking the Duchy of Mantua to the province of Ravenna through the Castle of Solarolo, which belonged to the Gonzaga family, which from 1529 to 1539 was ruled directly by Isabella d'Este. Isabella herself resided there for two years, but the proximity of the Ducal Court in Ravenna also boasted men who were well aware of the spiritual experiences of Ravenna. One recalls in particular Gianfrancesco Orioli, a relative of Margherita's, who had been Gianfrancesco Gonzaga the Second's ambassador[14]. Finally, there were purely religious reasons. As was customary, the reputation of the two women came directly to Mantua through the preaching of the Canons Regular of the Lateran.

---

13 G. Zarri, "Orsola e Caterina. Il matrimonio delle vergini nel secolo XVI", *Rivista di Storia e Letteratura Religiosa*, n° XXIX, 1993, p. 527–554, now in ead., *Recinti. Donne, clausura e matrimonio nella prima età moderna*, Bologne, Il Mulino, 2000, p. 417–451; ead., "Ambiente e spiritualità mericiani", in P. Prodi, G. Zarri, L. Mezzadri, D. Castenetto, *Angela Merici. Vita della chiesa e spiritualità nella prima metà del Cinquecento. Convegno di studi storici (Mascalucia July 21–22, 1997*), ed. C. Naro, Caltanissetta-Rome, Salvatore Sciascia Editore, 1998, p. 53–76.

14 *Fonti, documenti e culto delle Beate Margherita Molli e Gentile Giusti*, op. cit., p. 14.

Their religious congregation, which had embraced the Observance during the fifteenth century, had its priory in Ravenna's Santa Maria in Porto, where they built a large monastery between 1494 and 1509, and erected a church of impressive proportions begun in 1553. The general chapters were held annually in this parsonage, and this facilitated the transmission of news related to persons famed for their holiness. Furthermore, from 1529 onwards Cardinal Ercole Gonzaga, son of Isabella d'Este and brother of the Duke of Mantua, had been appointed protector of this religious Order[15]. The link between Mantua and Ravenna's spiritual experience was therefore very close. It is for this reason that from 1535 the Ducal Court undertook to sponsor the canonization of the two devout women of Ravenna.

In January 1535 the Canon Regular Serafino da Fermo, a noted preacher and author of spiritual texts in the vernacular especially designed for women in order to lead them towards mystic asceticism[16], had been called to Mantua from nearby Verona, where he preached regularly at the behest of Bishop Gian Matteo Giberti. In Mantua he was able to spread the word about the lives, teachings and miracles of Margherita and Gentile, even composing texts dealing with their mystical experiences, their contemplative orisons, and their spiritual discernment. These brief works certainly circulated in manuscript form, but were only published after the author's death, which occurred in 1540. The first known editions are in fact of 1543[17] and 1545[18], of which numerous reprints and translations followed over the course of the sixteenth century. But the non-publication of the texts in 1535 must certainly be seen in relation to a suspicion of heterodoxy launched against Aceti de 'Porti (or Serafino da Fermo) by the author of the above-mentioned *Memoriale* sent to Cardinal Ercole Gonzaga.

15 G. Brunelli, "Gonzaga, Ercole", in *Dizionario Biografico degli italiani*, vol. 57, 2002 <http://www.treccani.it/enciclopedia/ercole-gonzaga_(Dizionario-Biografico> (January 10, 2017).

16 R. Manselli, "Aceti de' Porti, Serafino", in *Dizionario biografico degli italiani*, vol. 1, 1960 <http://www.treccani.it/enciclopedia/aceti-de-porti-serafino_(Dizionario-Biografico> (January 10, 2017), which however mistakenly identifies the Aceti de' Porti with Serafino Torresini da Bologna. About the author see again G. Feyles, *Serafino da Fermo canonico regolare lateranense (1496–1540)*, Turin, SEI, 1942.

17 *Opere vtilissime et spirituali del reueren. P.D. Serafino da Fermo ... Nuouamente corrette & stampate. Con un breue indice nel fine, di quello che si contiene in tutta l'opera*, Venise, [Francesco Bindoni & Maffeo Pasini], 1543.

18 *Opera noua del discernimento delli spiriti, composta per Seraphino di Fermo*, Mantoue, Venturino Ruffinelli, 1545; *Vita di due beatissime donne Margarita et Gentile per Seraphino da Fermo*, Mantoue, Venturino Ruffinelli, 1545.

Serafino da Fermo visited Mantua in January 1535 at the request of Duchess Margherita Paleologa[19], who hosted a spiritual circle for aristocrats where prayers were said for the canonization of the two blessed Ravennese women and for the reformation of the Church. We are familiar with the existence and character of this circle only from the above-mentioned document, which requires a specific description and contextualization. The *Memoriale*, which is preserved in Mantua's Gonzaga Archive, was seen and noted, but not analyzed, by Paul Murphy, author of an important study on Cardinal Ercole[20]. I shall here briefly relate what information I was able to find about this text.

The *Memoriale*, consisting of six pages, was sent from Mantua on May 27, 1535, written by a Dominican monk living in the city's convent, as is clear from the text itself. It bears no signature, and there are no elements within the document that allow its identification. What appears clear is the author's knowledge of the writings of the principal groups and spiritual movements of his day, observed with reference to their professed doctrines and devotional practices. We should not be wrong to qualify the anonymous writer of the document as an inquisitor. I would also suggest that an accurate reading of the correspondence of Cardinal Ercole enables us to indicate his likely identity as Friar Angelo da Faenza[21], Provincial of the Dominicans in 1531 and in that capacity appointed by Clement VII to carry out an inquisition of Battista da Crema's congregation and to send his findings on to Rome[22].

That is what is revealed in the *Memoriale*[23]. In Mantua there was an "Hospitale della Misericordia" (a "Hospital of Mercy"), established by

19 R. Tamalio, "Margherita Paleologo, duchessa di Mantova e marchesa di Monferrato", in *Dizionario biografico degli italiani*, vol. 70, 2008 <http://www.treccani.it/enciclopedia/margherita-paleologo-duchessa-di-mantova-e-marchesa-del-monferrato_(Dizionario-Biografico> (January 10, 2017); G. Alonge, M. Camaioni, "Potere femminile e governo della religione nel Cinquecento. Margherita Paleologo duchessa di Mantova", *Rivista storica italiana*, CXXIX, 2, 2017, p. 369–416.

20 P. V. Murphy, *Ruling peacefully: Cardinal Ercole Gonzaga and patrician reform in sixteenth-century Italy*, Washington, Catholic University of America Press, 2007, p. 115 n. 1.

21 Fist provincial of the Province "utriusque Lombardiae" from 1531 to 1535, see A. D'Amato, *I Domenicani a Bologna, I (1218–1600)*, Bologne, Edizioni Studio domenicano, 1988, p. 498.

22 On this topic and the action of Friar Angelo da Faenza see S. Pagano, "La condanna delle opere di fra Battista da Crema. Tre inedite censure del Sant'Offizio e della Congregazione dell'Indice", *Barnabiti studi*, n° 14, 1997, p. 221–310.

23 ASMn, Archivio Gonzaga, folder 3358, f° 35r°-37v°: *Memoriale sulla compagnia, sotto il titolo delle beate di Ravenna, istituita presso l'Ospedale della Misericordia di Mantova.* The quotes

Cardinal Ercole to care for and help the poor, and "it is as holy an activity as can be". This institution had "another part where a secret congregation was founded, under the auspices of certain blessed women of Ravenna, as it is said of them". The aim of the congregation was to pray for the glory of God and of those blessed women so as to enable them to intercede for the reform of the Church. The congregation was founded and guided by Serafino da Fermo and Messer Federico Corrado, a Ducal agent. As the title of "Secret Society" suggests, the Mantua institution was inspired by the Oratori del Divino Amore (Oratories of Divine Love), founded in Genoa on the initiative of St. Catherine Fieschi Adorno, and consisting of hospitals for the relief of the sick run by a "secret society" of confreres who led a life of prayer, penance, and almsgiving, and they wished to conceal their name out of humility[24]. As the *Memoriale* states, the society was made up of "many and many nobles, chiefly women".

What were the reasons for suspecting the secret Mantuan Society and what was the reason for writing the *Memoriale* and sending it to Cardinal Gonzaga? The contingent reason, stated in the document itself, was rather pointless. The Dominican confided to Maestro Girolamo Gabbioneta his doubts about the devotional practices of the Congregation. A heated discussion started up, inducing Messer Federico Corrado to go to the Dominican's superior to make a complaint. The anonymous writer of the *Memoriale* was thus forced to clear himself with his superior and met directly with Corrado, who listened to his objections and, not sharing them, invited the caller to meet the Congregation. Another noblewoman, admirer of the blessed Margherita and Gentile, Giovanna Orsini Gonzaga di Bozzolo[25], also went to him to get the inquisitor's opinion. He did not yet dare to write to the Cardinal, but stated his suspicions to Filippo Arrivabene, suffragan bishop, and to Messer Borgondio, vicar of

that follow refer to this document.

24 About the Compagnia del Divino Amore and its followers, see D. Solfaroli Camillocci, *Le confraternite del divino amore nell'Italia del primo Cinquecento*, Naples, La città del sole, 2000.

25 Giovanna Orsini, daughter of Ludovico Count of Pitigliano, in 1503 married the mercenary captain Federico Gonzaga di Bozzolo. She was a friend of Lucrezia Borgia and Isabella d'Este. In 1527 she had printed in Brescia the book of the Augustinian Antonio Meli da Crema, *Libro de vita contemplativa* …, intended for Lucrezia Borgia and her ladies in waiting. See G. Zarri, "Bibbia e mistica alla corte estense: letture esegetiche per Lucrezia Borgia", in *Le donne della Bibbia. La Bibbia delle donne. Teatro, letteratura e vita*, ed. R. Gorris Camos, Bari, Schena Editore, 2012, p. 63–92.

Cardinal Ercole Gonzaga, joined together "for the cause of the Carmelite friar", probably the controversial Fra Giovanbattista Pallavicino[26]. Finally even don Girolamo Maluselli, regular cleric of the Congregation of the Good Jesus, was summoned by the Ravennese Inquisitor for "having been warned and found embracing strange and dangerous articles [of faith]". Messer Federico Corrado, fearing for him, intercepted him and brought him to Mantua. This was just what the drafter of the *Memoriale* was waiting for: Mantua could not become a "refuge for runaway suspects". After consulting with Filippo Arrivabene, he took it upon himself to write to Cardinal Ercole Gonzaga, certain of being "excused for everything".

Thus we see the statements of the anonymous inquisitor, who in expounding to the Cardinal the reasons for his opposition to the secret Congregation may have been somewhat heavy-handed in his intent to justify his indiscretion. His objections are in all eight, seven of which are expressed in Latin to reinforce his allegations. First of all, says the inquisitor, it is not permissible to set up a congregation in the name of two supposed blessed women without apostolic authority, and even less so to believe that their prayers could bring about a reform of the Church. In addition, the confreres refuse to ask for it, in fact they say that if they were commanded to withdraw from their purpose they would not do so. This is followed by an article regarding penitential behavior: it seems that certain ladies want to persuade their husbands to adopt voluntary continence and consensual separation. Lastly, the same Messer Federico Corrado told the inquisitor himself that he was in doubt as to whether don Serafino da Fermo was a man "or an angel dressed in flesh who speaks in that body sent by God". It was this precise affirmation that triggered the most serious charge, the eighth, against the secret Congregation. The author of the *Memoriale* writes:

> Octavo, I have infinite examples before me that all heresies begin in just such furtive conditions, whence it is forbidden by decree to organize these secret conventicles or synods, as examples show; Fra Battista da Crema, of our own Order[27], six years ago started up a sect than which on the surface

26 C. Quaranta, "Pallavicino, Giovanbattista", in *Dizionario biografico degli italiani*, vol. 80, 2014 <http://www.treccani.it/enciclopedia/giambattista-pallavicino_(Dizionario-Biografico> (January 10, 2017).

27 S. Pezzella, "Carioni, Battista", in *Dizionario biografico degli italiani*, vol. 20, 1977 <http://www.treccani.it/enciclopedia/battista-carioni_(Dizionario-Biografico> January 10, 2017);

> none holier was ever seen in the whole wide world, such that even Monsignor di Verona[28] thought so, along with many nobles. Our fathers, taking a dim view of these secret synods, and knowing from long experience and from the trials of heretics how dangerous they are, undertook to curb the friar and prosecute him.

Fra Battista, the *Memoriale* continues, seemingly agreed with the exhortations of the confreres, but actually held them in contempt for the sin of pride. The Bishop of Verona strenuously complained about the persecution of Dominican fathers, but Fra Battista went beyond that by leaving the convent and moving to Guastalla at the home of Countess Ludovica Torelli[29]. About this the document states as follows: "and we discovered what Satan was up to beneath that semblance of holiness, to wit leaping outside the bounds of Religion". At this point it was the holy Bishop of Verona himself who "obtained papal authorization and issued orders to prosecute him". After having recalled the suspicions of the anonymous Dominican against Battista da Crema's confrere, the author of the *Memoriale* also mentions another well-known case involving Canons Regular of the Lateran twenty years earlier: the worship of Elena Duglioli of Bologna. On that occasion Pietro da Lucca, Serafino da Fermo's teacher, had begun "preaching in favor of the blessedness of Lena Dall'Oglio, a Bolognese woman, saying many foolish things about her"[30]. Elena herself had then told him "the heresy that the Virgin conceived Jesus in her heart", the Canon had believed her and preached this "revelation", had consequently been charged with heresy and had had to stand trial before the Inquisition. This episode, referred to in the *Memoriale*, took place in Mantua in 1511. During a sermon Pietro da Lucca had mentioned an opinion he had heard and considered pious, that Christ was not conceived in the womb, but "*in pectore beatae Mariae Virginis iuxta cor ex tribus guttis sanguinis*". He was reported to the Dominican inquisitor and subjected to a trial which

---

E. Bonora, *I conflitti della Controriforma: santità e obbedienza nell'esperienza religiosa dei primi barnabiti*, Florence, Le lettere, 1998, passim.

28 Gian Matteo Giberti, about whom see A. Prosperi, *Tra evangelismo e Controriforma: Gian Matteo Giberti, 1495–1543*, 2 ed., Rome, Edizioni di storia e letteratura, 2011.

29 A. Zagni, *La contessa di Guastalla*, Reggiolo, Edizioni del Corno d'oro, 1987; E. Bonora, *I conflitti della controriforma*, op. cit., passim; S. Pagano, *La condanna delle opere di fra Battista da Crema*, op. cit., passim.

30 G. Zarri, "L'altra Cecilia: Elena Duglioli dall'Olio (1472–1520)", in id., *Le sante vive*, op. cit., p. 165–196.

ended with a condemnation of the doctrine expounded by the priest, but with a recognition of innocence of Pietro da Lucca, who had preached this opinion as "bona et catholica," as stated in the *Sententia*[31].

The conclusion of the author of the *Memoriale* bluntly associates the Secret Society of Mantua with events and persons already suspected of heresy: these are the fruits that are gathered from saints regarded as such by men and not by God. As for the Mantuan Congregation, his judgment is even more radical and dangerous: the Cardinal is to make sure that in his diocese such nonsense will not repeated because "this thing stinks a bit of Lutheranism, and it could be called Martin Luther revised and corrected".

Precise knowledge of the events that led to the injunction served on Fra Battista da Crema to return to a convent of his order, is in my opinion an important clue for identifying the author of the *Memoriale* and makes it possible to assume that the text is to be attributed to the above-mentioned Fra Angelo da Faenza. In fact, in a letter dated November 15, 1537, addressed to Ercole Gonzaga[32], the Dominican informed the Cardinal of the talk of scandal by the clerics and laity of the city because of the favor with which the lords of Mantua supported the project to canonize the two Ravennese women, denounced the errors of the congregation in its promotion of institutional recognition, and concluded that such congregations had been prosecuted by illustrious prelates such as the Carafa and Giberti.

What influence did the *Memoriale* have on Cardinal Ercole Gonzaga's thoughts and actions? Apparently the document had little effect, as the Bishop of Mantua wrote again to Rome to request the canonization. However, the Pope asked the Sages, representatives of the city government, to undertake an inquiry "*de vita et morbus*" of the two women. The witnesses heard were all in favor of canonization, but the Roman Curia decided to postpone it and withheld canonical recognition of sanctity[33]. This, however, did not lessen belief at the local level in the authenticity of the charisma of the two women, nor did it prevent during

31 *Sententia contra don Petrum de Luca qui nova Mantua predicavit heresim*, [Rome], 22 luglio 1511. A copy is in the Biblioteca Corsiniana in Rome. I owe this information to Adriano Prosperi, whom I warmly thank.

32 ASMt, Archivio Gonzaga, folder 1906, n° 698.

33 See G. Zarri, *Madri e maestre: Margherita Molli e Gentile Giusti*, op. cit., p. 504–506 and documents 4–12, p. 508–514.

the sixteenth and seventeenth centuries, Margherita, Gentile and Don Maluselli from being depicted in holy conversation with the saints. If the solemn altarpieces, present in the aristocratic churches and chapels, like that of Francesco Longhi now at the Biblioteca Classense (1595), that of Barbara Longhi in the church of Sant'Apollinare di Russi (1618), and that of Giovan Battista Bardiani, in the church of San Francesco di Russi (1643), seem to suggest that even in Ravenna worship was limited to elite groups of aristocrats, the presence of simple votive ceramic plates with the portrait of the two women, like the one in the Forlì's Pinacoteca Civica, part of the Piancastelli Collection (1629), attests to a widespread devotion that endured over time.

Despite the short duration of the Congregation of Regular clerics of the Good Jesus and the lack of canonization of the two divine mothers, the fame of Margherita and Gentile did not fail. At the end of the seventeenth and early eighteenth century Margherita Molli is remembered as the founder of a religious congregation and portrayed with her usual dress. However the suspicion of heresy made against the "Secret Society" of the Court of Mantua prevented the papal recognition of a cult that was always limited to the dioceses of origin.

The episode reconstructed here testifies to the persistence in the mid-16th century of the devotion shown to charismatic women identified as spiritual mothers and prophetesses, but it testifies especially to the growing suspicion toward the spiritual circles organized by lay aristocrats and devout women who could not be held in check directly by those institutionally assigned to safeguarding orthodoxy: in this instance Dominicans, subsequently employed in the capillary structure of the Roman Congregation of the Holy Office.

Gabriella ZARRI
Università degli Studi di Firenze

THE POWER OF WORDS

The Role of Female Prophecy in Sixteenth-Century European Institutions

This essay will try to shed light on the issue of the role played by female prophets in political power and in the public life of sixteenth-century Catholic and Protestant Europe. The charismatic investiture of prophecy gave women an incredible and unique chance to overcome their subaltern state and intervene openly in political decisions and influence authorities, sometimes criticizing both political and ecclesiastical ones. They were granted this extraordinary possibility thanks to the supposed ability of foreseeing the future, through which they would influence individuals and entire communities by rekindling anxieties and expectations. Thus, prophecy represented one of the major connecting points between public authority and women. This particular relationship found its apex during the Reformation and would gradually fade as the various Prostestant churches became ever more institutionalized. In the context of the changes that occurred in the sixteenth century, the study of female prophecy in relation to political power can help determine fragments of women's public activism in that specific time frame.

Both Catholic and Protestant female prophets will be analysed here in their relation with political and religious institutions. The lives and actions of these women will be reconstructed through the support of the most recent historical and historiographical research. Therefore, this essay will not be a bibliographical study on female prophecy, but an overview of existing literature, with the objective of further understanding this important, though sometimes neglected topic.

Adriana Valerio's twenty year old volume *Donna potere e profezia* demonstrated the importance and complexity of this phenomenon[1]. The voices of these female prophets are precious and rare historical

1 *Donna potere e profezia*, ed. A. Valerio, Naples, M. D'Auria, 1995.

sources, because women did not have many chances to express themselves and leave trace of their life at that time. None the less, the status of holiness and prophecy changed during the sixteenth century both in the Catholic and Protestant world (where it was marginalized and weakened). Therefore, the rhetorical strategies used by female prophets changed, too, as did the narrative used by hagiographers and narrators. Moreover, changes occurred in the condition in which they lived and worked; in the way they conveyed their religious and political message. Despite the differences between the Catholic and Protestant world, strong continuities in the attitude towards female prophecy, in its relation to political power, can be seen and should be further analysed.

PROPHECY AND POWER

Let us begin with some general remarks. Many scholars have noticed that prophets often had strong influence over authorities and, thus, a certain degree of power. The prophetic word was a powerful weapon that could be used in favour or against political, civil, and ecclesiastic authority. Max Weber defined it as "a revolutionary power that specifically created history"[2]. The prophet was the privileged vehicle through which the divine will erupted in human life and history, the mediator between man and God, and a bearer of His will. As *vox Dei*, the prophet was legitimated from above to intervene in events and to direct them towards the will of God. This could go in favour of the existing political power or, more often, it could aim at revolutionising it completely. The prophet was fully aware of the mission he/she had been given by God, who had elected him/her for a reason: the prophet received the gift of the divine secrets and had the duty to convey them to the community of believers. Knowledge gave prophets' actions a certain degree of invulnerability, giving them an extraordinary strength: a superior authority to any other worldly power. Whoever heard their words would have to

2 M. Weber, *Economia e società*, Milan, Edizioni di comunità, 1968, 2 voll., II, p. 427 e passim. Also see *Carisma profetico. Fattore di innovazione religiosa*, ed. G. Filoramo, Brescia, Morcelliana, 2003.

obey them thoroughly, because these were the words of God himself. Therefore, their role in society was active and extremely important, full of significant consequences in the case of female prophets.

Though the prophet's self-consciousness was made strong by the direct contact with God, it was also aware of being a mere instrument of the divine action. Both were active and passive agents of God's direct revelation: "God's desire absorbs the creature's desire in an agent–co-agent relationship", states G. Pozzi in regards to the experience of medieval female mysticism[3]. This is not only true for mysticism, but also for prophecy. In regards to female prophets, this double condition (as active agent, but also as passive receiver of the will of God) should be analysed carefully, as their identity as conveyers of the message of God often had to come to terms with the subdued condition of women. Donatella Pallotti has noticed this in the context of the English Civil War and, in particular, the figure of Anna Trapnel, perfect example of a certain degree of confusion between the prophet's two roles. The seventeenth-century punctuation, the use of the third person, the possessive constructions of the narration of the visions all complicate the intrigue between the voice of God and that of the prophet. Thus, Pallotti notices how these female prophets often seem "to be part of the heavenly world" as messengers of God who have to hide their own individuality in favour of God's Word[4]. Diane Watt has defined the condition of these women as being "God's secretaries"[5].

The direct revelation of the Word guarantees and provides freedom to he/she who receives it. Through it the prophet is an independent figure from public authority and has a degree of autonomy and freedom from religious and political power. Therefore, one could say that the struggle for religious freedom finds in prophecy a fundamental moment. The connection between tolerance and prophecy was clear since the foundation of the notion of religious tolerance itself in the sixteenth century. This

3 G. Pozzi, *Potere e non potere nel discorso dei santi*, ora in id., *Alternatim*, Milan, Adelphi, 1996, p. 391–435 (p. 397). See also id., "L'alfabeto delle sante", in *Scrittrici mistiche italiane*, ed. G. Pozzi, Cl. Leonardi, Gênes, Marietti, 1988, p. 21–42.

4 D. Pallotti, "Pervase dallo spirito: esperienze profetiche e visionarie femminili nell'Inghilterra della prima età moderna", *Archivio italiano per la storia della pietà*, n° 17, 2005, p. 241–273 (p. 250).

5 D. Watt, *Secretaries of God. Women prophets in Late Medieval and Early Modern England*, New York, D. S. Brewer, 1997.

was particularly clear in the reactions to the execution of the Spanish Anti-Trinitarian Miguel Servet in Geneva[6]. Individual rights to a free conscience were also expressed through a *libertas prophetandi*: both were erased by Calvin in the name of religious orthodoxy and the one truth. The reformer declared that prophecy had ended with the final revelation of God through the Reformation in Geneva, and for this reason he would later be defined a "prophet without prophecy"[7].

The history of prophecy in the Christian world has at its starting point the *libertas prophetandi* which can be found in the Bible for both men and women (Joel 2, 28; Acts 2, 18). None the less, this had to come to terms with church authority. The gift of direct revelation received by the prophet does not only result in high esteem and reverence. Indeed, it was often seen as a subversive factor. Churches often tried to weaken prophecy by giving it an historical dimension with a precise beginning and an end. Thomas Aquinas defined this timeframe with the coming of Christ and the so-called apostolic age. More often, prophecy would be channelled within a determined and structured code that would make it lose all its subversive power. This was particularly true in the case of female prophets since the very origins of the Church, the time of the apostles and the church fathers, despite their clear presence in the Old Testament. Paul himself had imposed silence to women, as can be seen in I Cor. 14. None the less, in the twelfth century this trend found a temporary halt with the flowering of female prophecy throughout Europe (with figures such as Hildegard of Bingen and Catherine of Siena) as a means through which to reform the Church and society itself. The fortune of female prophets continued in the Catholic world up until the 1530s, when their action started to be controlled by ecclesiastic authority. With the Counter-Reformation, with the help of the Inquisition and other repressive institutions, the subversive elements of female prophecy vanished almost completely and was used to strengthen the Church.

In Reformation Europe male and female prophecy had a wider and lengthier freedom of expression, in virtue of the fundamental principles of the Reformation itself, the variety of ideas within the movement, and

6 L. Felici, "Profezia e libertà. Altri aspetti della controversia tra Calvino e gli eretici italiani sul caso Serveto", *Rivista di storia del Cristianesimo*, n° 8, 2011, p. 357–378.

7 M. Engammare, "Calvin: A Prophet without a Prophecy", *Church History*, n° 67, 1998, p. 643–661.

the absence of strong central control systems. None the less, even within the Reformation, as the different movements turned into established churches, prophecy, especially in the case of women, was marginalized and institutionalized so that it could be used against the Roman Catholic Church. Thus, prophecy only remained in those non-conformist circles that would use direct revelation to legitimize their aspirations of creating a better Christian society with ample space for religious freedom. None the less, even in the Anabaptist movement the focus on Biblicism would work as an obstacle to female prophecy.

Adriano Prosperi has noticed that the hostility shown by religious authorities towards female prophets was so strong to be considered almost an "original character of Europe's *ancien regime* religiosity", despite being it often used instrumentally[8]. During the so-called "age of Confessionalization", when political and church authorities joined ranks to have a stronger control over society, States would adopt the same hostile policies towards female prophecy.

Despite this, prophecy often emerged in the history of Christianity, especially during times of great transformations. When the "world's order" would come apart the prophet would become the very expression of that particular moment of crisis, fuelling fears and shaping hopes for a new and better era. The prophet would predict glimpses of the future, of a different order, or of the end times, often with an apocalyptic background. In the thirteenth century Joachim of Fiore's followers provided the Christian world with visions of hope for the coming of a new age of the Spirit; Joachim's legacy was extraordinarily long, but was certainly not the only prophetical manifestation of its kind[9]. In early-modern Europe prophecy experienced a wide explosion, thanks to events such as the decline of Rome, the religious laceration of Christianity caused

8 A. Prosperi, "Dalle divine madri ai 'padri spirituali'", in *Women and Men in Spiritual Culture. XVI-XVII Centuries*, ed. E. Schulte van Kessel, La Haye, Netherlands Government publishing office, 1986, p. 71–90 (p. 72).

9 M. Reeves, *The Influence of Prophecy in The Latter Middle Age. A Study in Joachimism*, Oxford, The Clarendon Press, 1969; id., *The Prophetic Sens of History in Medieval and Renaissance Europe*, Aldershot, Ashgate, 1999; *Prophecy and Millenarism: essays in honour of Marjories Reeves*, ed. A. Williams, Halow, Longmann, 1980; P. Dinzelbacher, *Vision und Visionsliteratur im Mittelalter*, Stuttgart, Hiersemann, 1981; id., "Mistica e profezia femminile nel Medioevo europea. Una panoramica", in *Donne potere e profezia*, op. cit., p. 121–138; R. Rusconi, *Profezia e profeti alla fine del Medioevo*, Rome, Viella, 1999; *Scrittrici mistiche italiane*, op. cit.

by the Reformation, the long season of war, the discovery of new lands. All of this generated apocalyptic fears and a strong sense of bewilderment throughout the Christian world, giving strength to the belief in heavenly signs (like comets and astronomical events, but also monsters etc.), divine intermediaries, prophets, and sorcerers.

This particular season declined fairly rapidly, but was always ready to re-emerge during the revolutions of the seventeenth and eighteenth centuries[10]. None the less, it is important to understand that women would never again find as much space in the public life through prophecy as during the sixteenth century. Max Weber noted that in that time women only exercised their influence over religious life, but recent research has shown that they actually played a considerable role also in political life[11]. They tried to create a better society through their action and influence over political authorities. Adriana Valerio recently stated that female prophets often played the role of "border-line character that stood between the role of messenger of God, disturber or follower of the contingent Church, often in opposition to the male monopoly of the sacred realm"[12].

Let us look at some case-studies of female prophets to further understand the important role they played in sixteenth-century European history.

IN THE CATHOLIC WORLD

Because of the vast number of terrible wars and the decline of the Church, prophecy became a widespread phenomenon in sixteenth-century Italy; one that involved the entire public sphere[13]. The dense prophetic activity in fifteenth- and sixteenth-century Italy involved men and women of every social and cultural level: a vast osmosis of cultures

10 K. R. Firth, *The Apocalyptic Tradition in Reformation Britain, 1530–1645*, Oxford, Oxford University Press, 1979; C. Hill, *Il mondo alla rovescia. Idee e movimenti rivoluzionari nell'Inghilterra dei Seicento*, Turin, Einaudi, 1981; J. Starobinski, *I sogni e gli incubi della ragione*, Milan, Garzanti, 1981; M. Caffiero, *La nuova era: miti e profezie dell'Italia in rivoluzione*, Gênes, Marietti, 1991. For a general overview see A. Placanica, *Segni dei tempi. Il modello apocalittico nella tradizione occidentale*, Venise, Marsilio, 1990.

11 M. Weber, *Sociologia delle religioni*, in id., *Economia e società*, op. cit., II, p. 489.

12 *Donna potere e profezia*, op. cit., p. 6.

13 O. Niccoli, *Profeti e popolo nell'Italia del Rinascimento*, Rome-Bari, Laterza, 1987.

and of freedom of expression. A large brigade of *clairvoyants* astrologists and magicians deciphered the signs sent by the heavens to try and control the present and to foresee the nebulous future of the Christian world. The most widespread fear was that Judgement day was at hand. In this dark scenario emerged the figure of Girolamo Savonarola, with his revolutionary project of a political, religious, and social revolution of the Florentine republic, seen as the starting point of a vast reform of the whole of Christianity. His prophetic investiture (also confirmed on a theoretical basis) legitimised his work as a messenger of God[14]. Savonarola's importance is known to all. The focus here will be on the close connection between his prophetical and political action, as well as his religious reform, because this remained unchanged among the women that followed in his footsteps and that Tamar Herzig has recently defined "Savonarola's women"[15].

Herzig's work on female prophecy further defines, but also broadens the ground-breaking work of Gabriella Zarri. The latter shed light on a phenomenon, that of the so-called "*sante vive*" and more generally on the topics of holiness among women, that had not yet been studied and that resulted fundamental to understand the religious, cultural, and political life of that age. Zarri's intention was to define the specific political functions of these charismatic women of fifteenth- and sixteenth-century Italy[16]. In the vast scenario of female prophets of the time, comprised of women of every social background and cultural level, Zarri focused on those who had extraordinary charismatic gifts and that were to be found at the centre of the Italian political court life as "holy counsellors" of the princes. These were often women of modest social extraction and almost always illiterate. None the less, they were seen as spiritual guides and for that reason worshiped for their prophetical *munus*–often confirmed with the physical gift of the stigmata –, and for their mystical experiences and holiness in life. Their model was Saint Catherine of Siena. They often had a large number of followers and

14 On Savonarola now see D. Weinstein, *Savonarola e Firenze. Profezia e patriottismo nel Rinascimento*, Bologne, Il Mulino, 1976. For a biography see S. Dall'Aglio, *Savonarola e il savonarolismo*, Bari, Cacucci, 2005.

15 T. Herzig, *Le donne di Savonarola. Spiritualità e devozione nell'Italia del Rinascimento*, Rome, Carocci, 2015.

16 G. Zarri, *Le sante vive. Profezie di corte e devozione femminile tra '400 e '500*, Turin, Rosenberg & Sellier, 1990.

were respected by the highest ranks of society, in particular amongst the princes of northern Italy as the Este, the Gonzaga, the Borgia, the Sforza; families that had suffered the most from the political, economic, and demographic crisis that had since then hit the peninsula. Therefore, they were the ones in need of "supernatural" help to defeat external frets and internal difficulties. The "*sante vive*" provided this in exchange of protection and help. In this process they would become important facets of the princes' policies. Their prophecies would orient the decisions of the sovereign through specific political and diplomatic counselling that suggested the best strategy to adopt in specific situations. Their very presence was functional to the strengthening of princely power. The divine charism of these women gave their lords and patrons, as well as their political action, their domains and their subjects, a sacred foundation. The "*sante vive*" would strengthen their prestige by exercising supernatural powers to defend towns, just as it was thought patrons would do (especially in regards to natural calamities and wars), but also by solving internal controversies and by restoring the political and social equilibrium of the State. These actions had the capability of creating a strong cohesion amongst the princes' subjects, as well as a moral and religious invigoration. Moreover, they would provide spiritual comfort and strengthened the sovereign's popularity. Therefore, the "*sante vive*" had a social and political function: they were "saints for the others" and a "social operator" that had a privileged relationship with God that was beneficial for the entire community[17].

Because of this condition these women were also able to intervene in the *reformatio* of the Church during its age of decline. This common objective found different manifestations, according to the different religious orders to which they belonged. Many saw in Savonarola's prophetic model a positive way to criticise the corruption of the clergy (also by using the Turks' scare), and to renovate the Church through charity and prayer. On a personal level, these *beate* would follow Christ's passion on Earth and sacrifice their bodies to painful rituals so to help the atonement of society's sin. Among the many figures studied by Zarri was the prophet Osanna Andreasi, an important political and religious role as diplomatic counsellor of the Gonzaga family–even becoming regent for a period for Francis II –. With her prophecies and her clearly

17 T. Herzig, op. cit., p. 56 sqq. (87 sq. for the citation).

Savonarolian morality–she would openly condemn the moral corruption of Pope Alexander IV–Osanna helped with the spiritual edification of the realm, maintaining the peace and helping to keep good diplomatic relations with France[18]. Moreover, the important political role played by these women had as objective that of moving the political and ecclesiastical authorities towards the much awaited religious reforms, the realization of social justice and peace, as can be seen in the lives and works of Colomba da Rieti, Caterina da Racconigi, Lucia da Narni, Arcangela Panigarola, Elena Duglioli, Stefana Quinzani, Caterina Mattei.

Herzig's work focuses on the role played, the influence and the connections created by those "*sante vive*" that followed and tried to apply Savonarola's political and moral instructions in the northern regions of Italy. Prophecy became the weapon used against lords and religious authorities–*in primis* pope Alexander VI –, that were equally culprits of the moral corruption of the Church and of the wars that were devastating the Italian peninsula. Their prophetic visions were often inspired by Savonarola's *Compendio delle rivelazioni*, though he had spoken against female prophecy seeing it as pseudo-prophecy, often inspired by the devil[19]. To strengthen the rhetorical power of their prophetical stances female prophets clearly presented themselves as followers of their spiritual *magister* Savonarola, defending him against the criticism expressed by the Dominican order. Their contribution to Savonarola's *fama sanctitatis* was fundamental in transforming his memory into that of "beacon of Church reform" and of moral regenerator of the entire society[20]. Moreover, as can be seen in the example of Lucia Brocadelli, renowned prophet and follower of Savonarola, their role as adherents and supporters of the martyred friar's beliefs gave their voices the strength to challenge the ecclesial authority, in favour of divine direct revelation.

Where their power and influence reached the maximum high was in Ferrara. Starting from Ercole I, the Este family tried to strengthen the duchy by supporting the religious reform brought about by Savonarola and his followers. Ferrara soon became a safe-haven for many people in exile *religionis causa*, as can be seen in Ercole d'Este's patronage of Lucia Brocadelli, Girolamo Savonarola, and Osanna Andreasi. These

18 Ibid., p. 63 sqq.

19 Ibid., p. 32 sqq.

20 Ibid., p. 210.

figures helped the Duke in his political project through their religious initiatives–such as the founding of the community of Saint Catherine of Siena for girls of ill fortune–, but most of all, through their prophecies regarding the fate of the papacy and of Italy. Particularly significant was Lucia Brocadelli's thought and ideas that were spread throughout Italy and Europe thanks to a network of followers and other figures that firmly believed in their own holiness on earth. This network enabled them to be autonomous, to be protected from church authorities, and also to gain a vast following.

The protection given to these "*sante vive*" by lords and princes would be fundamental for their freedom of expression and for the success of their predication. Herzig stresses this point by underlining the importance of the relation between female prophecy and international authorities. The favour and freedom that the "*sante vive*" experienced in Ferrara and in the domains of Gianfrancesco Pico, lord of Mirandola, follower and defender of Savonarola's devotion, were not the same experienced by Andreasi with the Gonzaga family, or by Panigarola. The Augustinian prophet, whose ideas were influenced by the famous *Apocalypsis nova* of the prophet Amedeo Menez de Silva, would only marginally manage to promote the moral reform of the Church in Milan, despite the important support of political and ecclesiastical figures in town (as well as that of the Barnabites)[21]. The influence of Panigarola over the Council of Pisa-Florence and the Lateran would occur through her devotees Denis Briçonnet, Benigno Salviati, and Giovanni Antonio Bellotti. None the less, when the Duchy of Milan was handed over to Francesco II Sforza her circle and her role of "holy mother" declined rapidly. On the other hand, in Florence, were the so-called "*donne del Savonarola*" had not received the political protection of the Medici, these were rapidly and firmly silenced by the Dominican order.

Only Domenica Narducci da Paradiso, that has drawn much scholarly attention, suffered a different fate[22]. Through her political activism, her religious predication and (though illiterate) prophetical, exegetical,

21 Ibid., p. 175 sqq. E. Bonora, *I conflitti della Controriforma. Santità e obbedienza nell'esperienza religiosa dei primi barnabiti*, Florence, Le Lettere, 1998.

22 G. Antignani, *Vicende e tempi di suor Domenica dal Paradiso*, Sienne, Cantagalli, 1983; A. Valerio, *Domenica da Paradiso. Profezia e politica in una mistica del Rinascimento*, Spolète, Centro italiano di studi sull'alto medioevo, 1992; I. Gagliardi, *Sola con Dio. La missione di Domenica da Paradiso nella Firenze del primo Cinquecento*, Florence, Sismel, 2007.

theological, and spiritual treaties (that were dictated to helpers), Domenica would be at the centre of Florence's public affairs and of the founding of monastery of the Crocetta, that would become a lively spiritual gathering place[23].

Domenica, whom Isabella Gagliardi has recently defined as "Savonarola's female counterpart", was a "*veracissima prophetissa*", strongly committed to her mission of religious reform and of political transformation. She wanted to create a "radically Christian society" based upon a deep spiritual renewal, prayer, poverty, and pastoral care[24]. Initially, her positions were even universalistic, extending salvation to Muslims, Jews, and Pagans[25]. Her political and religious interlocutors were Clement VII and Paul III, the *Gonfalonieri* of the Florentine Republic and Cosimo de' Medici, with whom she maintained good relations. Domenica's action was characterized by a strong and concrete political activism that worked towards the "good health of the city"[26]. She had a strong relationship with Savonarola and his followers, but had her own original and independent political and religious ideals. Gagliardi suggests that Domenica felt alone in her direct relationship with God. Though this attitude can explain her behaviour towards authorities, it never resulted in political rebellion or religious opposition towards her superiors[27]. A different dimension than that suggested by Adriana Valerio, who has seen her as a theologian that fought for women's liberation. For Valerio, in Domenica one can see a "new way of setting female conscience: one that follows a unique *peregrinatio* of the spirit, in search of a new and different way of living her female freedom"[28]. Domenica once declared to a confessor that what guided her was the inner illumination of the spirit, "*perché i segreti di Dio non li arebbe mai spiegati e detti senza che Dio li avesse ordinato*"[29]. Hiding her identity behind the Word of God, through mystical and visionary experiences, allowed Domenica to partake to public life, but also to try to influence its outcome by giving her advice

23 The first to transcribe her work was her spiritual father Francesco Onesti da Castiglione (Annali I, f° 10 r°), that were then later further changed: *cf.* A. Valerio, op. cit., p. 10 sqq.

24 I. Gagliardi, op. cit., p. VIII, 104 sqq., 296 sq. Defined as such by Raimondo da Capua.

25 A. Valerio, op. cit., p. 10 sq.

26 A. Valerio, op. cit., p. 68 sqq.; I. Gagliardi, op. cit., p. VII.

27 I. Gagliardi, op. cit., p. VIII.

28 A. Valerio, op. cit., p. 127 sq. Also see id., "L'altra rivelazione. L'esperienza profetica femminile nei sec. XIV-XVI", in *Donne potere e profezia*, op. cit., p. 139–162.

29 Francesco Onesti da Castiglione, Annali I, f° 165r°, cited by A. Valiero, op. cit., p. 129 sqq.

to authorities. She did so up until the Sack of Rome, event that she had tragically foreseen, after which her political initiative slowly died out[30]. Though somewhat used instrumentally, her destine was never determined by her religious order, as was the case of many female prophets in northern Italy. As Herzig has shown, quite often religious orders determined if and how these prophets should express themselves[31].

Despite the restriction set by political and ecclesiastical authority, a large number of female prophets in sixteenth-century Italy spoke openly of the divine truths that had been revealed to them–quite often with a strong theological structure and an apocalyptic horizon–becoming leaders of "elect" groups and interpreters of the renewal of the Church and of society. An example of this can be seen in Paola Antonia Negri, "divine mother" of the Angeliche[32]; Chiara Bugni and Giovanna, that influenced both Guillaume Postel (he too "*papa angelico*") and Francesco Giorgio Veneto[33]; or further still in the female prophet Maria (daughter of a shoemaker and successor of the Florentine monk Teodoro in guiding his elect)[34], all the way to those anonymous Anabaptist prophets[35].

None the less, the influence of female prophets started to decline from the second decade of the sixteenth century. With the Protestant Reformation and the end of the Italian Wars, female prophets moved towards a more mystical ground of individual perfection, through visions, ecstasies, spiritual exercises, and the foundation of local confraternities and new religious orders. After the Counter-Reformation a new phase opened dedicated to a "policy of holiness", that was intended as a new instrument to strengthen the pontifical power in the larger project of

30 Ibid., p. 10 sqq.

31 T. Herzig, op. cit., p. 213 sq. e passim.

32 G. Zarri, op. cit., p. 99 sqq.; M. Firpo, "Paola Antonia Negri (1508–1555): da 'divina madre maestra' a 'spirito diabolico'", *Studi Barnabiti*, n° 7, 1990 (but 1991), p. 7–66, and now in *Rinascimento al femminile*, ed. O. Niccoli, Rome-Bari, Laterza, 1991, p. 35–82.

33 M. L. Kuntz, *Guillaume Postel Prophet of the Restitution of All Things. His Life and His Tought*, La Haye-Boston-Londres, Martinus Nijhoff, 1981. On Francesco Giorgio Veneto see C. Vasoli, *Profezia e ragione. Studi sulla cultura del Cinquecento e del Seicento*, Naples, Guida, 1979, p. 129–403.

34 A. Prosperi, "Il monaco Teodoro: note su un processo fiorentino del 1515", *Critica storica*, n° 12, 1975, p. 71–101.

35 As there is no specific study on Italian anabaptist female prophets, see A. Stella, *Dall'anabattismo al socinianesimo nel Cinquecento veneto: ricerche storiche*, Padoue, Liviana, 1967; id., *Anabattismo e antitrinitarismo in Italia nel 16. Secolo: nuove ricerche storiche*, Padoue, Liviana, 1969.

Catholic confessionalization[36]. Inquisitors, confessors, and hagiographers defined a new model of sainthood determined by the new standards set by the Counter-Reformation. The narrations of events, prophesies, and visions of female prophets were adapted to those standards, radically transforming their experiences and making them functional to the Church propaganda. This is particularly evident in the transformation of Saint Catherine from prophet to doctor, author of theological and spiritual tracts. Women were silenced through seclusion. The revelation of divine will became a monopoly of spiritual fathers, with the exception of a limited few who would prepare the grounds for the mystical explosion of the seventeenth century[37].

Also in Spain did the connection between prophecy and political intervention emerge strongly through the figure of Lucrecia de León. After the end of the spiritualist season of the *alumbrado*, Lucrecia, through her powerful family connections[38], imposed herself as political prophet at the end of the century. Richard L. Kagan, has stated that Lucrecia represents the social and political conscience of sixteenth-century Spain and is an excellent example of a woman who, through her imagination, threatened the foundations of the absolutist State[39]. Because of her political activism she was set before an inquisitorial tribunal and condemned for impiety, sacrilege, and sedition. Lucrecia intervened in the Spanish political life through an extraordinary number of prophetic

36 G. Zarri, op. cit., p. 91 sqq. On the topic of true holyness see *Finzione e santità tra medioevo e età moderna*, ed. G. Zarri, Turin, Rosenberg & Sellier, 1991; G. Zarri, "Dalla profezia alla disciplina (1450–1650)", in *Donne e fede. Santità e vita religiosa in Italia*, ed. L. Scaraffia, G. Zarri, Rome-Bari, Laterza, 1994; A. Jacobson Schutte, "'Piccole donne', 'grandi eroine': santità femminile 'simulata' e 'vera' nell'Italia della prima età moderna", ibid., p. 277–301; S. F. Matthews Greico, "Modelli si santità femminile nell'Italia del Rinascimento e della Controriforma", ibid., p. 303–325; A. Prosperi, *Dalle divine madri ai "padri spirituali"*, op. cit.; id., *Tribunali della coscienza. Inquisitori, confessori, missionari*, Turin, Einaudi, 1996, p. 431–464; M. Gotor, *I beati del papa. Santità, Inquisizione e obbedienza in età moderna*, Florence, Olschki, 2002; id., *Chiesa e santità nell'Italia moderna*, Rome-Bari, Laterza, 2004. On Caterina da Siena see A. Volpato, *Tra sante profetesse e santi dottori: Caterina da Siena*, in *Women and Men*, op. cit., p. 149–161.

37 A. Malena, *L'eresia dei perfetti. Inquisizione romana ed esperienze mistiche nel Seicento italiano*, Rome, Edizioni di storia e letteratura, 2003.

38 S. Pastore, *Un'eresia spagnola. Spiritualità conversa, alumbradismo e Inquisizione (1449–1559)*, Florence, Olschki, 2004, *ad ind.*

39 R. L. Kagan, "Lucrecia de León, la profetessa", in *Barocco al femminile*, ed. G. Calvi, Rome-Bari, Laterza, 1992, p. 3–27 (p. 26 sq.); id., *Lucrecia's Dreams: Politics and Prophecy in Sixteenth-Century Spain*, Berkeley, University of California Press, 1990.

dreams (more than 400 in a time span of only two years and a half) that she dictated to two clerics. Through them she expressed very sharp critics towards the reign of Philip II, especially against his financial management of the kingdom. Though she had had some experience as instructor of the *enfante* Philip and her father had been a solicitor, the criticism she expressed were largely widespread among the population. For this reason her prophecy had a wide following. The sect that gathered around her considered her a new Joan of Arc destined to create a new reign of justice, charity, and faithfulness. After the 1588 disaster of the Armada the kingdom had fallen in a state of discontent and economic crisis. In this already tense situation the crown ordered that she would be silenced through the intervention of the Inquisition. It is interesting to notice how, in her self-defence, she would consciously use the common *cliché* of the state of weaknesses often ascribed to women.

Despite her historical importance a long silence fell over the figure of Lucrecia. None the less, female prophecy did not end here in Spain: in the first half of the seventeenth century Sor María de Agred, a Franciscan visionary became an advisor of Philip IV[40]. The evolution of the attitude of the Church and the State towards prophecy cannot be further analysed in this essay, but what can be examined are the differences and similarities with female prophecy in Italy.

PROTESTANTISM AND FEMALE PROPHECY

Both male and female prophets were to be found in large numbers within the Protestant Reformation and the climate of religious freedom and apocalyptic thought that it brought about. The refusal of the traditional Church through the two defining points of the Reformation, *sola fide* and *sola Scriptura*, opened the door to a new religious awakening that had in the individual its focus and in the awaiting of the Judgement after the liberation from the Antichrist, the Papacy, a powerful propulsive factor. Through the priesthood of all believers, men and women

40 Th. D. Kendrick, *Mary of Agreda. The Life and Legend of a Spanish Nun*, Londres, Routledge & K. Paul, 1967.

could come to faith without any ecclesiastical mediation. For this reason prophecy prospered in this age finding religious and political legitimation in the frame of the re-foundation of Christian society set by the Reformation[41]. Even women made their voice heard (as propagandists, educators, mentors, writers, but also leaders of radical movements), in line with their growing participation to the religious life determined by the Reformation, though still within the traditional patriarchal system[42]. Prophecy was particularly strong among those radicals who denied every authority, even that of Scripture, in virtue of the direct illumination of God heralding a *restauratio omnium* within Christianity. Thanks to their egalitarian principles women played important roles in regards to prophecy, an element that characterized radical groups when the magisterial reformers started constructing structured churches. Though many leaders of the Reformation tried to contain the phenomenon, especially its revolutionary and libertarian side, their general attitudes towards prophecy somewhat varied. An example of this can be seen in Martin Luther himself. If initially he was convinced of the prophetical and apocalyptical value of his own work and action, he would condemn the so-called "Zwickau Prophets" and Thomas Müntzer during the Peasants' Revolution, and would later consider Revelation useful to give legitimation to the Reformation[43]. Despite the condemnation of radical millennialism expressed in the *Confessio Augustana*, apocalyptic thought influenced the famous *Carion's Chronicle*, the work of Melanchthon, Bullinger, Foxe, and Bale. The intervention against the prophets also varied within the Reformation movement spanning from the ban from the community to the hagiographic absorption. Let us consider the relation between the Reformation and prophecy in the cases of Anabaptist female prophets and the example of Anne Askew, a British prophet.

Profiles of Anabaptist Women. Sixteenth-Century Reforming Pioneers, edited by C. Arnold Snyder and Linda A. Huebert in 1997 is still a

41 R. B. Barnes, *Prophecy and Gnosis. Apocaliticism in the Wake of the Lutheran Reformation*, Stanford, CA, Stanford University Press, 1988; I. Backus, *Reformation Readings of the Apocalypse: Geneva, Zurich, and Wittenberg*, Oxford, Oxford University Press, 2000; J. Balserak, *John Calvin as Sixteenth-Century Prophet*, Oxford, Oxford University Press, 2014.

42 M. E. Wiesner, *Women and Gender in Early Modern Europe*, Cambridge, Cambridge University Press, 2000. See F. Long, *Donne protestanti: la vocazione alla parola*, in *Donne potere e profezia*, op. cit., p. 195–228.

43 R. B. Barnes, op. cit.; M. Lutero, *Contro i profeti celesti sulle immagini e sul sacramento*, critical edition by A. Gallas, Turin, Claudiana, 1999.

fundamental collection of articles to understand female prophecy[44]. The book gives a wide and attentive (even though confined to Western Europe) description of the phenomenon through the reconstruction of the biography of Anabaptist women, known or unknown, set in their individual contexts. Moreover, through these essays we are able to get a glimpse of the conditions in which Anabaptist women lived and exercised their *munus*.

Anabaptism, apart from a number of fundamental principles such as the refusal of infant baptism and a-politicism (through the refusal to pronounce oaths, to go to war, and to recognize magistrates), was a composite, fluid, and varied movement both doctrinally and in its organizational structures[45]. Some Anabaptist movements kept to a strict Biblicism, others focused on spiritual illumination and prophetic inspiration with an apocalyptic perspective. The latter accepted and gave legitimacy to female prophecy. Therefore, prophecy became a strong weapon which was used by a certain number of Anabaptist women against the political and ecclesiastical power. This was the case of the Swiss Brethren community (at its very beginning) and in those German and Dutch Anabaptist communities that arose from Melchior Hoffman's predication.

In its early years (1525–1527) the Anabaptist community in Zurich, that many historians consider to be one of the first of the entire movement, was all in favour of female prophecy and in general women's active participation to the religious life of the community[46]. Their powerful reference to the Spirit and the direct revelation of God within all believers' hearts, legitimised their action as missionaries, prophets, and leaders. Moreover, it put them in first line in the struggle against the town magistrates and the ecclesiastic authorities that had united against the subversive positions of the Anabaptists. As it is known, in Zurich the Reformation had been led by its City Council and Ulrich

44 Third volume of *Studies in Women and Religion*, Waterloo, ON, Wilfrid Laurier University Press, for the Canadian Corporation for Studies in Religion. The eighth edition used here was published in 2011.

45 W. R. Estep, *The Anabaptist story: An Introduction to Sixteenth-Century Anabaptism*, Grand Rapids, MI, Eerdmans Pub., 1996; C. A. Snyder, *Anabaptist History and Theology*, Kitchener, ON, Pandora Press, 1995; *A companion to Anabaptism and Spiritualism, 1521–1700*, ed. J. D. Roth, J. M. Stayer, Leiden-Boston, Brill, 2007; for a summary see now L. Felici, *La Riforma protestante nell'Europa del Cinquecento*, Rome, Carocci, 2016, p. 119–126.

46 *Profiles of Anabaptist Women*, op. cit., p. 19 sqq.

Zwingli, that created a "civil religion", and was the first to condemn the Anabaptist movement[47].

Agnes Link of Biel and Margaret Hottinger of Zollikon distinguished themselves for their prophetic role in town. We know very little about the former. She was the first leader of the Anabaptist movement to be called by the Spirit of God, later condemned by the magistrates of Solothurn in 1528, to whom she would declare:

> Concerning baptism and the Anabaptists, she said that she had been rebaptized by no person. But six years earlier she had been baptized in spirit and in truth, and she desired and hoped to remain with that baptism. No Anabaptist or any other person had taught her such a faith, rather she had been instructed by Christ her Lord; and she continued saying such things with many words[48].

This demonstrates the full consciousness of her thoughts and her independence from institutions and members of her community. Thanks to the direct inspiration of the Spirit Agnes achieved a prominent role in the movement. Moreover, she spoke against the protestant positions (such as the Lutheran Eucharistic doctrine) and against the direct action of political authorities to promote the Reformation, and was involved in an intense evangelical activity of biblical teaching and prophetical interpretation. For this reason she gained wide support, but also ran afoul of the law and was expelled from Solothurn and imprisoned in Basel.

Margaret Hottinger suffered a similar fate. Originally from a wealthy and literate family of Zollikon, Margret converted to Anabaptism and would rapidly find wide following among the populace thanks to her prophetic *munus*. Because of her actions and thought she would later suffer a lengthy imprisonment. A chronicle from Johannes Kessler states that: "she claims that she was God". Though this cannot be proven, it is possible to say that "she was deeply loved and respected by the Anabaptists" because of her prophetic inspiration. Her brethren thought that her obscure way of talking derived from her direct contact and "immersion with God"[49]. Margaret was responsible for the diffusion of

47 Zwingli published the *In catabaptistarum strophas elenchus* in 1527. See J. H. Yoder, *Anabaptism and Reformation in Switzerland: an Historical and Theological Analysis of the Dialogues between Anabaptists and Reformers*, Kitchner, ON, Pandora Press, 2004.

48 *Quellen zur Geschichter der Täufer in der Schweiz* (from here *QGTS*), III, document 844, cited ibid., p. 32. For her biography, ibid., p. 32–37.

49 *QGTS*, II, p. 618 cited ibid., p. 49. For her biography see ibid., p. 43–53.

prophecy among women in Sankt Gallen in 1526, such as Magdalena Müller and Frena Buman. The latter, in particular, fought against political authority with extreme gestures such as prophesying in the nude[50].

None the less, these were isolated cases within Swiss Anabaptism. The Articles of Schleitheim (1527) defined a new doctrinal and organizational ground for the movement, but also for the role women should play. The leadership was given to men alone. Their role was to preside in the congregation in reading, exhortation, teaching, warning, admonishing, in prayer, and in the Lord's Supper. Moreover, Biblicism took the place of direct spiritual revelations and pneumatic manifestations, especially if heralded by women. Therefore, "the diminished leadership role of women in Anabaptist congregations was thus roughly proportional to the victory of letter over spirit in Anabaptism"[51]. The authority of Paul would legitimise the limitations set upon female prophecy. None the less, the individual call of the spirit was not completely extinguished.

Completely different was the condition of the female followers of Melchior Hoffman in Strasburg. The town often offered refuge to religious nonconformists from Germany and the Low Lands[52]. Hoffman would give them important pastoral roles and encouraged their prophetic activity, so that at one point half of the members of his prophetic community were women. His prophetic and apocalyptic thought (that would cost him 10 years of imprisonment), were influenced certainly by the two prophets Ursula Jost and Barbara Rebstock, two leaders of the Strasburg Anabaptist community[53]. Hoffman contributes to the diffusion of the former's prophetic thought, policing her *Prophetic Visions and Revelations of the Workings of God in These Last Day, Which Were Revealed Through the Holy Spirit from 1524 until 1530 to a Lover of God, Seventy-seven of Which Are Recorded Here in This Booklet*: a short but

50 *QGTS*, II, documents 492–493, 498–500 cited ibid., p. 50.

51 *Profiles of Anabaptist Women*, op. cit., p. 51.

52 Ibid., p. 247 sqq. On Hoffman see K. Deppermann, *Melchior Hoffmann: soziale Unruhen und apokaliptische Visionen im Zeitalter der Reformation*, Göttingen, Vandenhoek & Ruprecht, 1979 (English translation Edinburgh, T. and T. Clark, 1987); W. J. De Bakker, J. M. Stayer, M. D. Driedger, *Bernhard Rothmann and the Reformation in Münster 1530–1535*, Kitchner, ON, Pandora Press, 2009; on tolerance in Strasburg see J. D. Derksen, *From radicals to survivors: Strasbourg's religious nonconformists over two generations, 1525–1570*, Goy-Houten, Hes & de Graaf, 2002.

53 Hoffman was arrested thinking that that act would start his millenarian vision; he died in prison.

fundamental book for the diffusion of prophecy in northern Germany and the Low Lands. This tract, as others written by Hoffman, was edited by Margarethe Prüss, who directed her family press and was the "queen" of radical publications[54]. Jost's prophecy (wife of the butcher Leonhard, he himself a prophet) had a strong apocalyptic feel and demonstrate the wrath of God, God's future victory over evil, and the inevitable coming of Judgment day through complex biblical references and mystical imagery. The tormented years between 1524 and 1530–with the Peasants' War, the overturning of the power of the Roman Catholic Church in many cities, the persecutions of religious dissenters–were a clear sign of God's divine will and should be seen as the inevitability of the end days. During these final stages the elect would have suffered all kinds of vexations from men of power and should have done so with patience and endurance, with the certainty that victory was at hand and with it the true *ecclesia Dei.*

Barbara Rebstock arrived in Strasburg with her husband from Esslingen, were the Anabaptist community had been led by the apocalyptic thought of Hans Hut[55]. She would later go back to her community to help it establish itself in an old Franciscan convent. In 1534 she moved to Strasburg again after having had a vision that confirmed a prophecy by the Franciscan predicator Veturinus, who had foretold the ruin of the city if the reformation of its church had not been completed. Among her many prophecies and visions, that Obbe Philips wrote down in his *Confession*, was one that regarded Melchior Hoffman's investiture as new Elias and Cornelius Polterman, a disciple of his, as the new Enoch. These visions had the aim of giving divine legitimation to their reformation in the eyes of ecclesiastical authorities and the City Council. Barbara's language was full of symbolism and very imaginative. For instance, she said that Hoffman had had a vision of "a white swan swimming in a beautiful river or watercourse, which swan had sung beautifully and wonderfully"[56]. Barbara used her prophetical role to influence the community, to educate it and to set a moral example. A number of supposed miracles helped strengthen her authority. For this reason,

54 For his biography see *Profiles of Anabaptist Women*, op. cit., p. 258 sqq.

55 Ibid., p. 278 sq.

56 *Spiritual and Anabaptist Writers*, ed. G. H. Williams, A. M. Mergal, Louisville, Westminster J. Knox Press, 1957, p. 212 cited ibid., p. 278.

after a long journey to the Low Countries, she would bring back a large number of Dutch Anabaptist back to Strasburg as her followers.

But prophecy did not only have a wide success in the so-called Radical Reformation. It also had a specific role in the Magisterial one. It played an important role in strengthening the new established churches, especially in regards to the anti-Catholic propaganda. Some examples are the female prophet Anne Askew, who's autobiography was published by John Bale as well as in the *Book of Martyrs* by John Foxe, in which her life is elevated as a moral example. In sixteenth-century England, despite state legislation, the revival of Joachimite thought among Catholics and Protestants alike, especially in the late Tudor age, should be seen as a sign of the fortune of popular political prophecies, such as those attributed to Merlin, the astrological prognostication of Nostradamus, and of apocalyptic thought. This was only the prelude of the prophetic explosion happened during the Civil War, when women would become figureheads in the revolution for their political and social demands[57]. In sixteenth-century Britain two main female prophets emerged: Elizabeth Burton, who spoke against Henry VIII's schism, and Anne Askew. Two "secretaries of God", as Diane Watt defined them in her important study on female prophecy in late medieval and early modern England[58].

Anne Askew was a noble woman of Lincolnshire, She had connections with the court, but was condemned to the stake in 1546 after having been tortured and imprisoned in the Tower of London for her protestant views (in particular her opposition to the Sacramentarian doctrine of the Church of England) and for her prophecies against Henry VIII. Her life and history were made public by John Bale, a

57 K. R. Firth, op. cit.; R. Bauckham, *Tudor Apocalypse: Sixteenth Century Apocalypticism, Millenarianism and the English Reformation: From John Bale to John Foxe and Thomas Brightman*, Oxford, Oxford University Press, 1978; P. K. Christianson, *Reformers and Babylon: English Apocalyptic Visions from the Reformation to the Eve of the Civil War*, Toronto, University of Toronto Press, 1978. In the rich bibliography on female prophets of the English Revolution see D. Pallotti, op. cit.; N. Smith, *Perfection Proclaimed. Language and Literature in English Radical Religion 1640–1660*, Oxford, Clarendon Press, 1989; E. Hobby, *Virtue of Necessity: English Women's Writing 1649–1688*, Londres, Virago Press, 1988; S. Davies, *Unbridled Spirits: Women of the English Revolution: 1640–1660*, Londres, The Women's Press, 1999 (but 1998); S. Villani, *A True Account of the Great Tryals and Cruel Sufferings Undergone by Those Two Faithful Servants of God Katherine Evans and Sarah Cheevers. La vicenda di due quacchere prigioniere dell'Inquisizione di Malta*, Pise, Scuola Normale Superiore, 2003.

58 D. Watt, op. cit., p. 51–80 on Barton and p. 81–117 on Askew.

former Carmelite monk destined to become Bishop of Ossory under Eduard VI, and who would play an important role in constructing the English Protestant hagiographical and apocalyptic tradition[59]. Fundamental would be a comment to the book of John's revelation, *The image of bothe churches* and the narration of Askew's execution, *The first examinacyon of Anna Askewe, latelye martyred in Smithfelde* (originally an autobiography), both published in 1546 during his exile in Wesel, during the time of the prevailing conservative faction in that final years of Henry VIII's reign. One year later he would publish *The Lattre examinacyon of Anne Askewe.*

Bale's description, that modified Askew's autobiography, should be seen as a mix between historical event, hagiographic motif and apocalyptic imagery. Anne's life became that of a Protestant saint to worship in a new Pantheon of the Reformation comprised of those who gave testimony of God's Word and those who had been martyred for their faith[60]. Bale, thus, presented himself as a martyrologist. In both *Examinacyons*, Bale's narration aimed at shedding light on the scriptural meaning of the loud crash heard in the sky, which he understood to represent the voice of God. Indeed, Anne's capability of receiving the gifts of the Spirit was shown her through as a thunder send by God. The community of believers was reassured that the suffering of the woman, just as St Stephen's, had opened the doors of heavens to the elect believers. According to Bale, her burning on the stake had been like Jesus' passion on the Cross, provoking the sudden conversion of more than one thousand people present that day. Anne was depicted as a model of true Christian faith, a martyr that had been strengthened and chosen to withstand the crimes of the Antichrist, before the final hour and Christ's victory could come. Bale also noted that a clear sign of her divine connection was that a huge storm had hit England at the moment of her death, just as an earthquake had followed the death of Wyclif.

In Bale's eyes this event was a clear confirmation that Anne was to be inscribed within the Joachimite and apocalyptic tradition that he spoke of in his *Image*. This tradition of thought believed that the true

59 On the relation between Bale and Askew see K. A. Coles, *Religion, Reform, and Women's Writing in Early Modern England*, Cambridge, Cambridge University Press, 2008, p. 17–44.

60 S. Cavallotto, *Santi nella Riforma. Da Erasmo a Lutero*, Rome, Viella, 2009.

church of God would soon triumph over the Church of Rome and that of England. Both far from being close to the evangelical truth[61]. Furthermore, Bale connected her experience to John's prophecy (11), in which two witnesses, clothed in sackcloth, would have prophesised for 1,260 days. Armed with fantastic powers, they would have destroyed anyone who wished to harm them with fire from their mouths. Once their mission was accomplished, the beast would have killed them both and the people of the earth would have gloated over the bodies. After three days they would have resurrected and ascended to the heavens, while a severe earthquake killed many. Historically, the two were identified by Bale as Moses and Christ, representing the Old and New Testaments, and then as members of the true Church who had risen up, empowered by God, in opposition to the corruption of the Synagogue of Satan. He wrote a long list of reformers and martyrs of the fifteenth and sixteenth centuries, including in it many English examples. Anne Askew was among the most prominent examples, and her martyrdom was read in light of John's prophecy. Even the emphasis on the similitude between her death and that of Christ and St. Stephen aimed at that exact scope. Anne was seen as one of the many saints that had been persecuted for their faith during the time of the evangelical Church of the beginnings, the one that had not yet been corrupted by the papacy, such as Catherine of Alexandria, Cecilia and Margareth of Antiocha, Blandina for her indefatigable perseverance in faith in the face of all the assaults by her persecutors and the courage demonstrated during her martyrdom. Therefore, one could assume that Bale used these cases for propaganda, because the lives and deaths of these women were very popular in Tudor England.

Moreover, to increase the popular impact of the *Examinacyon*, Bale set a very significant image on the first page of the texts (probably drawn by Bale himself). It depicted Anne as an evangelist holding a Bible, signifying her divine revelation, and what may be either a quill pen, signifying her writing, or a palm, the symbol of the martyr. Her radiance suggests that she fulfilled the apocalyptic prophecy of the Woman Clothed with the Sun (Revelation 12,1). At her feet lied the papal dragon decked in its tiara[62].

---

61 D. Watt, op. cit., p. 84 sqq.
62 Ibid. p. 105.

Though her story was changed by Foxe in the protestant martyrology *Acts and Monuments*, Anne Askew was set in the pantheon of the saints of the Reformation as a prophet and martyr[63].

With her strong and independent personality, Anne did not fit the model set by other saints of her time. She described herself as a prophet, a preacher, and an author, able to interpret God's word, to teach and to dispute with learned men on theological matters. She ascribed her powers to the influence of the Spirit of God that talked through her in all of her interventions in the public sphere of life. Moreover, she strongly refused the submissive role traditionally allocated to women. She presented herself as a strong woman, firm in her beliefs and actions. To the judged that accused her through Paul, she answered that he had no place in the pulpit[64]. She gave strength to her ideals by comparing her suffering to that of Christ. The violence that she had suffered set her amongst the elect few, that just as Wyclif did, she considered to be those who were the true members of the church of God (*congregatio praedestinatorum*) destined to salvation. Paula McQuade has described Anne's attitude as a propagandistic one that would use suffering to underline her spiritual transformation, thus recalling the biblical story of Paul of Tarsus[65]. The letter of clemency sent to Henry VIII could perhaps be read as a fulfilment of Christ's prophecy and in her own words Anne Askew described herself as being "harmless as a dove, and wise as a serpent". A description that can fit many female prophets of the sixteenth century.

Lucia Felici
SAGAS – Università degli Studi
di Firenze
Translated by Christopher Martinuzzi

63 See J. F. Mozley, *John Foxe and his Book*, Londres, Society for promoting Christian knowledge, 1940; W. Haller, *Foxe's Book of Martyrs and the Elect Nation*, Londres, J. Cape, 1963; V. Norskov Olsen, *John Foxe and the Elizabethan Church*, Berkeley, CA, California University Press, 1973.

64 A. Askew, The first examinacyon, op. cit., f° B2r°: "I asked him, how manye women he had seane, go into the pulpett and preache".

65 P. McQuade, "'Except that they had offended the Lawe': Gender and Jurisprudence in the Examinations of Anne Askew", *Literature and History*, n° 3, 1994, p. 1–14 (p. 9).

LE JÉSUITE ET LES FEMMES

Émergence d'un modèle mystique féminin dans les Nouveaux Mondes ? (XVIe-XVIIe siècles)

En 1966, dans un roman iconoclaste aux allures expérimentales, marqué par la *pop culture*, Leonard Cohen (1934-2016) donnait la parole à un vieil universitaire obsédé par son épouse défunte et par la figure de la première sainte amérindienne – pas même encore béatifiée à l'époque[1]. Dès les premières pages du récit, il déclarait : "Il fell in love with a religious picture of you[2]", avant de s'adresser à elle : « Catherine Tekakwitha, I have come to rescue you from the Jesuits. Yes, an old scholar dares to think big[3]. » Entreprise héroïque, mais pourquoi faudrait-il sauver la petite indienne des mains des jésuites ? "Catherine Tekakwitha, what care we if they cast you in plaster[4] ?"

Passer par la référence à Leonard Cohen n'est nullement une provocation. Beaucoup, en fait, est dit dans ces monologues à bâtons rompus, dès qu'il est question d'examiner des représentations d'un mysticisme féminin. De fait, comme le narrateur, on peut confusément tomber amoureux d'une image religieuse ; comme lui, l'instant d'après, ne voir dans les textes qui nous sont parvenus que des dispositifs artificiels cultivant le stéréotype à des fins idéologiques. Si tel est le cas, il faut de fait arracher la petite indienne, et ses consœurs d'autres nations, aux

1 Kateri Tekakwitha est béatifiée par le pape Jean-Paul II en 1980 et canonisée par Benoît XVI en 2012.

2 Leonard Cohen, *Beautiful losers*, London, Cape, 1970 [1966], p. 3 (= je suis tombé amoureux d'une image religieuse de toi). La traduction a été établie par l'auteur de l'article. Voir Christophe Lebold, « I'm a little Jew who Wrote the Bible. Leonard Cohen and a reconfiguration of the devotional poet for the age of the mass media. Leonard Cohen's Holy Hoaxes », Birat, Kathie/Zaugg, Brigitte (eds), *Literature and Spirituality in the English-Speaking World*, London, Peter Lang, 2013.

3 *Ibid.* (= Catherine Tekakwitha, je suis venu pour te sauver des jésuites. Oui, un vieil universitaire ose voir grand).

4 *Ibid.* (= Catherine Tekakwitha, qu'est-ce que ça peut nous faire si on vous moule dans du plâtre ?)

mains des jésuites[5]. Inutile toutefois d'aller sur ce chemin pour constater qu'il y a peut-être de l'imprudence à chercher à examiner la question d'un mysticisme autochtone féminin. La « fable mystique », suivant le concept élaboré par Michel de Certeau[6], suppose l'émergence d'une voix et la prise en charge d'un récit – un *je* narrant son expérience de Dieu. Comme on le verra dans les exemples qui suivent, il n'est ici d'autre *je* narrant que celui de l'institution jésuite. Cette disposition n'est pas dépourvue d'implications.

MYSTIQUE AUTOCHTONE : DIFFICULTÉS MÉTHODOLOGIQUES

La recherche historique actuelle, quand elle s'intéresse aux femmes dans l'entreprise missionnaire, s'arrête surtout aux Européennes engagées dans l'aventure de l'évangélisation *ad gentes*. Ainsi, Dominique Deslandres, dans *Croire et faire croire*, consacre deux chapitres à « la mission des femmes », mais même sa « fabrique d'héroïnes chrétiennes » ne laisse aucune place aux autochtones, sans doute parce que « la femme qui aspire à la sainteté devient sa propre hagiographe[7] ». Or, les Amérindiennes sont illettrées et donc en incapacité d'écrire un quelconque récit de vie. De même, Heidi Keller-Lap[8], dans un article intitulé « Devenir des jésuitesses », ne s'intéresse qu'aux Ursulines et en premier lieu à Marie de l'Incarnation. Si elle scrute avec précision l'influence des « Robes noires » sur leur spiritualité, elle ne peut entrer dans le cercle des femmes amérindiennes converties par les jésuites. À cet égard, le travail d'Alan Greer mérite une mention particulière. Dans son article intitulé « Colonial Saints : Gender, Race, and

5 Pris dans le tourbillon de la rupture culturelle qui marque les années 60, engagé dans l'écriture d'une fiction sans entraves, le canadien Leonard Cohen s'en prend aux jésuites comme aux gardiens d'un ordre moral, politique et social.

6 M. de Certeau, *La Fable mystique*, Paris, Gallimard, 1982.

7 Dominique Deslandres, *Croire et faire croire. Les missions françaises au* XVIIe *siècle*, Paris, Fayard, 2003, p. 387. Sur « La mission des femmes », on lira les chapitre XXIII et XXIV.

8 H. Keller-Lap, « Devenir des jésuitesses : les missionnaires Ursulines du monde atlantique », *Histoire et Missions chrétiennes. L'Autre visage de la mission : les femmes.* Dossier dirigé par Sarah Curtis, Paris, Karthala, décembre 2010, p. 19-51.

Hagiography in New France[9] », il laisse une place significative aux saints autochtones – et aux femmes.

On voit bien évidemment les problèmes méthodologiques auquel se heurte l'historien et que décrit minutieusement Allan Greer quand il fait l'analyse du discours hagiographique. En premier lieu, il doit s'affronter à l'absence de sources écrites et donc dans ce cas, de sources directes. Si l'écriture des femmes agissant dans le cadre d'ordres missionnaires est toujours modalisée, organisée, voire régulée par une institution, dans ce cadre, l'émergence d'un discours féminin est encore possible. Or, les femmes autochtones, laïques, n'ont pas les moyens institutionnels d'une parole susceptible d'être diffusée, en dehors du recours à un discours étranger et masculin, produit par une institution qui construit et valorise des modèles propres et conformes à un idéal précis de sainteté féminine – ainsi dans les lettres jésuites. Quittons la Nouvelle-France pour d'autres rivages : dans l'océan des *Lettres du Japon* où émergent quelques figures de femmes souvent peu individualisées, comment discerner entre la part du montage narratif effectué par la plume jésuite et l'expression d'une expérience de conversion menant à la découverte du salut par le Christ ? Sans être condamné au silence sur ce chapitre, l'historien se voit néanmoins invité à une grande prudence.

Certaines figures féminines auront pourtant fait couler beaucoup d'encre. Ainsi de Kateri Tekakwitha, jeune amérindienne morte à l'âge de vingt-quatre ans, le 17 avril 1680 et finalement canonisée par le pape Benoît XVI le 21 octobre 2012 ; elle n'apparaît pas non plus dans l'ouvrage de Dominique Deslandres. Le jésuite Claude Chauchetière, père spirituel de la « saincte sauvagesse[10] », rédigea l'une de ses Vies[11]. Cette femme a fait l'objet d'une abondante littérature – une cinquantaine

9 A. Greer, « Colonial Saints : Gender, Race, and Hagiography in New France », *The William and Mary Quarterly*, Vol. 57, No. 2 (Apr., 2000), p. 323-348.

10 Je forge la périphrase d'après le titre d'un ouvrage recueillant le témoignage du Père Chauchetière : *La vie de la Bienheureuse Catherine Tegakouita dite à présent la Saincte Sauvagesse* [...], Manate, Cramoisy de Jean-Marie Shéa, 1887.

11 Allan Greer relève dans les *Relations* des jésuites les mentions faites à d'exemplaires chrétiens comme Joseph Chihwatenha et Joseph Onaharé, ainsi qu'à quelques femmes, dont Kateri Tekakwitha qui fait l'objet du « most elaborate hagiographic story concerning a native » (*op. cit.*, p. 344). Il remarque à juste titre que les circonstances affectant la vie du père spirituel susceptible de rapporter l'expérience spirituelle ou mystique de ces néophytes influencent largement le processus de reconnaissance par l'Église.

de biographies dans une dizaine de langues[12]. Mais l'historien a peut-être du mal à observer son objet quand il est enveloppé des fumées de la polémique. La récente canonisation de la jeune femme est loin d'avoir fait l'unanimité : le jésuite Louis Cyr cite ainsi Benoît XVI, qui, dans son homélie lors de la messe de canonisation, affirmait que Kateri « est restée fidèle aux coutumes des siens. En elle, déclarait le souverain Pontife, foi et culture s'enrichissent mutuellement ! Que son exemple nous aide à vivre là où nous sommes, sans renier qui nous sommes[13] ». De l'autre côté du discours, l'historienne des religions Kay Koppedrayer rapportait, peu après la béatification, les propos d'un chrétien Mohawk de la réserve de Kahnawake où se trouve le tombeau de Kateri. Il voyait en elle "a leaking pot" : "Her conversion and subsequent flight to the French mission [...] betrayed her heritage – or, at least represented a betrayal of what he, a twentieth-century Mohawk, understood his heritage to be[14]". Comment dès lors envisager un discours sur ces femmes autochtones, toujours susceptibles d'être l'objet d'une captation soit par l'institution ecclésiale, soit par leur milieu d'origine ? Le statut même de converti entraîne une diffraction de la représentation, suivant le lieu d'où l'on parle. Ainsi se voit déplacé l'axe discursif de notre propos. Ces figures de femmes mystiques se trouvent bien prises entre sainteté et hérésie – ou trahison, suivant les énonciateurs.

Il nous faudra donc prendre en compte au mieux ces difficultés. En l'absence de sources écrites directes, on recourra ici à un corpus exclusivement jésuite, donc masculin et étranger, en postulant que le milieu jésuite produit un discours cohérent, même s'il est infléchi par des circonstances particulières suivant les contextes – du Japon à la Nouvelle-France, du milieu du XVIe siècle au début du XVIIIe. Comment

12 Voir la notice d'Henri Béchard dans le *Dictionnaire biographique du Canada*, consultable en ligne (http://www.biographi.ca/fr/bio/tekakwitha_1E.html), consulté le 6 janvier 2020. La même notice montre que l'hagiographie s'élabore précocement : « En 1688, Mgr de Saint-Vallier [...], deuxième évêque de Québec, la nommait ' la Geneviève du Canada', thème que Chateaubriand devait exploiter dans *Les Natchez* ».

13 L. Cyr, « Kateri Tekakwitha : une sainte, mais pour qui ? », revue *Horizons*, avril-mai 2013, p. 9.

14 K. I. Koppedrayer, « The making of the First Iroquois Virgin : Early Jesuit Biographies of the Blessed Kateri Tekakwitha », *Ethnohistory*, Vol. 40, n° 2 (Spring 1993), p. 278 (= un récipient qui fuit. Sa conversion et la fuite vers la mission française qui s'en suivit est une trahison de son héritage – ou du moins représente une trahison de ce que lui, Mohawk du XXe siècle, a intériorisé comme son héritage).

en serait-il autrement alors que le corps des jésuites est largement unifié par une spiritualité forte, des *Constitutions* bien vivantes, ainsi que par une culture fondée sur les humanités[15] qui favorise l'ouverture d'esprit, la curiosité, le goût pour les langues et l'aptitude à les apprendre ? La pratique de la lettre de mission que les *Constitutions* rendent obligatoire[16] assure la cohésion du corps jésuite dispersé par toutes les nations en instance d'évangélisation et stimule à la fois la production de modèles et de schémas discursifs repérables. Ces lettres et relations jésuites, pour la plupart destinées à la publication, qui constituent en partie notre source première, permettent d'engager une réflexion sur la réalité d'une vie mystique autochtone au féminin.

CAS D'ÉCOLE : UNE ÉGLISE AU FÉMININ

Grâce au « succès littéraire[17] » que représentèrent les *Lettres du Japon*, immédiatement traduites dans plusieurs langues, la chronique de la propagation de la foi dans les îles lointaines parvient jusqu'en Europe à un rythme soutenu, année après année. Dès la fin du XVIe siècle, la lettre de mission est devenue un genre codé aux normes et aux fonctions bien établies[18]. Mises au service de l'édification des chrétiens d'Occident, elles s'inscrivent dans le mouvement de la reconquête tridentine. Aussi visent-elles à exalter les succès des missionnaires en

15 Voir l'ouvrage de François de Dainville, *Les Jésuites et l'éducation de la société française. La Géographie des humanistes*, Paris, Beauchesne, 1940, réimpression Genève, Slatkine, 1969, qui fait autorité. L'article de Robert A. Maryks, « Le cicéronianisme jésuite : un pont entre l'Est et l'Ouest », *De L'Orient à la Huronie. Du récit de pèlerinage au texte missionnaire*, G. Poirier, M.-C. Gomez-Géraud, F. Paré dir., Québec Presses de l'Université Laval, 2011, p. 61-74, montre comment la culture jésuite, via l'étude des lettres latines, travaille, à son échelle, à une rencontre entre des cultures très différentes.

16 Voir saint Ignace de Loyola, *Constitutions de la Compagnie de Jésus*, éd. François Courel, Paris, Desclée de Brouwer, 1966, § 675, p. 214-215.

17 G. Poirier, « Remarques préliminaires sur l'étude des *Lettres du Japon* aux XVIe et XVIIe siècles », *Écrire des récits de voyage*, dir. M.-Ch. Pioffet, Québec, PUL, 2008, p. 162.

18 En voici les principes : une organisation temporelle linéaire, succession des faits entrecoupés de parenthèses ; surenchère événementielle, rebondissements ; écriture modulaire fondée sur la présence d'anecdotes, point de vue omniscient, effets de série. Les *Lettres du Japon* sont aussi caractérisées par une absence d'exotisme prononcée.

brossant la fresque épique du combat des soldats du Christ contre des adversaires tenus pour suppôts de Satan, le tout sur fond de dynamique eschatologique. La mission n'est pas sans succès : à la fin du XVIe siècle, dans un Japon que François Xavier a évangélisé entre 1549 et 1551, on compte 200 000 fidèles chrétiens, chiffre considérable qui explique la défiance des autorités japonaises[19]. La mission ne va pas non plus sans revers : quand, en 1582, s'ouvre le règne de Toyotomi Hideyoshi[20], une période difficile pour la présence jésuite commence. Dès 1587, le christianisme est interdit et en 1597, un an avant la mort de Hideyoshi, sont exécutés les premiers martyrs du Japon, au nombre de 26, dont 17 japonais. Parmi eux : Paul Miki, jésuite lui-même[21].

Si le chercheur vient à se lasser des effets de série propres aux *Lettres du Japon* – beaux exemples de vertu et miracles en cascade racontés sur un rythme trépidant – il manquera forcément des pages qui pourraient stimuler sa réflexion. Tel est précisément le cas d'une « Royne » qui apparaît dans le recueil des *Annales indiques*, publié en 1590[22] et rapportant des faits datant de 1588, alors que le christianisme vient d'être interdit. Le Père Luis Froes tient la plume : sous la forme d'une nouvelle enchâssée, la narration met en évidence le fulgurant parcours de Gratia, néophyte tout entière saisie par Dieu.

Laissons la place un instant au récit, qu'on divisera en quatre étapes. Devant le baptême de dix-sept de ses suivantes, cette noble dame d'Osaka se voit « touchee d'un extreme desir » ; elle « portoit si grande envie [à ses suivantes converties au christianisme], que ne pouvant plus dissimuler son ardeur, se fondoit en larmes[23] ». Alors qu'elle n'est ni baptisée, ni néophyte, elle est habitée d'une ferveur considérable. Elle récite le chapelet, pardonne à ses domestiques, fait l'aumône par

19 Sur l'histoire du premier christianisme au Japon, voir Charles Boxer, *The Christian Century in Japan (1549-1650)* [1951], Lisbonne, Fondation Calouste Gulbenkian, 1993, p. 362-397 ; Pierre Dunoyer, *Histoire du catholicisme au Japon 1543-1945*, Paris, Cerf, 2011, p. 19-230 et Hélène Vu Thanh, *Devenir japonais. La mission jésuite au Japon (1549-1614)*, Paris, PUPS, 2016.

20 Les *Lettres* le désignent sous le nom de Quabacondono.

21 Les vingt-six martyrs de Nagasaki sont béatifiés en 1627 par le pape Urbain VIII et canonisés en 1862 par Pie IX.

22 *Annales indiques contenantes la vraye narration et advis de ce qu'est advenu et succédé en Japon, et aultres lieux voisins des Indes, envoyez par les Péres de la Société de Iésus [...] en l'an 1588*, Anvers, en l'Imprimerie plantinienne, 1590.

23 *Id.*, p. 127.

pénitence et, « ayant entendu, qu'en nostre religion n'estoit permis de faire aucune besongne les festes et dimanches, pour plus serieusement vaquer à devotion, et choses divines, et à son salut[24] », elle interdit à ses demoiselles de coudre ces jours-là. Bref, elle reçoit la grâce de la vie chrétienne, avant que d'être baptisée et même catéchisée. Jusqu'ici, le récit dévot va bon train, sans grande imagination. Puis Gratia, désireuse d'approfondir les mystères de la foi sans aucun guide, demande à lire

> quelque livre spirituel, escrit en lettre Japonoise[25], pour ce que que de jour en jour elle se trouvoit plus affectionnée aux choses de Dieu. Au moyen de quoy luy fut envoyé Jehan Gerson de l'imitation de nostre Seigneur[26].

Mais comment résoudre les doutes qui lui surviennent ? Elle ne peut assister aux prêches qu'organisent les jésuites à l'adresse des Gentils ; pourtant, « elle desiroit grandement avoir occasion de parler de choses divines avec ceux de la Compagnie[27] ».

Dans cette première étape, le désir de connaître Dieu apparaît déjà comme une grâce qui se manifeste par les œuvres. Rien de spécifiquement féminin dans le portrait de la noble dame – pas même les larmes, qui viennent à ruisseler abondamment sur les joues des Pères, à commencer par saint Ignace[28] ou, dans le milieu de la mission japonaise, Cosme de Torres[29].

Dans ce monde exclusivement féminin, on fait appeler une vieille femme, baptisée par Cosme de Torres dans les premiers temps de la

24 *Ibid.*

25 Sur la diffusion des livres par les jésuites au Japon, voir Jacques Proust, *L'Europe au prisme du Japon. XVIe-XVIIIe siècle*, Paris, Albin-Michel, 1997, p. 32-45. La première presse à imprimer fut installée en 1591. Mais des livres furent traduits dès les premiers temps de la présence chrétienne, en particulier pour alimenter les collèges que fondèrent les jésuites.

26 *Id.*, p. 131. On attribuait encore assez couramment l'*Imitation* à Gerson et non à Thomas a Kempis.

27 *Id.*, p. 132.

28 Les larmes, chez Ignace, tiennent une part importante dans le discernement des esprits. Elles revêtent le statut de signe de la présence ou de l'action de Dieu. Voir Piet Penning De Vries, *Le Discernement des esprits. Ignace de Loyola*, Paris, Beauchesne, 1964, p. 32-35.

29 Supérieur de la mission du Japon depuis 1551 jusqu'à sa mort en 1570, il fut l'un des premiers missionnaires au Pays du soleil levant. Il accompagna saint François Xavier dans l'île de Kyushu, puis à la fin de 1549, s'embarqua avec lui pour Kyoto où il comptait rencontrer celui qu'il croyait être « empereur ». Sur le chemin, les compagnons s'arrêtèrent à Amanguchi. Cosme de Torres y aurait baptisé deux mille personnes et fait construire une église entre 1549 et 1556, date à laquelle la mission est détruite par le clan Mori.

mission japonaise. La vieille Catherine de Iabatanto a reçu directement l'enseignement des fondateurs jésuites. Mais Catherine « estoit moult simple et pauvrette[30] ». La reine lui demanda

> de l'estat et façon de vivre des nostres, des loix et ordonnances de l'Église, en quoy la bonne vieille estoit bien peu versee. Lors ouvrant le livre qu'elle tenoit en sa main, qui estoit Jehan Gerson, luy dict, qu'elle desiroit estre instruicte sur quelque doute qu'elle avoit noté, lisant ledict livre. La vieille fut quasi transie, et prioit nostre Dame, d'estre par elle enseignee ce qu'elle devoit respondre. Et comme c'estoient choses hautes, et quelques mots luy estoient incogneuz, elle respondit simplement et rondement, qu'elle ne l'entendoit pas ; et n'avoit receu tant de grace et de lumiere de Dieu qu'elle y sceust respondre. La Royne demeura fort edifiee, disant : O Catherine, combien seres vous heureuse ! pleust à Dieu que je peusse changer mon estat au vostre, et faire vostre office de coudre et rapetasser pour l'amour de Dieu[31].

Cette « visitation » au pays des *daimyos* qui met en vis-à-vis deux femmes aux positions sociales et culturelles contrastées mérite quelques mots de commentaire. Du côté de la vieille chrétienne, triomphe une forme de docte ignorance (elle ne sait pas lire, mais détient une science qui lui permet de se tourner vers la Vierge Marie pour écouter ses enseignements) ; du côté de la néophyte, on voit se déployer une capacité à lire inutile et une totale ignorance des dogmes. La dynamique narrative joue du contraste et de l'inattendu. Catherine enseigne, mais d'un enseignement apophatique qu'on ne saurait toutefois réduire à une morale de l'humilité. La nescience – ou la simple reconnaissance de sa nescience – est donnée ici comme plus haute science qui porte des fruits immédiats de conversion dans le cœur de la noble dame. Cette rencontre, qui constitue aussi un moment de perturbation de l'ordre social nippon, dessine une communauté ecclésiale féminine qui peut, à certains égards, faire songer à l'Église des temps apostoliques.

En un troisième temps, triomphe le modèle héroïque. Rien ici de nouveau sous le soleil de l'écriture hagiographique, si ce n'est l'inventivité déployée par la dame pour sortir de son palais et se voir libérée, par le baptême, des liens du péché originel.

---

30 *Annales indiques*, p. 132. Le texte italien donne seulement « semplice e povera » (*Lettera annale del Giapone*, Roma, Francesco Zannetti, 1590, p. 102). La présence de l'adverbe archaïsant induit un effet de narrativisation fictionnel.

31 *Id.*, p. 132-133.

> Le desir de recevoir le Baptesme s'accreut tant en elle, que ne trouvant autre expedient, pour pouvoir venir à nostre Église, delibera de se mettre en un coffre de cuir, et, avec une corde se laisser avaller en bas de la muraille de son palais, qui estoit fort hault. Puis un sien villageois prendroit le coffre sur ses espaules, et la porteroit en l'Église[32].

Qu'avec les commencements de la persécution s'enflamme davantage le cœur de la néophyte intrépide n'étonnera guère non plus le lecteur. Le spectre du martyre n'effraie aucune des dames chrétiennes[33] et les *Lettres du Japon* relèvent le fait avec constance. Mais pour l'heure, le problème n'est pas de souffrir le martyre, mais de recevoir le baptême. Comment donner le sacrement à celle qui le désire avec tant d'ardeur et reste cloîtrée dans son gynécée ?

> Les Peres se resolurent d'enseigner à [...] Marie sa parente la forme du Baptesme, l'intention qu'elle devoit avoir, et les autres choses requises, à fin qu'elle la baptisât privement en sa maison : et combien que Marie, par son humilité refusast de le faire ; toutesfois voyant la necessité, et le peril auquel estoit sa Dame, elle se contenta. Parquoy estant bien enseignee, dans une chambre, estant la Royne à genoulx, les mains eslevees vers le ciel avec grande humilité, receut le S. Baptesme, devant une image, où continuellement elle faisoit oraison, et se fict (*sic*) donner pour nom Gratia, restant extremement contente (operant en elle la grace baptismale) et pleine d'un desir de mourir pour la foy[34].

Certes, la discipline de l'Église définie dans les décrets du Concile de Trente permet qu'une femme dispense le baptême en l'absence d'un homme et qu'un laïc le célèbre en l'absence d'un prêtre *in articulo mortis*. Les sages-femmes en savaient quelque chose qui devaient souvent baptiser les nouveaux-nés en danger de trépasser. Gratia n'en est pas encore là et le récit qui insiste sur la cérémonie, sa mise en scène, le rôle du ministre et les fruits du sacrement opérant immédiatement, donnent à voir une activité ecclésiale au féminin tout de même assez inédite. La fin de l'histoire enchâssée rapporte des fragments d'une lettre que l'heureuse néophyte adresse aux jésuites ; elle y redit son zèle et les « traverses » qu'elle a souffertes sans jamais manquer de l'aide de Dieu. On relèvera surtout, dans cette lettre de femme insérée dans la

32 *Id.*, p. 133.

33 Le 10 septembre 1622, lors du grand martyre de Nagasaki, treize femmes furent exécutées sur les cinquante-deux victimes. Toutes furent béatifiées en 1867.

34 *Annales indiques*, p. 134.

lettre jésuite, une anecdote importante qui met en scène les scrupules de Gratia alors qu'elle voit son fils proche de la mort :

> Mon fils second, qui est de trois ans, a été fort malade ; ne nous donnant aucune esperance de vie. Parquoy craignant la perte du corps et de l'ame, je me conseillay avec Marie, et feusmes d'advis de le mettre entre les mains de Dieu qui l'avoit creé, parquoy Marie, secretement le baptiza, et nous l'appellames Jehan : et dés lors il commença à se trouver mieux, et en peu de jours fut du tout reguari[35].

En l'absence des Pères, la guérison de l'enfant scelle le bien-fondé de ce baptême décidé entre femmes et pratiqué sans recours possible à une autorité, mais qui fait immédiatement l'objet d'un rapport au supérieur jésuite. L'insertion du fragment épistolaire, où l'on ménage une date et un lieu pour autoriser le texte, assure et illustre le lien indissoluble entre l'Église-mère des Pères et l'Église-fille des dames[36]. Le subtil dispositif narratif encadre efficacement un discours de prise en compte de la femme – et peut-être de sa promotion. Dans un contexte de « misogynie têtue du droit et des faits[37] », une telle histoire ne peut que retenir l'attention. Les traits traditionnels d'un discours qui, à bien des égards, relève de l'hagiographie (manifestations ardentes du désir de Dieu, rêve de fuite loin du milieu social qui entrave la vie chrétienne, sacrifice des cheveux[38]) signent l'émergence d'un type de sainteté laïque et féminine plutôt inédit. Si l'histoire de Gratia peut constituer un modèle exportable, c'est que l'humilité, gage d'une obéissance nécessaire à la cohésion du corps ecclésial, y est sans cesse montrée comme la qualité féminine par excellence : Catherine est déclarée bienheureuse par Gratia parce qu'elle n'a pas su répondre aux questions de la « Royne » en prétendant s'arroger une science qu'elle ne possédait pas ; Marie se dit indigne de baptiser. Enfin, sitôt baptisée, la reine « de haultaine et presumptueuse » qu'elle était, devient « humble et mansuete (douce, *NDR*)[39] ».

35 *Id.*, p. 136-137.

36 En particulier en reproduisant la relation *via* la lettre entre le centre du corps jésuite à Rome et ses parties disséminées dans toutes les nations où s'effectue la mission.

37 Anne-Marie Pelletier, *Le Christianisme et les femmes*, Paris, Cerf, 2001, p. 115.

38 Voir *Annales indiques*, p. 135 (« elle mit jus sa perruque et ses cheveux »).

39 *Ibid.*

UNE SAINTETÉ À LA SAUVAGE ?

L'histoire se tait sur ces figures apparues dans le flot des *Lettres du Japon* et somme toute, fort peu particularisées. Gratia, Marie et ses sœurs se sont évanouies, mais la leçon est claire. Il y a place dans la pensée jésuite pour une sainteté féminine et même pour une forme d'autonomie de l'activité féminine, si les circonstances l'exigent. Il est vrai que les *Lettres du Japon* font parfois allusion à une pratique qui va dans le même sens : dans des communautés qu'ils viennent de fonder, mais qui ne seront pas accompagnées par des ministres ordonnés, les missionnaires choisissent un couple de laïcs qui assurera le service de la prière.

Dans les forêts du Nouveau monde redessinées par la plume jésuite, un cas va éclipser bientôt toutes les autres figures autochtones en la personne de Kateri Tekakwitha. Une analyse attentive des textes de ses deux biographes jésuites, les Pères Cholenec et Chauchetière, a été réalisée par Kay Koppedrayer, dans l'article cité *supra*, qui conjugue la méthode de la génétique des textes et l'étude littéraire pour mettre en évidence leur caractère hagiographique plus que biographique[40].

Il ne fait pas de doute que les textes jésuites cultivent l'idée d'une sainteté héroïque, fondée sur le combat contre les ennemis de Dieu, le plus souvent incarnés par ceux qui promeuvent et pratiquent les cultes autochtones. Persécutée, Kateri doit organiser sa fuite loin de sa société d'origine pour rejoindre la mission du Sault-Saint-Louis[41], décrite dans les textes comme une cité chrétienne autochtone modèle. D'une manière générale, les traits relevés chez Kateri le sont toujours en relation avec les habitudes autochtones : désir de la chasteté parfaite qui contrevient aux pratiques habituelles de la sexualité dans les cultures autochtones et sur lesquelles insistaient les premiers missionnaires, refus de la parure ou de la distraction, contrairement aux filles de sa nation. À l'opposé, c'est la culture autochtone qui produit une même ardeur à la souffrance, même si les fonctions de ces exercices sont différentes. En dépit de cette

40 Kay Koppedrayer fait référence à la théorie de Donald Weinstein et Rudolph M. Bell, *Saints and Society : The Two Worlds of Western Christendom, 1000-1700*, Chicago, University of Chicago Press, 1982.

41 Kahnawake, à une quinzaine de kilomètres au sud de Montréal, sur la rive sud du Saint-Laurent.

valorisation du savoir pâtir, le modèle de sainteté féminine proposé par les jésuites ne peut s'élaborer qu'au prix d'une rupture avec le milieu d'origine, comme l'attestent les combats qui vont bientôt surgir contre ceux de sa nation qui veulent marier Kateri.

C'est dans cette perspective qu'on peut relire la pratique de la pénitence par les autochtones. Cultivée jusqu'à des macérations difficilement imaginables, elle déchaîne l'admiration et l'effroi du Père Chauchetière qui interdit bientôt à la jeune femme ces humiliations dangereuses[42]. Parallèlement, il faut noter que dans la lettre que le Père Cholenec adresse au Père Leblanc en 1715, les pénitences de Kateri s'inscrivent dans un ensemble qui exalte le sens des « austérités » chez tous les chrétiens autochtones de la mission du Sault-Saint-Louis. Rien ne semblerait alors distinguer la jeune femme de ses compatriotes si le Père Cholenec ne signalait :

> Comme elle étudioit tous les moyens de témoigner de plus en plus son amour à Jésus-Christ, elle s'attachoit à examiner tout ce qui se faisoit d'agreable au Seigneur, pour le mettre en pratique. C'est pour cela qu'ayant passé quelques jours à Montréal, où elle vit pour la première fois des religieuses, elle fut si charmée de leur piété et de leur modestie, qu'elle s'informa curieusement de la manière dont vivoient ces saintes filles, et des vertus qu'elles pratiquoient[43].

« Saincte fille », c'est aussi l'expression qui désigne Kateri, dans l'autographe du Père Cholenec. Cette terminologie atteste que la jeune

---

42 Ruben Gold Thwaites, *The Jesuit Relations and Allied Documents*, vol. LXII, Cleveland, Burrows Brothers, 1900, p. 176 (lettre de Claude Chauchetière, du 14 octobre 1682) : « Il y a plusieurs autres Inventions de mortifications de cette sorte que les hommes et les femmes ont trouvez d'eux mesmes pour se tourmenter qui font l'exercice ordinaire de leurs penitences, mais on leur a fait quitter ce quil *(sic)* y avoit d'excessif ».

43 *Lettres édifiantes et curieuses*, 1715, p. 53. Les propos du Père Chauchetière, dans sa lettre du 14 octobre 1682 (Gold Thwaites, *op. cit.*, p. 174) insiste lui aussi sur l'influence présumée des ordres religieux féminins dans le développement de la spiritualité autochtone : « Vous serez bien aise que je vous apprenne quelque chose des austeritez qu'ont exercez quelques sauvages, Quoyqu'il y ait eu en cela de Lindiscretion *(sic)*, mais vous connoitrez par la leur ferveur. Il y a plus de 5 ans que quelques uns apprirent je ne scay comment les pratiques de pieté qu'observent les religieuses de Monreal, qui sont des hospitalieres. Elles entendirent parler de disciplines, de ceintures de fer, et de haires, cette vie religieuse commença de leur agreer fort, et trois d'entr'elles firent societté pour commencer une espece de Couvent, mais on les a arrestéés Jugeant que Le temps n'estoit pas encore venu ; Mais sy elles n'ont pas gardé La closture au moins ont elles gardé la Chasteté et une est morte en reputation de sainteté, il y aura 3 ans ce printemps. Celles-cy et quelques autres qui les ont imitéés, seroient admiréés en france sy on scavoit ce qu'elles font ».

femme est sortie du stoïcisme sauvage, qui fait souffrir sans gémir, pour épouser le modèle de la religieuse, tenu pour féminin par excellence. L'ensemble du rapport du Père Cholenec peut maintenant être relu, *a posteriori*. La première description de la « sainte fille [...] appelée avec raison la Geneviève de la Nouvelle-France », fait mention de la petite vérole qui « lui avoit affoibli les yeux » et qui « l'empêcha, pendant quelque temps de paroître au grand jour ». « Cette inclination pour une vie retirée, si contraire au génie de la jeunesse iroquoise[44] », voici ce qui va déterminer un modèle de sainteté qui favorise chez le fidèle l'entretien mystique et l'union avec Dieu. La lettre de Cholenec renferme deux *logia* – et deux seulement, qui forment comme la quintessence d'une spiritualité féminine dont Kateri est le porte-étendard. Sa mystique consiste en la rencontre de deux volontés, dans un désir de présence mutuelle. Considérant la nouvelle église en construction à la mission du Saut, elle dit : « ce n'est pas dans ce temple matériel que Dieu se plaît davantage à demeurer, c'est au-dedans de nous-mêmes qu'il veut habiter : notre cœur est le temple qui lui est le plus agréable[45] ». Refusant de se rendre dans le bois pour l'hivernage afin de « rétablir sa santé qui était fort altérée », elle dit encore :

> le corps est traité plus délicatement dans les bois ; mais l'âme y languit, et ne peut y rassasier sa faim ; au contraire, dans le village, le corps souffre, j'en conviens, mais l'âme trouve ses délices auprès de Jésus-Christ. Eh bien, j'abandonne volontiers ce misérable corps à la faim et à la souffrance, pourvu que mon âme ait sa nourriture ordinaire[46].

À y bien regarder, toute la biographie du Père Cholenec construit l'*ethos* de la femme consacrée à Dieu, réglant sa vie quotidienne comme au couvent, sans pratiquer la moindre entorse à une organisation qu'elle a elle-même élaborée, vivant dans le silence d'une solitude en vis-à-vis avec le Seul. Hors du couvent ou dans le cloître, le modèle féminin qui prévaut est bien celui de la vierge consacrée, selon un état que la « saincte sauvagesse » aurait comme découvert intuitivement avant de le voir réalisé suivant d'autres modalités chez les « saintes femmes » de Montréal.

---

44 *Id.*, p. 26 pour les deux citations.
45 *Id.*, p. 46.
46 *Id.*, p. 51.

Faut-il alors arracher les saintes femmes aux mains des jésuites, comme le préconisait le vieil universitaire campé par Leonard Cohen ? L'entrée dans les textes de la Compagnie montre assez vite qu'une place est accordée aux femmes autochtones et à leur vie spirituelle, cela suivant des modalités parfois totalement inédites – mais Leonard Cohen n'avait pas lu les *Lettres du Japon*.

Dans les deux cas étudiés ici, le discours jésuite sur un(e) *autre* présente des femmes autochtones capables de liberté, de responsabilité et habitées d'un véritable désir de Dieu. Le petit roman de Gratia rejoint le modèle hagiographique de la femme dont l'époux païen finira par être gagné au Christ – les Clotilde et Monique – et insiste sur la place de la femme dans le processus de l'action missionnaire. La pragmatique jésuite ne pouvait s'accommoder d'un modèle unique de sainteté. Les témoignages des jésuites du Canada qui construisent une nouvelle Geneviève, archétype de la vierge consacrée vivant hors de tout couvent, insisteront, dans un dispositif textuel qui fait irrésistiblement penser aux habitudes des procès de canonisation, sur les effets miraculeux de la présence de son corps et sur les martyres qui suivront sa mort, comme autant de germes de la grâce de Dieu. Dans les deux cas toutefois, les textes insistent sur la possibilité de l'éclosion d'une vie mystique en dehors du couvent, lieu par excellence de la vie consacrée. Qu'il soit diffusé par le canal des *Lettres* ou des *Relations* des jésuites, le modèle que représentent les femmes des lointains peut s'imposer dans une Europe christianisée de longue date. Il fallait peut-être le témoignage des sauvages et des païens pour compléter les enseignements du Concile de Trente diffusés par les curés de paroisse et donner à toutes, le désir de Dieu. Les nouveaux horizons de la Renaissance élargirent sans aucun doute aussi les horizons de la vie spirituelle.

Marie-Christine GOMEZ-GÉRAUD
Université de Paris-Nanterre

INDEX DES NOMS

ABOULAFIA, Abraham : 50
ABRAHAM : 17, 47, 130, 131
ACARIE, Barbe (Madame Acarie) : 149-165
ACARIE, Pierre, époux de Barbe Acarie : 150, 152
ACARIE, Pierre, fils de Barbe Acarie : 151
ACETI DE' PORTI, Serafino (Serafino da Fermo) : 211, 214-218
ADAM : 15, 17, 19, 54, 84
ADAM DE PERSEIGNE : 104
AGNÈS DE JÉSUS : 162
ALACOQUE, Marguerite-Marie : 57, 64, 70, 72-73
ALAIN DE LILLE : 49, 87
ALBERT, Charles d', premier duc de Luynes : 152
ALEXANDRE IV (Alexander IV) : 229
ALEXANDRE DE PARIS : 102
ALIGHIERI, Dante : 96, 132-133
ALONGE, Guillaume : 215
ANDENMATTEN, Bernard : 26, 32-33, 35
ANDREASI, Osanna : 228-230
ANGÈLE DE FOLIGNO : 10-11
ANGELO DA FAENZA : 215, 219
ANNE D'AUTRICHE : 61
ANNE DE JÉSUS : 150
ANNE DE SAINT-BARTHÉLEMY : 150
ANSELME, saint : 92
ANTIGNANI, Gerardo : 230
ANTONI, Martino degli : 124
ARASSE, Daniel : 205
ARBOUZE, Marguerite de Véni d' : 61
ARISTIDE : 18-19, 23
ARNAULD, Angélique : 57, 156
ARRIVABENE, Filippo : 216-217
ASKEW, Anne : 235, 240-243
AUDISIO, Gabriel : 29, 33
AUGUSTIN D'HIPPONE, saint : 58, 67, 86, 88, 94, 196

BACCHIDDU, Rita : 190, 194, 210
BACKUS, Irena : 235
BAILEY, Michael D. : 35, 44
BAKKER, Willem J. de : 238
BALADIER, Charles : 107
BALDASSARRE, Filippo Maria : 120
BALE, John : 235, 240-242
BALSERAK, Jon : 235
BAMBAIA : voir *Busti, Agostino*
BANNIARD, Michel : 103
BARDIANI, Giovan Battista : 220
BARENTON, Hilaire de : 59
BARNABÉ, saint : 196
BARNES, Robin Bruce : 235
BARONIO, Cesare : 98
BARTOLOMEI ROMAGNOLI, Alessandra : 142, 190-191, 210
BARUZI, Jean : 9
BASILIDE : 7, 16, 23
BATTISTA da Crema : 195, 215, 217-219
BAUCKHAM, Richard : 240
BÉATRICE DE NAZARETH : 101
BEAUCOUSIN, Richard, o. cart. : 155
BEAUVILLIERS, Marie de : 155
BEC, Pierre : 107
BÉCHARD, Henri : 248
BEHRINGER, Wolfgang : 26-28, 33, 44
BELL, Rudolph M. : 255
BELLOTTI, Gian Antonio : 193, 194, 230

BENIVIENI, Domenico : 133, 145
BENTINI, Maria Rita : 211
BERNARD DE CLAIRVAUX, saint : 10, 58, 92
BERNARD DE VENTADOUR : 106
BERNARDIN DE SIENNE, saint : 204
BERTHO, Marie : 102, 113
BÉRULLE, Pierre de : 65, 68, 70, 149, 151, 154-156, 159
BEZZOLA, Reto : 106
BINAGHI OLIVARI, Maria Teresa : 193, 205
BINASCO, Veronica da : 189, 190-193, 196, 198-199, 203, 205
BINET, Étienne, s.j. : 61, 157, 161
BLANDINE, sainte (Blandina) : 242
BODEL, Jean : 117
BONALI DA FERRARA, Taddea : 190
BONAVENTURE, saint : 10, 58-59
BONORA, Elena : 194, 209, 218, 230
BORGIA, famille : 228
BORGIA, Lucrèce (Lucrezia Borgia) : 216
BORGONDIO (vicaire du cardinal Hercule Gonzague) : 216
BORNSTEIN, Daniel : 39
BOUCHER, J. B.-A. : 154
BOULNOIS, Olivier : 113
BOUREAU, Alain : 32
BOXER, Charles : 250
BRÉAUTÉ, Charlotte de Harlay de Sancy, veuve du Marquis de Bréauté : 152
BRÉBOEUF, Jean : 186
BREMOND, Henri : 149, 150, 162
BRENON, Anne : 101, 117-118
BRETEL, Paul : 104
BRÉTIGNY, Jean de : 151-152, 155-156
BRIÇONNET, Denis : 193, 197, 230
BRIGITTE de Suède : 124
BROCADELLI DA NARNI, Lucia : 29, 37-38, 40-41, 43, 209, 229
BROEDEL, Hans Peter : 34-35
BROSSIER, Marthe : 154
BRUNELLI, Gianpiero : 214
BRUNO DE JÉSUS MARIE, o.c.d., né Jacques Froissart : 161
BRYCE, Judith : 140
BUGNI, Chiara : 232
BUGNI, Giovanna : 232
BULLINGER, Heinrich : 235
BUMAN, Frena : 238
BUSTI, Agostino, dit Bambaia : 193
BYNUM, Caroline Walker : 197

CACIOLA, Nancy : 40
CAFFIERO, Marina : 226
CAIANI, Tommaso : 121, 146
CALLAHAN, Meghan : 39
CALVIN, Jean : 224
CAMAIONI, Michele : 215
CAMERARIUS, Joachim, dit l'Ancien : 38
CANFELD, Benoît de : 155, 159
CARA, Roberto : 193
CARAFA, Gian Pietro : 219
CARLEVARIS, Angela : 85, 94
CASSEGRAIN, Guillaume : 192
CASSIEN, saint : 58
CASTAÑIZA, Jean de : 61
CASTENETTO, Dora : 213
CATERINA DA RACCONIGI : 209, 229
CATHERINE D'ALEXANDRIE, sainte (Catherine of Alexandria) : 242
CATHERINE DE SIENNE, sainte : 124, 198, 207, 224, 227, 230, 233
CAVALLOTTO, Stefano : 241
CÉCILE D'ANTIOCHA (Cecilia of Antiocha) : 242
CEGNA, Romolo : 28
CERQUIGLINI, Jacqueline : 116
CERTEAU, Michel de : 9, 109, 141, 246
CHANTAL, Jeanne de : 70-71, 150
CHANTEREAU, Louis : 190
CHARDON, Louis : 112
CHAUCHETIÈRE, Claude : 247, 255-256
CHÈNE, Catherine : 26, 35-36
CHIHWATENHA, Joseph : 247
CHOFFAT, Pierre-Han : 33
CHRÉTIEN, Jean-Louis : 112-113
CHRÉTIEN DE TROYES : 106, 109
CHRISTIANSON, Paul Kenneth : 240

CIBO, Caterina : 141, 145
CLARK, Stuart : 27
CLAUDE DE FRANCE : 191
CLÉMENT VII, pape : 119, 135, 215, 231
CLÉMENT XII, pape : 61
CLÉMENT DE ROME : 16
COGNET, Louis : 66, 68
COHEN, Leonard : 245-246, 258
COLES, Kimberly Anne : 241
COLOMBA da Rieti : 29, 37, 40-43
CORBELLINI, Sabrina : 140
CORRADO, Federico : 216-217
COTON, Pierre (Père Coton) : 151, 153-155, 159-160, 163-164
COUSINIÉ, Frédéric : 205
CYR, Louis, s.j. : 248

DABLON, Claude, s.j. : 167
DANTE ALIGHIERI : voir *Alighieri, Dante*
DAINVILLE, François de : 249
DALL'AGLIO, Stefano : 227
D'AMATO, Alfonso : 215
DAMISCH, Hubert : 192
DAVID : 133
DAVIES, Stevie : 240
DECKER, Rainer : 33
DEL NENTE, Ignazio : 119, 122
DENYS L'ARÉOPAGITE : 8, 15
DEPPERMANN, Klaus : 238
DERKSEN, John D. : 238
DESLANDRES, Dominique : 246-247
DINET, Jacques, s.j. : 173-175, 181, 185
DINZELBACHER, Peter : 141, 225
DOMENICA DA PARADISO : voir *Narducci, Domenica*
DOROTEA DI LANCIUOLO : 121
DRAGONETTI, ROGER : 107
DRIEDGER, Michael D. : 238
DRONKE, Peter : 94, 104
DUBOST, Francis : 108
DUBY, Georges : 10
DUGLIOLI, Elena : 210, 218, 229
DUNOYER, Pierre : 250
DURANTI, Angelo : 212
DUVAL, André : 151, 153, 155-158, 160-162, 164
DUVAL, Fredéric : 115

EBHERARD DE BAMBERG : 87
ÉLISABETH DE LA TRINITÉ : 149
ÉLISABETH DE SCHÖNAU : 94-95, 98
ELLIOTT, Dyan : 40
ENGAMMARE, Max : 224
ENGEN, John van : 93
EPHREM, Yon : 159
EPINEY-BURGARD, Georgette : 101, 114
ESTE, famille : 228-229
ESTE, Hercule d' (Ercole d'Este) : 211, 214-217, 219, 229
ESTE, Isabelle d' (Isabella d'Este) : 213-214, 216
ESTEP, William R. : 236
ESTOUTEVILLE, Marguerite d', duchesse : 152
EUDES, Jean, saint : 57, 65, 66-70
EUGÈNE III, pape : 93
ÈVE : 11, 15, 84

FASSEUR, Valérie : 106
FELICI, Lucia : 224, 236
FELLA, Audrey : 12
FERRAIGE, Jacques : 61
FERRETTI, Walter : 211
FEYLES, Gabriele : 214
FIESCHI ADORNO, Caterina, sainte (i.e. Catherine de Gênes) : 216
FIRPO, Massimo : 195, 232
FIRTH, Katharine R. : 226, 240
FOIX, Gaston de : 193
FONTANA DE' CONTI, Battista : 194-195
FORSTER, Edeltraud : 95-97
FOXE, John : 235, 240, 243
FRANÇOIS Ier : 51, 191, 193
FRANÇOIS II (Francis II) : 228
FRANÇOISE DE SAINT-BERNARD, Mère : 174, 176, 181, 186
FRANÇOIS XAVIER, saint : 250-251
FRAPPIER, Jean : 110

FRÉDÉRIC BARBEROUSSE : 81, 91
FRUGONI, Chiara : 141
FURTMAYR, Berthold : 11

GABBIONETA, Girolamo : 216
GAGLIARDI, Isabella : 119-124, 133, 136-141, 143, 145-146, 230-231
GALIEN : 19
GALLEMANT, Jacques : 151-152, 156
GALLOIS, Louise (Madame Jourdain) : 156
GALLORI, Corinna Tania : 190, 194, 205, 208
GAZIER, Augustin : 58
GEBENO d'Eberbach : 96-98
GENTILE DA RAVENNA : voir *Giusti, Gentile*
GERSON, Jean : 251
GERTRUDE DE HACKEBORN : 60
GERTRUDE D'HELFTA, sainte : 57, 59, 60
GIBERTI, Gian Matteo : 214, 218-219
GIKATILLA, Joseph : 47
GILL, Katherine : 140
GILSON, Étienne : 105
GIOMMI, Eugenio : 197
GIORDANO, Silvano : 191
GIORGIO Veneto, Francesco (i.e. Francesco Zorzi) : 232
GIUSTI, Gentile (Gentile da Ravenna) : 209-220
GOLD THWAITES, Ruben : 256
GONFROY, Gérard : 107
GONZAGA DI BOZZOLO, Federico : 216
GONZAGUE, famille (Gonzaga) : 213, 228, 230
GONZAGUE, Hercule (Ercole Gonzaga) : 211, 214-217, 219
GONZAGUE, Jean-François (Gianfrancesco Gonzaga) : 213
GOTOR, Michel : 211, 233
GREEN, Arthur : 48
GREER, Allan : 246-247
GRÉGOIRE XIII, pape : 98
GRÉGOIRE LE GRAND : 90
GREGORY, Brad S. : 44
GRÉVIN, Benoît : 103, 115

GUERRAZZI, Francesco Domenico : 120
GUERREAU-JALABERT, Anita : 110
GUILLAUMONT, Antoine : 58
GUYART, Marie (Marie de l'Incarnation) : 149, 167-186

HADEWIJCH D'ANVERS : 101, 105
HALARY, Marie-Pascale : 104, 114-115
HALLER, William : 243
HANANIAH BEN TERIADON, Rabbi : 46
HARNACK, Adolph von : 18
HAYE, Georges de La, s.j. : 175
HENRI IV : 150
HENRI VIII (Henry VIII) : 240-241, 243
HENRIET, Patrick : 114
HENRY DE MAYENCE, archevêque : 82
HERSHEL, Susanna : 48
HERTZ, Géraldine : 24
HERZIG, Tamar : 25-29, 34, 37-38, 41-41, 119, 121, 138, 145-146, 193-194, 196, 209, 227-230, 232
HILAIRE DE BARENTON : 59
HILDEGARDE DE BINGEN, sainte (Hildegard of Bingen) : 59, 79-99, 224
HILL, Christopher : 226
HOBBY, Elaine : 240
HOCHHEIM, Eckhart von : voir *Maître Eckhart*
HOFFMAN, Melchior : 236, 238-239
HOTTINGER of Zollikon, Margaret : 237
HUCHET, Jean-Charles : 106
HULDA (en hébreu הָדְלֻח) : 11, 65
HUNT, Tony : 104
HUT, Hans : 239

IMBACH, Ruedi : 108, 110
INSTITORIS, Henri (Heinrich Kramer) : 25-44
INVIZIATI, Ottavio : 194
ISOLANI, Isidoro (Isidorus, Isolanus) : 190-193, 196-198, 200-202

JACOB : 15, 47-48
JACOBSON SCHUTTE, Anne : 233

JACOPONE DA TODI : 122
JAVELET, Robert : 108
JEAN, saint : 64, 84
JEAN BAPTISTE, saint : 37
JEAN DE LA CROIX, saint : 8, 10
JEANNE, Mère : 51-53, 55
JÉRÉMIE : 84
JÉRÔME, saint : 11, 19, 65
JÉSUS (Jésus-Christ, le Christ) : *passim*
JOACHIM de Flore (Joachim of Fiore) : 84, 86, 88, 96, 225
JOB : 84
JOHANNES Trithemius : 96-98
JOLLET, Etienne : 112
JONAS : 84
JOSEPH : 62, 83
JOSIAS : 11, 65
JOST, Ursula : 238-239
JOURDAIN, Madame : voir *Gallois, Louise*
JOURNET, Charles : 167
JULIENNE de Norwich : 59
JUSTIN : 17, 19-23

KAGAN, Richard L. : 233
KATREI de Strasbourg, sœur : 10
KELLER-LAP, Heidi : 246
KENDRICK, Thomas Downing : 234
KERBY-FULTON, Kathryn : 97
KESSLER, Johannes : 237
KLANICZAY, Gábor : 26
KLAPISCH-ZUBER, Christiane : 140
KÖNIG-PRALONG, Catherine : 110
KOPPEDRAYER, Kay : 248, 255
KRAMER, Heinrich : voir *Institoris, Henri*
KRASENBRINK, Josef : 95
KREUZ, Petr : 30
KUNTZ, Marion Leathers : 232

LA BRUYÈRE, Barbeau de : 156
LA COLOMBIÈRE, Claude, s.j. : 72, 74-75
LAFON, Guy : 112
LALLEMANT, Jérôme, s.j. : 167, 175, 182, 184
LAUWERS, Michel : 111-114
LEBOLD, Christophe : 245
LECOQ, Anne-Marie : 193-194
LE GOFF, Jacques : 108, 118
LEMIEUX, Louis-Guy : 168
LÉON X, pape : 119, 192
LÉON XIII, pape : 65
LÉONARD de Vinci : 203
LEONARDI, Claudio : 13
LEONARDI, Claudio : 130, 138, 141, 223
LE VOT, Gérard : 107
LIBRANDI, Rita : 120, 123, 130, 138, 141, 144
LINK OF BIEL, Agnes : 237
LOBRICHON, Guy : 114
LOMBARD, Pierre : 87
LONG, Franca : 235
LONGHI, Barbara : 220
LONGHI, Francesco : 220
LONGHI, Luca : 213
LONGUEVILLE, Catherine, duchesse d'Orléans : 152, 156
LORRAINE, Marie de : 155
LOUISE DE SAVOIE : 190, 193
LOURIA, Isaac : 52
LOYOLA, Ignace de, saint : 249, 251
LUCIA DA NARNI : voir *Brocadelli da Narni, Lucia*
LUCIFER : 84
LUCKEN, Christopher : 107
LUCRECIA de León : 233-234
LUINI, Bernardino : 193
LUNETTA, Loredana : 138
LUTHER, Martin (Martin Lutero) : 27, 219, 235

MAC GINN, Bernard : 87
MACHIAVEL, Nicolas : 122
MACLEAN, Ian : 39
MAIER, Eva : 33
MAÎTRE DE L'ANTIPHONAIRE DR-1 de Busto Arsizio : 193, 200, 202, 206
MAÎTRE ECKHART (Eckhart von Hochheim) : 60, 90, 112-113
MALENA, Adelisa : 233

MALUSELLI, Girolamo : 212, 217, 220
MANSELLI, Raoul : 214
MARGHERITA DA RUSSI : voir *Molli, Marguerita*
MARGUERITE D'ANTIOCHE, sainte (Margareth of Antiocha) : 242
MARGUERITE D'OINGT : 115
MARGUERITE-MARIE, sainte : voir *Alacoque, Marguerite-Marie*
MARÍA DE AGRED : 234
MARIE, Vierge : 11, 37, 48-49, 51, 54, 65-66, 71, 74, 89, 122, 130, 132-133, 138, 172-173, 191-192, 197, 199, 201, 207, 218, 252
MARIE DE BÉTHANIE : 112
MARIE DE CHAMPAGNE : 104
MARIE DE L'INCARNATION, sainte : voir *Guyart, Marie*
MARIE DU SAINT-SACREMENT, née Valence de Marillac : 163, 165
MARIE-MADELEINE : 112
MARILLAC, Michel de : 151, 156, 159, 163
MARROU, Henri-Irénée : 106
MARCION : 16, 18, 23
MARTHE, sainte : 111-113
MARTIN, Claude : 169-170, 174, 176, 184-185
MARTINENGO, Margherita Maddalena : 97
MARYKS, Robert A. : 249
MASSIGNON, Louis : 9
MATHILDE DE MAGDEBOURG : 60
MATTEI, Caterina : 229
MATTHEWS GREICO, Sara F. : 233
MATZ, Jean-Michel : 190
MAUPAS-DU-TOUR, Henry de : 72
MCQUADE, Paula : 243
MECHTILDE DE HACKEBORN : 60
MECHTILDE DE MAGDEBOURG : 101
MECONI, Honey : 95
MÉDICIS, Cosme de (Cosimo de' Medici) : 231
MÉDICIS, famille (Medici) : 51, 137, 230
MEIGNELAY, Marquise de : 152
MÉLANCHTON, Philippe : 235
MELI DA CREMA, Antonio : 216
MENEZ DE SILVA, Amadeo (Amedeo) : 195, 230
MERGAL, Angel M. : 239
MERICI, Angela : 212-213
MEZZADRI, Luigi : 21
MIGLIO, Luisa : 140
MIGNANI, Laura : 210
MIKI, Paul : 250
MIRIELLO, Rosanna : 120
MOÏSE : 20-21, 46, 84, 157
MOLIN, Michel : 191
MOLLI, Margherita (Margherita da Russi) : 209-220
MOLNÀR, Amedeo : 28, 43
MONTER, William E. : 27, 33, 35, 44
MONTESANO, Marina : 26
MORAVUS, Augustinus : 43
MORSEL, Joseph : 104, 108-109, 116-117
MOULINIER, Laurence : 98
MOZLEY, John Foxe : 243
MUCHEMBLED, Robert : 35
MULAS, Pier Luigi : 193
MÜLLER, Josef : 29, 43
MÜLLER, Magdalena : 238
MÜNTZER, Thomas : 235
MURPHY, Paul V. : 215

NARDUCCI, Domenica (Domenica da Paradiso) : 119-147
NEGRI, Angelica Paola Antonia : 189-208
NEUMANN, Hans : 105
NEWMAN, Barbara : 105
NICCOLI, Ottavia : 209, 226
NORDEN, Eduard : 129
NOVARA, Paola : 211

OCHINO, Bernardino : 119
ODON DE SOISSONS : 87
OGGIONO, Marco d' : 193, 200, 202, 204, 206
OLSEN, V. Norskov : 243
ONAHARÉ, Joseph : 247

Onesti da Castiglione, Francesco : 119, 122, 124, 126, 130, 231
Origène : 8, 88
Orioli, Gianfrancesco : 213
Orioli, Giorgio : 211
Orioli, Lorenzo : 211
Orsini Gonzaga di Bozzolo, Giovanna : 216
Ossola, Carlo : 141
Ostendler, Heinrich : 96
Ostorero, Martine : 27, 35-36

Pagano, Sergio : 215, 218
Pagnini, Sante : 145
Paleologa, Margherita : 215
Pallavicino, Giovanbattista : 217
Pallotti, Donatella : 223, 240
Panigarola, Arcangela : 189-208, 210, 229-230
Pastore, Stefania : 233
Paul, saint : 8, 62, 66, 74, 80, 84, 140-141, 179, 182, 196, 224, 238, 243
Paul III, pape : 119, 212, 231
Pazzi, Maria Maddalena de' : 128
Pelletier, Anne-Marie : 254
Penning de Vries, Piet : 251
Père Coton : voir *Coton, Pierre*
Pezzella, Sosio : 217
Pierre Damien : 92
Philippe II (Philip II) : 234
Philippe IV (Philip IV) : 234
Philips, Obbe : 239
Picard, Michel : 159
Pic de La Mirandole, Jean-François (Pico della Mirandola, Gianfrancesco) : 50, 230
Picone, Giuseppe : 138
Pie X, pape : 65
Pierre Lombard : 87
Pietro da Lucca : 218
Piron, Sylvain : 114
Pitigliano, Ludovico, comte de : 216
Pitra, Jean Baptiste François : 98
Placanica, Augusto : 226
Platon : 22
Plebani, Tiziana : 140
Poirier, Guy : 249
Polizzotto, Lorenzo : 119, 145
Polterman, Cornelius : 239
Porete, Marguerite : 10, 101-118
Postel, Guillaume : 45, 51-55, 232
Pozzi, Giovanni : 223
Prodi, Paolo : 213
Prosperi, Adriano : 195, 218-219, 225, 232-233
Proust, Jacques : 251
Prüss, Margarethe : 239

Quaranta, Chiara : 217
Quattrini, Cristina : 193, 201
Quenardel, Olivier, o.s.c.o. : 62
Querini, Pietro : 146
Quinzani, Stefana : 29, 37-41, 43

Rachel : 47-48
Raimondo da Capua : 231
Rainini, Marco, o.p. : 191
Ravier, André, s.j. : 158
Ravizza, Giacomo : 190, 192
Rayez, André, s.j. : 66
Raymond de Saint-Bernard, dom : 172-182, 184
Razzi, Silvano : 119, 122
Rebecca : 48
Rebstock, Barbara : 238-239
Reeves, Marjorie : 225
Regensbourg, Lamprecht de : 114
Renoux, Christian : 153
Ricci, Caterina de' : 209
Ricci, Scipion de : 57
Richard de Saint Victor : 87, 108
Richelieu, cardinal de : 152
Riconesi, Anton Maria : 119
Robert d'Arbrissel : 106
Robert de Boron : 107-108
Rocca, Alberto : 191
Roussel, Claude : 103
Rudel, Jauffré : 106

RUPERT de Deutz : 49, 88, 94, 97
RUSCONI, Roberto : 225
RUTEBEUF : 111

SAINT-JOSEPH, Madeleine de (née Bois de Fontaines-Marans, Madeleine du) : 159-160
SAINT-JOSEPH, Marguerite de : 160
SAINT-PAUL ASSELINE, Eustache de : 61
SAINT-THIERRY, Guillaume de : 10, 58, 104
SALES, François de : 8, 10, 70-72, 74, 151, 156, 158
SALIN, Dominique : 9, 175, 185
SALVIATI, Benigno : 138, 193, 195, 230
SAVONAROLE, Jérôme (Savonarola, Girolamo) : 119, 121, 137-138, 145-146, 192, 195-196, 209, 227-231
SCARLATTI, Filippo Maria Baldassarre : 120
SCHEDEL, Hartmann : 98
SCHMIDT, Hans-Joachim : 98
SCHMITT, Jean-Claude : 111, 114
SCHNELL, Rüdiger : 103
SCHOLEM, Gershom : 47
SCOT ERIGÈNE : 88
SEDINI, Domenico : 192
SERAFINO DA FERMO : voir *Aceti de' Porti, Serafino*
SERVET, Miguel : 224
SETO, Naohiko : 105
SFORZA, famille : 228
SFORZA, François II (Francesco II Sforza) : 230
SMITH, Nigel : 240
SNYDER, C. Arnold : 235-236
SOLFAROLI CAMILLOCCI, Daniela : 216
SPITZER, Leo : 107
STANESCO, Michel : 116
STAROBINSKI, Jean : 226
STAYER, James M. : 238
STELLA, Aldo : 232
STURLESE, Loris : 87
SUSO, Henri : 208
SUZANNE : 83

TALENTI, Raffaello : 122
TAMALIO, Raffaele : 215
TAVERNIER, Nicole : 154
TEKAKWITHA, Kateri : 245, 247, 255, 264
TERTULLIEN : 23
THÉODORIC : 97
THÉOPHILE D'ANTIOCHE : 16-17, 19, 21, 23
THÉRÈSE D'AVILA, sainte : 8, 10, 72, 149-155, 157, 169, 186
THÉRÈSE DE LISIEUX, sainte : 149
THIERRY DE CHARTRES : 87
THOMAS A KEMPIS : 251
THOMAS D'AQUIN, saint (Thomas Aquinas) : 207, 224
THOMAS DU FOSSÉ, Pierre : 156
TIPPELSKIRCH, Xenia von : 140
TOFFOLO, Attilio : 195
TORELLI, Ludovica : 195, 218
TORRES, Cosme de : 251
TORRESINI DA BOLOGNA, Serafino : 214
TOUBERT, Pierre : 103-104
TOUR DU PIN, Patrice (de La) : 109
TOUSSAINT, Stéphane : 138
TRAPNEL, Anna : 223
TREMP, Kathrin Utz : 26, 32-33, 35

URS VON BALTHASAR, Hans : 9-10

VALERIO, Adriana : 119-121, 123, 130-131, 133, 135-142, 144-145, 192, 221, 226, 230-231
VALETTE, Jean-René : 103, 107, 109
VASOLI, Cesare : 232
VAUCHEZ, André : 117
VENTRONE, Paola : 143
VILANOVA, Evangelista : 104
VILLANI, Stefano : 240
VIMERCATE, Benedetta da : 190
VINCENT DE BEAUVAIS : 96
VINCENT DE PAUL, saint : 151
VISMARA, Paola : 191

VOBR, Jaroslav : 30
VOLMAR : 81, 92-93
VOLPATO, Antonio : 233
VU THANH, Hélène : 250

WAITE, Gary K. : 26-27, 33, 44
WALKER, Pamela J. : 140
WALZER, Richard : 19
WARTELLE, André : 22-23
WATT, Diane : 223, 240, 242
WEBER, Max : 222, 226
WEINSTEIN, Donald : 227, 255
WIESNER, Merry E. : 235
WILLIAM DE NEWBURGH : 49
WYCLIF, John : 241, 243

YEPES ÁLVAREZ, Juan de : voir *Jean de la Croix, saint*
YODER, John Howard : 237

ZAGNI, Aldo : 218
ZAMBON, Francesco : 107-108
ZARRI, Gabriella : 29, 129, 191-192, 194, 209-210, 213, 216, 218-219, 227-228, 232-233
ZAZZARONI, Annarita : 96
ZEMAN, Jarold K. : 30
ZENALE, Bernardo : 193
ZINK, Michel : 104, 112
ZUM BRUNN, Émilie : 101
ZWINGLI, Ulrich : 237

RÉSUMÉS

Hélène Michon, « Introduction »

Cet ouvrage envisage la spécificité féminine de l'expérience mystique et de la parole prophétique du Moyen Âge à l'époque moderne ; il analyse la manière dont s'est construite l'autorité de ces femmes au charisme particulier et dessine une géographie comme une histoire du mysticisme et du prophétisme féminin en Europe.

Bernard Pouderon, « Dire Dieu ? Parole masculine, parole féminine »

L'auteur envisage la théologie des premiers siècles à travers le prisme du dicible et de l'indicible pour conclure avec Marcion, que son Dieu situé dans l'absolue transcendance, est plus « inconnu » que connu. Il interroge ainsi la théologie dite apophatique ; or, ce parcours prenant appui uniquement sur des auteurs masculins, il était légitime de se demander si une autre théologie, positive cette fois, se mettait en place avec l'avènement des femmes mystiques : tel est bien l'enjeu du présent volume.

Tamar Herzig, « Femmes mystiques et propagande antihérétique »

Cet article analyse les écrits de Heinrich Institoris (alias Kramer). Il défend l'idée que sa présentation de sorcières et d'hérétiques en tant que groupes distincts participant au complot du diable marque un tournant dans le discours démonologique. Explorant les tentatives d'Institoris d'utiliser les expériences spirituelles de femmes italiennes dans sa campagne contre les Hussites, l'auteur affirme qu'il a présenté les manifestations visibles du mysticisme féminin comme le moyen le plus efficace de conjurer les menaces doctrinales posées par des groupes hérétiques dirigés par des hommes.

Denise ARDESI, « La Shekhina et les femmes prophètes chez les kabbalistes chrétiens »

Le parallèle établi entre la tradition juive et chrétienne permet d'éclaircir le processus de féminisation de la Shekhina qui se fait désormais porteuse de la dimension féminine de Dieu. Nous verrons comment la notion de Shekhina contribue à l'apparition des femmes prophètes chez les kabbalistes chrétiens français de la Renaissance et particulièrement chez Guillaume Postel.

Hélène MICHON, « La dévotion au Sacré-Cœur, du féminin au masculin, de la mystique à la théologie »

Un thème exemplaire à l'heure d'étudier les rapports entre prophétie et mystique, théologie et mystique est celui de la dévotion au Sacré-Cœur de Jésus, qui comporte trois dimensions, une dimension liturgique qui renvoie à ses sources monastiques à Helfta et aux apparitions de sainte Gertrude au XIIIe siècle, une dimension théologique développée par saint Jean Eudes, enfin une dimension mystique plus individuelle, celle des apparitions de Marguerite-Marie Alacoque.

Maria Emanuela TABAGLIO, « *Quomodo viderem.* Les visions d'Hildegarde de Bingen et la construction de son autorité »

Quel est le rôle des visions prophétiques d'Hildegarde de Bingen ? Expression d'un sentiment profond, elles servent aussi d'expédients lui permettant de ne pas être dépassée dans un monde qui ne laisse que peu, voire pas, de place à la voix féminine. Or, ses visions se révèlent indispensables afin que la parole de Dieu ne soit pas anéantie par les intérêts terrestres détraqueurs et discordants, d'hommes devenus incapables d'écouter le pouvoir régénérateur des mots, de la musique et des images.

Jean-René VALETTE, « Marguerite Porete et l'"improbable dialogue d'hérésie et de courtoisie" »

Représentante de la mystique rhéno-flamande, Marguerite Porete est l'une de ces femmes troubadours de Dieu dont le modèle est la fin'amor et l'idiome le flamand, l'allemand ou le français. Le *Miroir des simples âmes* a connu une immense diffusion au Moyen Âge. Il a aussi mené son auteur sur le bûcher. Il s'agit ici de montrer en quoi le discours courtois permet de définir la position que Marguerite Porete occupe entre mysticisme et hérésie.

Erminia ARDISSINO, « Domenica da Paradiso, entre mysticisme et art oratoire »

L'article étudie le rapport entre mystique et prédication chez Domenica Narducci da Paradiso (1473-1553), visionnaire florentine, fondatrice d'un ordre religieux féminin. Elle prophétise et prêche dans son couvent mais est aussi versée dans les questions pratiques et politiques. Les visions, exprimées en un langage dense, riche de comparaisons et de métaphores contribuent à lui conférer une réelle autorité.

Hélène MICHON, « Madame Acarie, une fondatrice sans fondation »

Mystique dotée des deux grandes marques distinctives, extases et stigmates, Marie de l'Incarnation peut bien être proclamée la sainte du silence et de l'anéantissement. À l'heure où certaines extériorisent leur rapport à Dieu sous la forme bruyante des prophéties ou des possessions, Madame Acarie demeure une référence d'une sainteté dont le mérite semble avoir été de rechercher l'effacement.

Thérèse NADEAU-LACOUR, « *L'aigle, le moucheron et sa divine Majesté.* Marie Guyart de l'Incarnation et la chronique d'un discernement inédit »

1635. En extase, l'ursuline Marie Guyart de l'Incarnation reçoit l'étrange appel d'aller en « Canada faire une maison à Jésus et à Marie ». La mystique soumet alors à ses directeurs spirituels son désir ardent de réaliser une mission à vue humaine impossible. Le discernement, ici reconstruit, révèle certes une « femme forte » et une mystique atypique ; ce procès déplace étonnamment plusieurs fondamentaux anthropologiques de la modernité et esquisse un mode de penser et d'être, autrement moderne.

Gwladys LE CUFF, « Mémoire et indices des révélations. Veronica da Binasco, Arcangela Panigarola, Paola Antonia Negri, entre textes et images »

Ce parcours croisé entre recueils manuscrits et hagiographies imprimées interroge les modalités de transmission des révélations de trois prophétesses et visionnaires qui se succédèrent à Milan, au tournant des XVe et XVIe siècles, dans le couvent augustinien de Sainte-Marthe. Gravures et miniatures renforcent la tendance des textes à limiter les contenus prophétiques pour privilégier une reconstruction des visions à des fins mnémoniques, comme exercices de prière à destination des sœurs.

Gabriella ZARRI, « Divine Mothers. Margherita da Russi, Gentile da Ravenna, and the Court of Mantua (1535-1540) »

L'article aborde un moment spécifique de la dévotion de la cour de Mantoue à deux femmes de Ravenna, dont la canonisation est demandée : Margherita da Russi et Gentile da Ravenna. L'épisode ici reconstitué témoigne de la persistance de la foi prêtée aux femmes charismatiques identifiées comme mères spirituelles et prophétesses. Il relate de la suspicion croissante des milieux spirituels composés de laïcs et de femmes consacrées, par ceux qui sont institutionnellement chargés de garder l'orthodoxie.

Lucia FELICI, « The Power of Words. The Role of Female Prophecy in Sixteenth-Century European Institutions »

Cet essai examine la question du rôle joué par les femmes prophètes au pouvoir politique et dans la vie publique de l'Europe catholique et protestante du XVIe siècle. L'investiture charismatique de la prophétie a donné aux femmes une chance unique de surmonter leur état subalterne et d'intervenir ouvertement dans les décisions politiques et d'influencer les autorités. Le phénomène est analysé à travers des contributions historiographiques récentes sur les femmes prophètes dans le monde catholique et protestant.

Marie-Christine GOMEZ-GÉRAUD, « Le Jésuite et les femmes. Émergence d'un modèle mystique féminin dans les Nouveaux Mondes ? (XVIe-XVIIe siècles) »

Des Lettres du Japon aux Relations de la mission au Canada, qui construisent la figure de Kateri Tekakwitha, le discours jésuite insiste sur la possibilité de l'éclosion d'une vie mystique féminine en dehors du couvent, lieu traditionnel de la vie consacrée. C'est cette modernité inattendue qu'étudie l'article tout en montrant que, si les textes retenus mettent en valeur chez les femmes le sens de la liberté, de la responsabilité et un authentique désir de Dieu, elles restent privées d'une parole personnelle.

TABLE DES ILLUSTRATIONS

ILL. 1 – Maître de l'Antiphonaire DR-1 de Busto Arsizio (anc. attr. Marco d'Oggiono), *La Vierge enseigne trois lettres à Veronica da Binasco*, gravure extraite de Isidoro Isolani, *Inexplicabilis...* 200

ILL. 2 – Maître de l'Antiphonaire DR-1 de Busto Arsizio (anc. attr. Marco d'Oggiono), *Le Christ lisant aux côtés de Veronica da Binasco*, gravure extraite de Isidoro Isolani, *Inexplicabilis...* 202

ILL. 3 – Maître de l'Antiphonaire DR-1 de Busto Arsizio (anc. attr. Marco d'Oggiono), *Le Christ enseigne à Arcangela Panigarola le miroir du Nom de Jésus*, miniature 206

TABLE DES MATIÈRES

Hélène MICHON
Introduction 7

PREMIÈRE PARTIE

PROPHÉTIE, MYSTICISME ET GENRE

Bernard POUDERON
Dire Dieu ? Parole masculine, parole féminine 15

Tamar HERZIG
Femmes mystiques et propagande antihérétique 25

Denise ARDESI
La Shekhina et les femmes prophètes
chez les kabbalistes chrétiens 45

Hélène MICHON
La dévotion au Sacré-Cœur, du féminin au masculin,
de la mystique à la théologie 57

DEUXIÈME PARTIE

FEMMES PROPHÈTES ET MYSTIQUES ENTRE EXCEPTION INDIVIDUELLE ET FONDATION COMMUNAUTAIRE

Maria Emanuela TABAGLIO
Quomodo viderem. Les visions d'Hildegarde de Bingen
et la construction de son autorité 79

Jean-René VALETTE
Marguerite Porete et l'« improbable
dialogue d'hérésie et de courtoisie » 101

Erminia ARDISSINO
Domenica da Paradiso, entre mysticisme et art oratoire 119

Hélène MICHON
Madame Acarie, une fondatrice sans fondation 149

Thérèse NADEAU-LACOUR
L'aigle, le moucheron et sa divine Majesté.
Marie Guyart de l'Incarnation
et la chronique d'un discernement inédit 167

TROISIÈME PARTIE

GÉOGRAPHIE ET HISTOIRE DES CHARISMES FÉMININS À L'ÉPOQUE MODERNE

Gwladys Le Cuff
Mémoire et indices des révélations.
Veronica da Binasco, Arcangela Panigarola,
Paola Antonia Negri, entre textes et images 189

Gabriella Zarri
Divine Mothers. Margherita da Russi, Gentile da Ravenna,
and the Court of Mantua (1535-1540) 209

Lucia Felici
The Power of Words. The Role of Female Prophecy
in Sixteenth-Century European Institutions 221

Marie-Christine Gomez-Géraud
Le Jésuite et les femmes.
Émergence d'un modèle mystique féminin
dans les Nouveaux Mondes ? (XVIe-XVIIe siècles) 245

Index des noms 259

Résumés 269

Table des illustrations 273

IMPRIM'VERT®

Achevé d'imprimer par Corlet Numéric,
Z.A. Charles Tellier, Condé-en-Normandie (Calvados), en mai 2021
N° d'impression : 171733 - dépôt légal : mai 2021
Imprimé en France